O PRINCÍPIO *de*

OZ

Como usar o
accountability
para atingir
resultados
excepcionais

O PRINCÍPIO de OZ

Como usar o **accountability** para atingir resultados excepcionais

ROGER CONNORS
TOM SMITH
CRAIG HICKMAN

TRADUÇÃO:
LUCIANE OLIVEIRA CLAUSEN

ALTA BOOKS
E D I T O R A
Rio de Janeiro, 2019

O princípio de Oz: Como usar o accountability para atingir resultados excepcionais
Copyright © 2019 da Starlin Alta Editora e Consultoria Eireli. ISBN: 978-85-508-1492-6

Translated from original The Oz Principle. Copyright © 2010 by Roger Connors, Tom Smith, and Craig Hickman, 1994, 2004. ISBN 978-1591843481. This translation is published and sold by permission of Portfolio, the owner of all rights to publish and sell the same. PORTUGUESE language edition published by Starlin Alta Editora e Consultoria Eireli, Copyright © 2019 by Starlin Alta Editora e Consultoria Eireli.

Todos os direitos estão reservados e protegidos por Lei. Nenhuma parte deste livro, sem autorização prévia por escrito da editora, poderá ser reproduzida ou transmitida. A violação dos Direitos Autorais é crime estabelecido na Lei nº 9.610/98 e com punição de acordo com o artigo 184 do Código Penal.

A editora não se responsabiliza pelo conteúdo da obra, formulada exclusivamente pelo(s) autor(es).

Marcas Registradas: Todos os termos mencionados e reconhecidos como Marca Registrada e/ou Comercial são de responsabilidade de seus proprietários. A editora informa não estar associada a nenhum produto e/ou fornecedor apresentado no livro.

Publique seu livro com a Alta Books. Para mais informações envie um e-mail para autoria@altabooks.com.br

Obra disponível para venda corporativa e/ou personalizada. Para mais informações, fale com projetos@altabooks.com.br

---

editora-chefe: Adriana Salles Gomes

publisher: Lindsay Gois

tradução: Luciane Oliveira Clausen

preparação de texto: Sandra Espilotro

revisão: Ana Astiz, Danton Velloso e Lindsay Gois

diagramação: Carlos Borges Jr.

capa: Hermes Ursini e Pedro Ursini

índice remissivo: Probo Poletti

produção editorial: HSM Editora - CNPJ: 01.619.385/0001-32

Erratas e arquivos de apoio: No site da editora relatamos, com a devida correção, qualquer erro encontrado em nossos livros, bem como disponibilizamos arquivos de apoio se aplicáveis à obra em questão.

Acesse o site www.altabooks.com.br e procure pelo título do livro desejado para ter acesso às erratas, aos arquivos de apoio e/ou a outros conteúdos aplicáveis à obra.

Suporte Técnico: A obra é comercializada na forma em que está, sem direito a suporte técnico ou orientação pessoal/exclusiva ao leitor.

A editora não se responsabiliza pela manutenção, atualização e idioma dos sites referidos pelos autores nesta obra.

Dados Internacionais de Catalogação na Publicação (CIP)
Andreia de Almeida CRB-8/7889

Connors, Roger
　　O princípio de Oz: como usar o accountability para atingir resultados excepcionais / Rogers Connors, Tom Smith, Craig Hickman ; tradução de Luciane Oliveira Clausen. – Rio de Janeiro : Alta Books, 2019.
　　272 p.

　　Bibliografia
　　ISBN: 978-85-508-1492-6
　　Título original: The Oz principle: getting results through individual and organizational accountability.

　　1. Sucesso nos negócios 2. Desenvolvimento organizacional 3. Responsabilidade 4. Administração I. Título II. Smith, Tom III. Hickman, Craig IV. Clausen, Luciane Oliveira

17-0583　　　　　　　　　　　　　　　　　　　　　　　　CDD 650.1
Índice para catálogo sistemático:

Rua Viúva Cláudio, 291 — Bairro Industrial do Jacaré
CEP: 20.970-031 — Rio de Janeiro (RJ)
Tels.: (21) 3278-8069 / 3278-8419
www.altabooks.com.br — altabooks@altabooks.com.br
www.facebook.com/altabooks — www.instagram.com/altabooks

ASSOCIADO CBL
Câmara Brasileira do Livro

"Victor Hugo certa vez disse: 'Há uma coisa mais forte do que todos os exércitos do mundo: uma ideia cujo tempo é chegado'. Acredito que o *O Princípio de Oz* seja essa ideia que transformará as empresas e irá nos preparar para o século 21."

–Michael L. Eagle,
Ex-vice-presidente, Manufatura Global,
Eli Lilly and Company

"*O Princípio de Oz* apresenta uma abordagem criteriosa e direta do complexo assunto do accountability. Este livro expõe o método e o enfoque para a construção de maior accountability para maximizar o impacto de qualquer iniciativa organizacional. Pela minha experiência, a implementação dos conceitos de *O Princípio de Oz* melhora os resultados individuais e da empresa."

–Ed Vanyo,
Vice-presidente, Nestlé Purina Petcare

"Tentamos por vários anos fazer algumas mudanças básicas em nosso Grupo de Manufatura Global e não conseguimos. Finalmente, internalizamos o conceito de accountability conforme definido em *O Princípio de Oz*. Isso nos colocou na direção que desejávamos e agora estamos progredindo como vínhamos tentando há anos."

–Bill Smith,
Vice-presidente,
Serviços de Manufatura da Corporação Global
Eli Lilly

"*O Princípio de Oz* inspirou e mobilizou nossos funcionários de todos os níveis em torno de uma abordagem de fácil entendimento para a criação de accountability na empresa. De maneira simples, *O Princípio de Oz* nos ajudou a melhorar ainda mais a 'fazer o que dizemos que vamos fazer', com um impacto mensurável nos resultados."

–Michael E. Woods, ex-vice-presidente, e
Eric Houseman, presidente de Operações,
Red Robin Gourmet Burgers

"*O Princípio de Oz* realmente tornou o accountability muito fácil de entender e melhorou nossa eficiência de modo evidente. A empresa não apenas adotou o conceito, mas o tornou sua cultura de trabalhar Above the Line [acima da linha]. E o mais importante: *O Princípio de Oz* facilitou a um novo colaborador entender rapidamente a cultura e o funcionamento da Pfizer Pratt Pharmaceuticals."

–Dick Reggio,
Vice-presidente sênior,
Treinamento e Desenvolvimento,
Pratt Pharmaceuticals, uma divisão da Pfizer

"*O Princípio de Oz* é uma leitura fácil e de conteúdo muito prático. A mensagem é tão direta que muitas vezes é negligenciada... Somos totalmente responsáveis por fazer as coisas acontecerem. O livro foi extremamente bem recebido por todos nós."

–David Grimes,
Fundador e CEO da Grimes Consulting

"Os conceitos do livro são práticos e é o que vivemos no nosso dia a dia. Escrito em linguagem clara e direta como em um diálogo cara a cara. Menos teoria e mais exemplos e abordagens para serem usados imediatamente. Aplicamos os conceitos de *O Princípio de Oz* e empoderamos nosso pessoal em toda a fábrica para alcançar nossos objetivos. Eles realmente serviram como ferramentas motivacionais e preencheram a lacuna entre a gerência e a linha de produção."

–Vincente Trellis,
Vice-presidente, Operações Cirúrgicas, Allergan

"Nosso sucesso está baseado em uma forte cultura desenvolvida ao longo dos anos. A recente adição de linguagem cultural, como Above the Line [acima da linha], Below the Line [abaixo da linha], do Treinamento de Accountability de *O Princípio de Oz* permitiu que a empresa ficasse mais alinhada e focada nas metas estabelecidas."

–Richard Methany,
Vice-presidente, Departamento Internacional de Recursos Humanos,
Carlson Restaurants Worldwide

"Este livro o ajudará a abordar qualquer ideia ou problema novo promovendo impacto em sua capacidade de obter sucesso... *O Princípio de Oz* vai direto ao ponto e o sustenta. Ele apresenta um conceito geral no início e, depois, os componentes de cada capítulo oferecem um melhor entendimento daquele conteúdo. Depois da reestruturação de nossos clientes, tivemos o pior janeiro de todos os tempos (tipicamente um mês fraco em nosso setor). Pedimos a todos para apresentar um Plano de Accountability e ultrapassamos nossas contratações em 20% – resultado direto da implantação de *O Princípio de Oz* em nossa empresa."

–Mark Wortley,
Presidente,
Beverly Care Alliance

"*O princípio de Oz* revela o potencial da pessoa e a ajuda a pensar de maneira diferente sobre o modo como aborda a vida pessoal e profissional. A linguagem é direta e você prontamente se identifica com as histórias e os princípios ensinados. Se adotar *O Princípio de Oz* e realmente aplicar o que é ensinado, mudará seu comportamento e se tornará mais bem-sucedido na obtenção dos resultados que deseja."

–Kelli Fitten,
Vice-presidente, Recursos Humanos
Brinker International, uma divisão da On the Border Cafes

"*O Princípio de Oz* mostra como criar um senso de urgência e accountability para realizar a mudança capaz de liberar um poder que só nasce quando cada funcionário, em todos os níveis, cumpre suas obrigações e percebe a oportunidade de participar na geração de soluções."

–Ginger Graham,
Membro do conselho da Walgreens e professora
sênior da Harvard Business School

"A linguagem apresentada em *O Princípio de Oz* é poderosa. Os princípios são testados e, quando implantados, têm impacto imediato. O aprendizado que este livro nos trouxe é universalmente aplicável."

–Chuck Rink,
Presidente, Fresh Enterprises

"Aplicamos *O Princípio de Oz* à nossa organização desde a maneira como damos e recebemos feedback até o modo como conduzimos nossas reuniões semanais, incluindo a gestão básica de desempenho. O livro oferece conceitos poderosos e uma linguagem acessível, na qual confiamos diariamente para lembrar um ao outro que não podemos nos afundar abaixo da linha e substituir resultados por desculpas."

–Fred Wolfe,
Presidente e CEO,
El Torito Acapulco Restaurants

"*O Princípio de Oz* deixou uma impressão duradoura na minha carreira e na minha vida pessoal, e teve um impacto muito positivo no modo como tento interagir com as pessoas e lidar comigo mesmo, tanto profissional quanto pessoalmente."

–Dennis Antinori,
Presidente do conselho,
Implantable Provider Group

"Lutamos o ano inteiro para ter algum aumento nas vendas das lojas, sem nenhum sucesso. Entretanto, depois de aplicar o que vimos no Treinamento de Accountability de *O Princípio de Oz*, as vendas aumentaram e continuaram crescendo nas 11 semanas seguintes. Surgiram vários obstáculos ao longo do ano, mas a equipe permaneceu acima da linha e cumpriu as estimativas."

–Kenneth White,
Presidente,
Smith's Food and Drug

"Um livro profundamente perspicaz que expõe e examina a essência do sucesso pessoal e corporativo."

–Joseph A. Cannon,
Ex-presidente e CEO,
Geneva Steel

"Simplesmente estraçalha as desculpas do tipo 'Eu sou a vítima' com um tijolo amarelo. É uma avaliação lúcida e oferece um plano objetivo para restaurar o accountability, o sucesso pessoal e a vitalidade da organização."
–Paul R. Trimm, PhD,
Professor de Estratégia e Liderança Organizacional,
Brigham Young University

"Tínhamos uma história de sucesso como empreendedores, mas não estávamos satisfeitos em ficar parados. Para subirmos ao próximo nível, precisávamos estar mais orientados para resultados. *O Princípio de Oz* foi a pedra fundamental que permitiu alcançar esse objetivo."
–Paul J. Byrne,
Presidente,
Precor

"*O Princípio de Oz* capta de modo eloquente o segredo para superar obstáculos e alcançar o sucesso. É repleto de ideias essenciais para a jornada pessoal e empresarial rumo ao sucesso. O livro explica um princípio duradouro que sobreviverá à magia dos muitos modismos de gestão que se dissolvem com o tempo. Recomendo a leitura a todos que estão cansados de mágicos e anseiam por resultados."
–Dorothy Browning, do estado do Kansas, Estados Unidos

PREFÁCIO
ROGER CONNORS
THOMAS SMITH
CRAIG HICKMAN

Acreditamos que a maioria das pessoas concorda que a necessidade de organizações, equipes e indivíduos serem mais accountables [responsáveis] vem crescendo desde que *O Princípio de Oz*® foi publicado pela primeira vez, em 1994. Quem pode negar que fazer do accountability um ingrediente central em qualquer cultura corporativa é um bom negócio? Quem aceita o accountability e trabalha acima da linha sempre faz as coisas funcionarem em suas organizações. Com funcionários accountables, coisas extraordinárias, e até mesmo inesperadas, tendem a acontecer.

Estamos satisfeitos por observar e experimentar o impacto de *O Princípio de Oz* há mais de 20 anos. Fomos lembrados repetidas vezes por nossos clientes e outras pessoas que implementaram com sucesso o accountability em suas empresas, que ela produz resultados, agrega valor aos acionistas, aumenta os lucros, diminui os custos e gera ganhos de produtividade. Além de alavancar o desempenho financeiro, também testemunhamos melhorias no moral, pois as pessoas passam a gostar mais de seus empregos, aprendem a lidar com os obstáculos diários e obtêm os resultados que desejam.

O modo como *O Princípio de Oz* tem influenciado a vida de nossos leitores e clientes nos comove profundamente. Seus depoimentos espontâneos demonstram que *O Princípio de Oz* funciona como mágica tanto na vida pessoal quanto nos negócios. Embora uma maior accountability não seja a cura para todos os males do mundo, ela oferece uma base sólida sobre a qual podem ser construídas soluções duradouras.

Empresas em todo o mundo vêm passando por mudanças – *downsizing*, achatamento, *empowering*, trabalho em equipe, autonomia, base de conhecimento, networking, qualidade, melhoria contínua, mapeamento de processos, transformação e reengenharia. Para algumas empresas, os ganhos foram notáveis. Para outras, entretanto, a quantidade atordoante de fórmulas de sucesso, tanto teóricas como práticas, parece ser esmagadora ou tola, pois não entrega os resultados prometidos. Para nós, o que os programas passageiros não fazem é tratar do ingrediente essencial: o fato de que os resultados vêm de pessoas que aceitam o accountability por eles. Accountability: sem esse conceito, nenhum programa pode ter sucesso; com ele, qualquer programa pode fazer ainda mais do que seus mentores prometem.

Já vimos isso muitas vezes. Seja em uma empresa entre as mais admiradas, seja em uma organização à beira da falência, a performance invariavelmente melhora quando os funcionários assumem maior accountability e propriedade pelos resultados. Por que eles fazem isso? Acreditamos que as pessoas *querem* ser mais responsáveis. O accountability faz com que se sintam melhor. Ela os empodera para obter resultados incríveis. É por isso que tantas pessoas em todo o mundo estão aderindo com entusiasmo, desde o início a O Princípio de Oz.

Somente quando se escapa da armadilha mortal da vitimização nas empresas e começa-se a subir os passos do accountability individual, é possível reivindicar para si o próprio destino e o futuro de seus empreendimentos.

Escrevemos *O Princípio de Oz* para ajudar as pessoas a se tornarem mais responsáveis por seus pensamentos, sentimentos, ações e resultados; e para que possam levar as organizações a novos patamares. E, à medida que percorrem este caminho sempre difícil e muitas vezes assustador, esperamos que, assim como acontece com os personagens Dorothy e seus companheiros na ficção, descubram que realmente possuem as habilidades de que precisam para fazer o que o coração manda.

Junte-se a nós nessa nova jornada por Oz.

PREFÁCIO ESPECIAL PARA A EDIÇÃO BRASILEIRA

RICARDO LILLO*

Há mais de 13 anos, sou CEO de uma empresa de treinamento e consultoria internacional que vive em constante busca por soluções mais inovadoras e sustentáveis de aprendizado e desenvolvimento para nossos clientes corporativos ao redor do mundo. Logo depois da crise financeira de 2008, fiz uma descoberta: funcionários de companhias de todo o planeta, independentemente de sua posição na hierarquia, estão empenhados em evitar assumir a responsabilidade por suas ações, exceto quando são elogiados por atingir resultados.

Nós, da DOOR, estamos convencidos de que a coerência das experiências é a base sobre a qual se constrói uma cultura empresarial produtiva. A coerência deve, entretanto, resultar de uma força de trabalho que seja accountable por suas ações, sejam elas positivas sejam negativas. Autoridades de referência na área de recursos humanos concordam que funcionários accountable que trabalham acima da linha não apenas fazem as coisas acontecerem; eles fazem grandes coisas acontecerem.

Nossa experiência com algumas das maiores e mais influentes empresas do mundo provou, repetidas vezes, que o accountability produz resultados – sejam eles relacionados com o valor ao acionista, sejam em gestão de custos, geração de receitas ou lucratividade em geral.

Nossos métodos são os descritos neste livro e as empresas que os implementam continuamente registram funcionários com um moral mais alto. Faz sentido: quando se trabalha em um ambiente no qual colegas e gestores têm accountability por suas ações, as pessoas são mais valorizadas por seu trabalho e, portanto, superam desafios juntas mais facilmente.

Falo com conhecimento de causa quando digo que *O Princípio de Oz* impacta de forma positiva o trabalho e a vida pessoal de seus leitores, e é isso que nos motiva diariamente, na DOOR, a passar adiante os ensinamentos deste livro tão reconhecido.

Um maior accountability pode não resolver todos os problemas do mundo, mas certamente fornece uma base sólida sobre a qual se pode construir soluções de longo prazo. Desde a Grande Recessão de 2008, as empresas têm feito tudo que podem para se manter competitivas. O Brasil mesmo tem enfrentado grande instabilidade econômica e política, o que levou muitas empresas a lutarem para sobreviver. Entretanto, a maioria das fórmulas tentadas não tem trazido resultado positivo. Downsizing e redução de custos, combinados com forte expectativa de crescimento, colocam enorme pressão sobre empresas e funcionários.

Deveríamos realmente ficar surpresos de que a taxa de produtividade em muitos casos tenha caído? Ou que tenha aumentado o número de colaboradores considerados inadequados ou incapazes, seja por causa da baixa produtividade, seja por problemas de saúde (por exemplo, o infame *burn-out*, ou exaustão)?

As empresas tentam todo tipo de "pílula mágica" para combater esses acontecimentos. São feitas tentativas para achatar a hierarquia, para se comunicar com os funcionários em eventos inovadores fora dos locais de trabalho, para fortalecer o espírito de equipe, mas uma coisa permanece igual: nenhum desses mecanismos é eficaz em um ambiente de trabalho que não seja accountable pelas ações individuais dos funcionários.

Observamos inúmeros exemplos de empresas com atitudes abaixo da linha que abraçaram os ensinamentos de Oz e viraram o jogo. Com a atitude e a mentalidade certas ensinadas em *O Princípio de Oz*, tarefas que eram anteriormente impossíveis se tornam viáveis e clientes que não davam lucro se tornam lucrativos. Independentemente de essas situações existirem em uma empresa moderadamente bem-sucedida que está na lista da *Fortune 500* ou em uma companhia local à beira da falência, o desempenho invariavelmente melhora quando as pessoas conseguem escapar das armadilhas da vitimização e assumem maior accountability por suas ações e por seus resultados.

No fundo, já estamos todos naturalmente convencidos da mentalidade accountable, pois maior accountability gera um forte sentimento de aprovação pelos colegas e, mais importante, por nós mesmos. O autoempoderamento gerado por níveis mais altos de accountability é a chave para as portas do sucesso.

Como Dorothy e seus companheiros na história de Oz, tudo que é necessário é um método para redescobrir o fato de que as pessoas são naturalmente capazes de realizar coisas grandiosas porque já possuem as habilidades e a motivação necessárias para fazer o que seu coração deseja. Este livro o ajudará a compreender o que já existe dentro de você, levando-o a um nível superior de accountability para si mesmo e para sua empresa.

Junte-se a mim nesta nova jornada na terra de Oz.

*Ricardo Lillo
CEO
DOOR International

AGRADECIMENTOS

O *Princípio de Oz* tem uma imensa dívida de gratidão com centenas de milhares de leitores que consideraram o livro útil para a vida e para as empresas. Agradecemos muito a todos os entusiastas que nos ajudaram a impulsionar o sucesso deste título ao longo dos anos. Também temos uma dívida com L. Frank Baum, autor de *O Mágico de Oz*, por capturar, de maneira tão imaginativa, a jornada do accountability pessoal. A metáfora de Oz é uma ferramenta útil para ajudar pessoas de diferentes nações a perceber as vantagens de se ter mais accountability. Nesse ponto, queremos agradecer a Pat Snell por sua sugestão inusitada de que usássemos Dorothy e os seus companheiros para ilustrar a árdua jornada que todos devemos percorrer antes de bater os calcanhares e obter resultados.

Também queremos agradecer a todas as pessoas que encontramos em nossa jornada em empresas mundo afora e que nos ajudaram a aprofundar a compreensão de um dos mais poderosos princípios para o sucesso. Essas influências incluem o exemplo de nossos pais, as complexas perguntas de nossos clientes, as lições ensinadas por colegas de trabalho, os princípios aprendidos por meio de nossa fé e as experiências que ganhamos trabalhando para a criação de mais accountability nas empresas.

Nosso trabalho com clientes nas últimas três décadas aumentou a admiração de como *O Princípio de Oz* se aplica a empresas de todos os tipos e tamanhos. Queremos agradecer especialmente a Mike Eagle,

Dave Schlotterbeck, Jay Graf, Dick Nordquest, Ginger Graham e Joe Cannon por nos ensinar ainda mais sobre o que significa agir acima da linha.

Também desejamos agradecer a nosso colaborador e agente Michael Snell pelas sugestões ponderadas, expertise editorial e encorajamento durante todo o processo. Ele também é um exemplo de alguém que vive acima da linha, sempre ajudando a equipe a obter melhores resultados.

Apreciamos igualmente todo o feedback recebido das muitas pessoas que revisaram o texto original: Aubree Pinheiro, Brat Starr, John Grover, Adrienne Sigman, Tracy Skousen e a equipe da Partners In Leadership®. Queremos agradecer também a Chris Crall, John Fink, dr. Michael Geurts, Tom Kasper, Ran Jones, Dave Pliler, Robert Skaggs e Tom Power da Prentice Hall. Valorizamos ainda o meticuloso trabalho de revisão de nossos pais Craig Connors, Fred Smith e Winston Hickman. A todas essas pessoas expressamos nossos agradecimentos pela opinião, pelo encorajamento constante e pelo entusiasmo contínuo por este projeto.

Agradecemos a nossa editora, Adriana Zackheim, que nos deu força e apoio para publicar esta edição de *O Princípio de Oz*.

E, principalmente, gostaríamos de agradecer a importante opinião, o feedback sincero e o eterno apoio de Gwen, Becky e Laura. Obrigado. Não poderíamos ter feito isto, novamente, sem a ajuda e o envolvimento delas.

SUMÁRIO

Prefácio	XI
Prefácio especial para a edição brasileira	XIII
Agradecimentos	XVII

Parte 1

O Princípio de Oz: como obter resultados
por meio do accountability — 3

    Capítulo 1: O Mágico: buscar mais accountability nas empresas — 5

    Capítulo 2: A estrada de tijolos amarelos: preso no ciclo de vitimização — 21

    Capítulo 3: Não há lugar como em casa: foco nos resultados — 47

Parte 2

O poder do accountability individual: indo acima da linha — 73

    Capítulo 4: O Leão: coragem para See It® — 75

    Capítulo 5: O Homem de Lata: determinação para Own It® — 97

    Capítulo 6: O Espantalho: sabedoria para encontrar a solução – Solve It® — 123

    Capítulo 7: Dorothy: os meios para Do It® — 147

Parte 3

Resultados por meio do accountability coletivo: desempenho acima da linha — 173

    Capítulo 8: Glinda, a Bruxa Boa: liderança acima da linha — 175

    Capítulo 9: A Cidade das Esmeraldas e além dela: levar toda a empresa para acima da linha — 193

    Capítulo 10: Em algum lugar além do arco-íris: como aplicar os Princípios de Oz às questões mais difíceis nos negócios atuais — 215

Parte 1

O PRINCÍPIO DE OZ: COMO OBTER RESULTADOS POR MEIO DO ACCOUNTABILITY

Os resultados individuais e das empresas melhoram drasticamente quando as pessoas superam as armadilhas do ciclo de vitimização e galgam os Steps to Accountability [passos para o accountability]. Na Parte 1, mostraremos como a vitimização tomou conta dos negócios no mundo todo, estrangulando-os. Explicaremos por que as pessoas nas empresas, para obter resultados, devem evitar o ciclo debilitante da vitimização. E, finalmente, revelaremos os passos para o accountability como a chave para o sucesso pessoal e profissional.

Capítulo 1

O MÁGICO: BUSCAR MAIS ACCOUNTABILITY NAS EMPRESAS

– Quem é você? – o Espantalho perguntou depois de ter se espreguiçado e bocejado. – E onde está indo?
– Meu nome é Dorothy – disse a menina –, e estou indo para a Cidade das Esmeraldas para pedir ao Grande Oz que me mande de volta para o Kansas.
– Onde é a Cidade das Esmeraldas? – ele questionou. – E quem é Oz?
– Ora, você não sabe? – ela respondeu surpresa.
– Não, na verdade, não sei nada. Veja só, eu sou feito de palha, então não tenho cérebro – ele respondeu tristemente.
– Que pena! – ela exclamou. – Sinto muito!
– Você acha – ele continuou – que se eu for com você para a Cidade das Esmeraldas esse Oz poderá me dar um cérebro?
– Não sei – a menina respondeu –, mas você pode vir comigo se quiser. Se Oz não lhe der um cérebro, você não vai ficar pior do que está agora.
– É verdade – o Espantalho concluiu.

O Mágico de Oz,
L. Frank Baum

Como toda literatura poderosa, *O Mágico de Oz* continua encantando leitores porque a trama provoca uma reação emocional. O livro narra uma jornada em busca de conscientização; e, desde o início dessa viagem, os personagens principais aprendem, pouco a pouco, que possuem dentro de si o poder de atingir os resultados que desejam. Até o fim, eles se consideram vítimas das circunstâncias, trilhando o caminho de tijolos amarelos que os levará à Cidade das Esmeraldas, onde o supostamente todo-poderoso Mágico lhes dará coragem, determinação, sabedoria e meios para obterem sucesso. Mas é a própria jornada que lhes confere poder, e até mesmo Dorothy, que poderia ter voltado para casa a qualquer momento batendo os calcanhares com os sapatos vermelhos nos pés, tem de viajar para adquirir a consciência de que somente ela mesma pode realizar os próprios desejos. As pessoas se identificam com o tema da jornada que leva da ignorância ao conhecimento, do medo à coragem, da paralisia ao poder, da vitimização à accountability, porque elas trilham o mesmo caminho. Infelizmente, até os mais ardorosos fãs da história com frequência não aprendem as lições mais simples que ela contém: não fique parado na estrada de tijolos amarelos; não culpe os outros pelas circunstâncias em que você se encontra; não espere magos com varinhas mágicas; e nunca espere que seus problemas desapareçam. No ambiente complexo da atualidade, a tentação para se sentir e agir como vítima é tão penetrante, que criou uma verdadeira crise.

O CARÁTER DA EMPRESA EM CRISE

Muitas empresas fracassam por erros de gestão, mas poucos presidentes-executivos ou executivos seniores admitem o fato. Em vez de assumirem a responsabilidade por perdas e fracassos, grande parte dos líderes atuais manifestam vários tipos de desculpa, desde escassez de recursos até empregados ineficientes e sabotagem da concorrência. De presidentes da república a empresários de empresas de garagem, ninguém quer assumir a responsabilidade por erros e julgamentos equivocados. Sim, erros e fracassos ocorrem todos os dias. São parte natural dos negócios e da vida, parte da experiência humana, mas tentar esconder a responsabilidade serve apenas para prolongar o sofrimento, retardar a correção e impedir o aprendizado. Somente a aceitação do accountability pelos resultados poderá colocar uma pessoa, uma equipe ou uma empresa de volta nos trilhos do sucesso.

Infelizmente, ninguém quer ouvir os fatos ruins que as más notícias trazem, especialmente em Wall Street. Não é de se admirar que tenha despencado a confiança das pessoas na economia, na bolsa de valores, nas empresas em geral e nos CEOs em especial. Depois que as ações da Lucent perderam mais de 80% do seu valor, o CEO Rich McGinn foi substituído porque tinha dado mais atenção a Wall Street do que aos cientistas e vendedores da própria empresa. Os primeiros haviam alertado que a Lucent estava perdendo posição na nova tecnologia óptica; os outros avisaram que as vendas estavam sendo alavancadas por grandes descontos. No entanto, esse não era o tipo de notícia que Wall Street queria ouvir, e McGinn sabia. Ele havia se tornado muito bom em falar do constante crescimento da empresa, e os analistas da Bolsa adoravam isso. O resultado: Wall Street glorificava McGinn e sua equipe de executivos. McGinn e Wall Street formavam o par perfeito no paraíso da economia. Infelizmente, era uma dupla de tolos em um paraíso temporário. No fim das contas, os cientistas e os vendedores da Lucent provaram que estavam certos. A concorrente Nortel ofuscou-os lançando, com grande sucesso, uma tecnologia melhor de transmissão de voz e dados, deixando a concorrente para trás, e os grandes descontos, no fim, corroeram o lucro. McGinn foi substituído por Henry Schacht, que gastou seus primeiros meses lembrando os acionistas da Lucent e o resto do mundo que o preço da ação de uma empresa é um subproduto, e não o motor de seu sucesso. Quando o sistema econômico inteiro parece favorecer a retórica e as desculpas em vez dos resultados e do accountability, o problema ameaça a todos.

Foi assim com a Xerox, embora a CEO Anne Mulcahy tenha encarado a realidade e dito aos analistas de Wall Street que a empresa tinha um "modelo de negócio insustentável". Sua aceitação da realidade veio tarde demais, quando a empresa já estava à beira da falência. Durante anos, os executivos colocaram a culpa do fraco desempenho em todo tipo de causa, da política internacional a flutuações econômicas e turbulências do mercado, nunca encarando as más notícias de que o modelo de negócio era profundamente falho. De acordo com "guru" de gestão Jim Collins, autor dos best-sellers *Empresas Feitas para Vencer: Por que Algumas Empresas alcançam a Excelência... e Outras Não* (HSM, 2013) e *Feitas para Durar* (Rocco, 2015), o que notoriamente separa as grandes empresas das medíocres é a tendência que estas têm dar explicações para os fatos ruins, em vez de confrontá-los diretamente. Companhias como a Xerox e a Lucent se afundaram na mediocridade porque tentaram fugir do accountability pelas causas fundamentais de seus problemas. E elas não são as únicas. Continua a crescer o número de empresas conhecidas que ao deparar com problemas, não os encaram, e perdem tempo justificando e explicando o desempenho inadequado. Enron, Arthur Andersen, Global Crossing, Kmart, Sunbeam, Tyco, WorldCom, AT&T, Polaroid e Qwest: todas se tornaram escravas de Wall Street, negaram-se a ouvir as más notícias, superestimaram suas estratégias, nivelaram por baixo sua cultura, glorificaram seus chefes e fizeram outros incontáveis erros que destruíram seu valor.

Embora Wall Street mande sua cota de mensagens erradas e certamente precise de renovação, isso não deve servir de desculpa para que uma empresa espere sentada que o governo corrija o sistema, ou para que culpe os outros ou as circunstâncias fora de seu controle por resultados pífios. Quando algo ruim acontece, e sempre acontece, ou quando ocorrem sérios erros de julgamento, que são mais frequentes do que gostaríamos de admitir, companhias accountables e seus executivos agem para controlar os danos e estabelecer um novo rumo para atingir resultados. Uma boa parte do sucesso atual da Intel vem de um momento crucial de accountability, ocorrido há mais de três décadas. Algumas empresas japonesas estavam empurrando a principal categoria de negócio da Intel, chips de memória, para o reino das commodities baratas. Em um diálogo agora famoso e que ainda norteia a cultura da Intel, o presidente-executivo Andy Grove perguntou ao diretor de operações Gordon Moore: "Se nós fôssemos demitidos e o conselho trouxesse um novo presidente, o que você acha que ele faria?". Eles responderam à pergunta reconhecendo os duros fatos, encarando a realidade e tomando uma ação decisiva. Saíram do ramo de chips de memória e entraram no de microprocessadores. Agiram como era preciso para redirecionar a empresa, e isso fez a diferença. A decisão de Andy Grove e Gordon Moore de enfrentar os fatos e colocar a Intel em uma direção completamente nova mostrou aos funcionários, acionistas de

Wall Street que o accountability compensa, e compensa muito, se você reunir coragem, determinação e sabedoria suficientes para aceitá-la.

Atualmente, muitas pessoas, quando confrontadas com desempenho ruim ou resultados insatisfatórios dentro das empresas, imediatamente começam a formular desculpas, racionalizações e argumentos para justificar por que elas não devem ser consideradas responsáveis, ou pelo menos não completamente responsáveis, pelos problemas. Essa cultura de falta de accountability ou vitimização tem fragilizado o caráter das companhias, valorizando a facilidade sobre a dificuldade, sentir-se bem em vez de ser bom, a aparência em vez da substância, manter a fachada em vez de resolver problemas, a ilusão sobre a realidade. Essa tendência somente ilude os líderes a encontrarem remendos instantâneos em vez soluções de longo prazo, lucros imediatos no lugar de progresso duradouro, e processos em vez de resultados. Se não forem corrigidas, as atitudes de vitimização podem corroer a produtividade, a competitividade, o moral e a confiança até o ponto em que a correção se torna tão difícil e cara, que ela não consegue se recuperar totalmente ou a seus colaboradores.

OS MÁGICOS PODEM AJUDAR?

Líderes empresariais de todo o mundo buscam há muito tempo "gurus" que magicamente oferecerão melhor produtividade, menores custos, maior market share, competitividade global, mais agilidade na colocação de produtos no mercado, melhoria contínua e inovação instantânea. Com grande empolgação e algazarra, esses magos conduzem as maiores companhias do mundo em aventuras de tirar o fôlego por paisagens atraentes, mas imaginárias, até Oz, onde os líderes finalmente descobrem mais fantasia do que realidade. Quando as cortinas se abrem, revela-se o fato indiscutível, como aconteceu com Dorothy e seus companheiros, que o sucesso não advém de algum modismo, novo paradigma, processo ou programa, mas da vontade dos envolvidos com a empresa de serem totalmente responsáveis pelos resultados que buscam.

Será que todas as novas soluções de gestão trazem enorme sucesso a uma empresa e derrubam os competidores? Dificilmente. Elas acabam sendo colocadas de lado em um ou dois anos, quando surge uma nova solução mágica de gestão prometendo melhorias, lucros e crescimento inéditos. Pulando de uma ilusão à outra, os executivos nunca param durante tempo suficiente para descobrir a verdade do que é preciso fazer para obter eficiência empresarial. Quando você elimina armadilhas, artimanhas, truques, técnicas, métodos e filosofias do último modismo de gestão, encontra um fato claro e imperioso: os resultados dependem de se comprometer mais accountability por eles. Não importa a estrutura da empresa, o escopo e a sofisticação dos sistemas ou a integridade e a profundidade da mais recente revitalização da cultura ou nova estratégia: a empresa não será bem-sucedida no longo prazo a menos que as pessoas assumam o accountability por atingir os resultados desejados. Se os executivos não pararem de brincar com os sintomas da doença da empresa, não abandonarem a preocupação com as filosofias da moda que surgem a cada temporada e não começarem a descobrir e trabalhar a causa fundamental do sucesso, eles continuarão a se perder em distrações.

No nosso ponto de vista, a busca por melhores resultados acabou se transformando, para muitas companhias, em pouco mais do que cortina de fumaça e jogos de espelho porque não seguiram *O Princípio de Oz*. Como Dorothy, o Espantalho, o Leão e o Homem de Lata, o poder e a capacidade para vencer circunstâncias adversas e atingir resultados almejados estão dentro de cada um. Pode ser uma longa jornada de autoconhecimento, mas, no fim, você descobrirá que sempre teve esse poder. Neste livro, queremos ir além dos modismos, das tendências e das filosofias de gestão e focar no âmago do que é necessário para o sucesso nos negócios. Esta edição de *O Princípio de Oz* vale-se de mais de três décadas de experiência na Partners in Leadership, implementando os conceitos e as ideias apresentados neste livro em centenas de empresas. Recorreremos à experiência de milhares de indivíduos e centenas de equipes de diversas companhias, consolidadas ou emergentes, cujas histórias, esperamos, servirão de inspiração, assim como *O Mágico de Oz* tem inspirado gerações.

Você conhecerá, por exemplo, um empresário que conta como ele e seus colaboradores conscientemente ignoraram, durante anos, o fato de a competitividade dos produtos e dos programas de marketing estarem caindo, fingindo que a situação melhoraria sem muito esforço. Ele descreve nas próprias palavras como a empresa finalmente teve de encarar a realidade e começar a lutar pela sobrevivência, o primeiro passo para obter os resultados que anteriormente eram dados como certos. Muitas das companhias mais bem-administradas e admiradas ocasionalmente sucumbem a atitudes de vitimização, não compreendendo e não aplicando os princípios básicos e as atitudes que geram resultados. Até mesmo o brilhante Jack Welch, CEO da General Electric durante 20 anos, e fonte de sabedoria para muitos executivos norte-americanos, falhou mais do que muita gente nota, mas, como todas as pessoas que têm accountability, ele aceitou a responsabilidade de superar qualquer contratempo.

Também terá contato com as histórias de funcionários em níveis hierárquicos mais baixos dentro de suas empresas que, ao depararem com obstáculos, permitiram-se ficar presos em atitudes de vitimização quando somente eles próprios possuíam o poder de mudar o padrão de comportamento e obter resultados. Em outros exemplos, apresentaremos um homem que alega não conseguir crescer dentro da empresa porque seu chefe não lhe dá o coaching de que necessita; uma diretora de análise financeira que acredita que não será promovida rapidamente porque é mulher e precisa de mais tempo com os filhos; uma decoradora de bolos que se ofendeu quando o chefe lhe disse para "se apressar" e "engatar a marcha", o que a levou a processar a empresa; um gerente de marketing que culpa o departamento de P&D (pesquisa e desenvolvimento) por ter introduzido um produto tarde demais no mercado, provocando a perda de market share do departamento, e pelo próprio desempenho claudicante; um CEO que argumenta que o excesso de supervisão dos acionistas fez com que empresas como a dele corressem menos riscos; e o comprador de uma loja de departamentos que se enfurece todos os dias porque é muito difícil trabalhar no meio de tanta burocracia.

Porém, você também verá pessoas com atitude de accountability que trabalham arduamente para serem responsáveis por conseguir os resultados que desejam. Por exemplo, na AES, empresa norte-americana [e que está presente no Brasil] de geração e distribuição de eletricidade, o presidente-executivo Roger Sant implementou uma campanha de "caçadores de 'eles'", com todos os bótons, os cartazes e os folhetos necessários para ajudar os funcionários a pararem de culpar o indefinido "eles" que sempre atrapalha os resultados. "Eles" representa o hábito de acusar, negar, ignorar, fingir e postergar que cresce nas empresas e impede que as pessoas assumam o próprio destino. A campanha funcionou e a produtividade na AES aumentou desde então. É uma questão de trabalho duro. Mesmo nessa era de equipes de alto desempenho, colaboradores em superempresas como General Electric, Rubbermaid e Microsoft podem, ocasionalmente, jogar a culpa "neles", acusando a própria equipe por desperdiçar tempo, arruinar carreiras e tornar difícil fazer o "verdadeiro" trabalho.

Os conceitos e as técnicas de gestão mais recentes e modernos não ajudam se você negligencia os princípios básicos que empoderam pessoas e empresas a terem desempenhos excepcionais. Com humor, sátira e relatos de experiências pessoais tão reais a ponto de você se reconhecer nelas, este livro explora o fundamento dos problemas de produtividade, oferecendo uma nova visão do caráter empresarial que ainda não foi desenvolvido e apresentando um programa comprovado para reconstruir os negócios de baixo para cima. Além dos estudos de caso, reunimos valiosas listas (como "Vinte desculpas testadas e aprovadas"), testes para autodiagnóstico e exercícios de feedback pessoa a pessoa, todos elaborados para mantê-lo longe da estrada da vitimização e na rota do accountability. Primeiro, entretanto, você deve reconhecer e compreender a diferença básica entre vitimização e accountability.

A FORÇA DESTRUTIVA DA VITIMIZAÇÃO

As sociedades de todo o mundo sofrem com o atual culto à vitimização pois seu dogma sutil defende que as circunstâncias e as outras pessoas o impedem de atingir seus objetivos. Tal atitude sufoca o crescimento e o desenvolvimento. Charles Sykes, em seu livro sobre a sociedade norte-americana, *A Nation of Victims* [*Uma nação de vítimas*], diz:

> Uma sociedade que insiste em valorizar a autoexpressão em vez do autocontrole em geral recebe exatamente o que merece. O adolescente aborrecido que afirma 'Isso não é justo!' não está se referindo a um padrão de igualdade e justiça que qualquer ética reconheça. Ele está, em vez disso, dando voz a uma convicção vaga mas defendida com firmeza de que o mundo em geral, e sua família em particular, serve apenas a uma função legítima que é a de suprir suas necessidades e seus desejos imediatos. Em uma cultura que celebra o ensimesmamento e a recompensa imediata, o egoísmo rapidamente se torna tema dominante

e persistente. Não é de admirar que a variedade de vítimas externas – maioria e minoria, masculino e feminino, "capacitado" e "incapacitado" – seja expresso com tanta frequência nos gritos de queixa da adolescência desapontada. Quando me refiro à cultura jovem norte-americana, não quero dizer somente aquela que idolatra os jovens. Refiro-me a uma cultura que se recusa a crescer.

Uma linha tênue separa o sucesso do fracasso, as grandes empresas das comuns. Abaixo dessa linha, estão as desculpas, as acusações, a confusão e uma atitude de impotência. Acima dela, encontramos um senso de realidade, de propriedade, o comprometimento, a resolução de problemas e a ação determinada. Enquanto os perdedores definham Below the Line® [abaixo da linha], preparando histórias para explicar por que seus esforços foram em vão, os vencedores residem Above the Line® [acima da linha], movidos por comprometimento e trabalho duro. O Quadro do Accountability, da página 14, apresenta com clareza a vitimização abaixo da linha e o accountability acima da linha.

Pessoas e empresas estão pensando e agindo abaixo da linha quando, consciente ou inconscientemente, evitam o accountability por resultados individuais e coletivos. Presas no que chamamos de ciclo de vitimização, ou jogo de acusação, começam a perder o ânimo e a determinação até que, finalmente, sentem-se incapazes. Somente movendo-as para acima da linha e galgando os passos para o accountability é que elas se tornarão poderosas outra vez. Quando indivíduos, equipes ou empresas inteiras estacionam abaixo da linha, alheios ou sem consciência da realidade, a situação piora sem que ninguém entenda as causas. Em vez de encarar a realidade, os portadores dessa enfermidade muitas vezes passam a ignorar ou fingir não saber sobre seu accountability, negando a responsabilidade, culpando os outros por sua própria crise, alegando que o motivo de sua inatividade é a confusão dos demais, perguntando o que fazer, reclamando que não podem agir ou apenas esperando para ver se a situação se resolve sozinha por milagre.

O elemento crucial do accountability pessoal e corporativo deve estar entrelaçado ao tecido que compõe o caráter, os processos e a cultura da empresa. Na Enron, Arthur Andersen, WorldCom, várias *ponto.com* ou em qualquer lugar onde exista o comportamento abaixo da linha,

O PRINCÍPIO DE OZ®

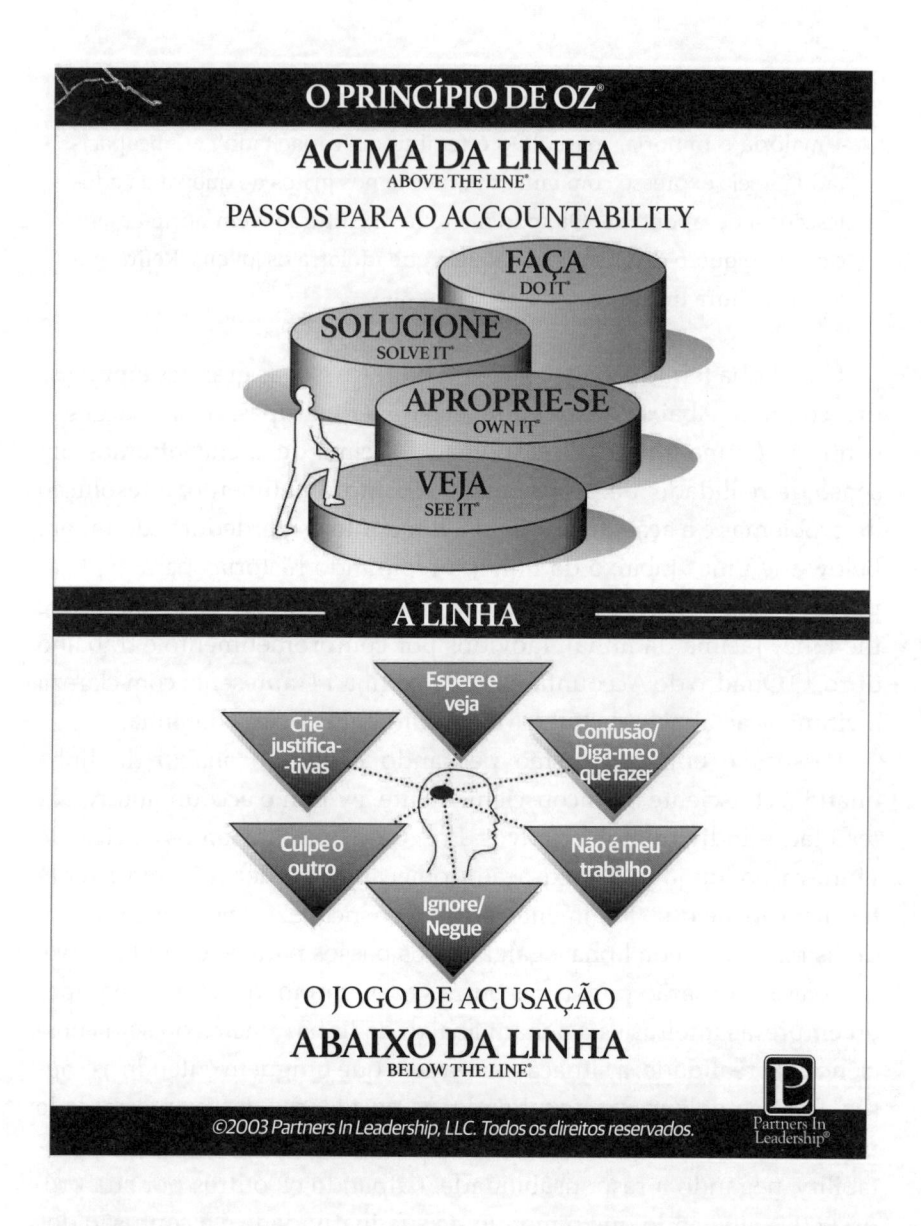

ACIMA DA LINHA
ABOVE THE LINE®
PASSOS PARA O ACCOUNTABILITY

- FAÇA (DO IT®)
- SOLUCIONE (SOLVE IT®)
- APROPRIE-SE (OWN IT®)
- VEJA (SEE IT®)

A LINHA

- Espere e veja
- Crie justificativas
- Confusão/ Diga-me o que fazer
- Culpe o outro
- Não é meu trabalho
- Ignore/ Negue

O JOGO DE ACUSAÇÃO

ABAIXO DA LINHA
BELOW THE LINE®

©2003 Partners In Leadership, LLC. Todos os direitos reservados.

Partners In Leadership®

---

você encontrará vítimas – e vítimas de vítimas. Nos negócios, a descida para abaixo da linha em geral começa com a criação de um ambiente em que ninguém reconhece a verdade e nada é dito com franqueza. No artigo "Por que as empresas fracassam", Ram Charan e Jerry Useem oferecem uma descrição do declínio de uma empresa:

O declínio aconteceu pelo que um analista chamou de "queda progressiva na direção de julgamentos errados". Uma cultura "voltada para o sucesso", complexidade capaz de anestesiar o cérebro e metas de desempenho irreais foram misturadas até que a violação das regras se tornou a regra. Nada parecia estar errado olhando-se de fora, até que tudo voou pelos ares. Era o fim. Parece que estamos falando da Enron, mas esta descrição é, na verdade, da NASA em 1986, o ano em que o ônibus espacial *Challenger* explodiu. Tocamos em episódios diferentes – um deles, afinal de contas, envolve a morte de sete astronautas – para demonstrar um ponto sobre fracassos: até mesmo os mais dramáticos levam anos para acontecer. Na NASA, os engenheiros tinham percebido danos nos fundamentais anéis O'rings em voos anteriores e ainda assim se convenceram de que o problema era aceitável.

Charan e Useem prosseguem: "Empresas fracassam como Ernest Hemingway descreveu a falência em *O Sol Também Se Levanta*: aos poucos, e então, de repente". O não accountability pode rastejar para dentro de qualquer empresa. Primeiro, chega sem ser notado, como uma desculpa razoável; em seguida, passa para acusações mais agressivas; finalmente, torna-se o modo como as coisas são feitas. O preço pago pela inatividade não fica claro até que se veja o seu oposto: pessoas accountables obtendo resultados. Então, pode-se calcular o valor do accountability em termos de lucro e expansão do market share.

A Cisco Systems é outro exemplo do custo de se viver abaixo da linha no ciclo de vitimização. A companhia, que de maneira alguma é uma empresa decadente, sofreu uma queda no valor de mercado de quase 90%. Após 40 trimestres seguidos de crescimento, os gerentes relaxaram e ficaram negligentes, uma consequência comum do sucesso. Evidência de clientes indo à falência, demanda em retração e estoques aumentando não foram sinais claros o suficiente para fazer com que o CEO John Chambers e sua equipe de executivos mudassem as hipóteses e previsões promissoras. A Cisco nunca tinha se preocupado com o que poderia acontecer se a estimativa de crescimento não se concretizasse. Quando os sinais de desaceleração começaram a aparecer, os gerentes ficaram abaixo da linha, ignorando e negando o problema. Forçada a encarar a realidade, a empresa, por fim, teve de fazer um *write down* [reduzir o valor de custo dos estoques] em US$ 2,5 bilhões e demitir 8.500 funcionários. As ações da perderam 90% do valor quase da noite para o dia. A seu favor, a empresa agora projeta o que pode acontecer quando as previsões de crescimento começam a dar mínimos sinais de enfraquecimento. Às vezes, ficar acima da linha significa ter de se antecipar e estar preparado para os piores cenários.

Para ficar acima da linha, e fora do jogo de acusações, devem-se galgar os passos para o accountability, adotando atitudes See It® [Veja], Own It® [Aproprie-se], Solve It® [Solucione] e Do It® [Faça]. O primeiro passo – See It – envolve reconhecer e admitir a realidade integral de uma situação. Como você logo verá, esse passo é um grande obstáculo porque é muito difícil fazer uma autoavaliação sincera e admitir que é preciso empreender ainda mais esforços para atingir bons resultados. O segundo passo – Own It – significa aceitar a responsabilidade pelas experiências e realidades que você cria para si mesmo e para os outros. Nessa etapa, você pavimenta o caminho para agir. O terceiro passo – Solve It – implica mudar a realidade, encontrando e implementando soluções que você pode não ter percebido antes, ao mesmo tempo em que evita a armadilha de descer abaixo da linha quando os obstáculos aparecerem. E o quarto passo, Do It, tem a ver com reunir a coragem e se comprometer em seguir aplicando as soluções que você identificou, mesmo que elas signifiquem grandes riscos. Felizmente, esses passos fazem muito sentido. No final das contas, seu próprio bom senso pode projetá-lo para acima da linha.

O PODER TRANSFORMADOR DO ACCOUNTABILITY

Não importa o quanto tentamos ignorar o fato ou nos livrarmos dele, mas a verdade é que estamos no jogo pelos resultados. Conhecemos nossas responsabilidades e devemos aceitá-las e desempenhá-las em determinado nível. Embora tenhamos dias ruins, quando estamos tristes ou doentes, por exemplo, sabemos intuitivamente que o trabalho deve ser feito. Boa parte do que é realizado todos os dias no mundo é entregue por pessoas que não se sentem bem. No fundo, sabemos que não devemos culpar os outros por nossos erros ou não devemos deixar "a bola cair". E sabemos que, no final, somos nós que determinamos o curso de nossas vidas e a medida da nossa felicidade. Em nossa consultoria, passamos anos estudando, escrevendo e nos esforçando para melhorar a maneira como indivíduos e empresas obtêm resultados. Desde a primeira edição de *O Princípio de Oz*, vimos inúmeras organizações que conseguiram criar mais accountability ao aplicar as lições desse princípio, saindo da posição abaixo da linha para acima da linha e, assim, atingindo resultados como aumento de 200% na margem de lucro, redução de 50% no tempo de atendimento ao cliente no call center, incremento de 900% no valor das ações e redução de 80% nas reclamações ao controle de qualidade. Acompanhamos, até mais de perto, nos últimos anos, todos os principais avanços em teorias de gestão, de modelos de negócio inovadores à essência da liderança de equipes. Embora continuemos a aprender algo novo com cada tendência, acrescentando a elas um toque nosso, concluímos que o sucesso de uma empresa se resume a um princípio: você escolhe entre ficar parado ou conseguir resultados. Ponto-final.

Obter resultados por meio do accountability é o cerne da melhoria contínua, da inovação, da satisfação do cliente, do bom desempenho de equipes, do desenvolvimento de talentos e dos movimentos de governança corporativa, tão populares hoje em dia. É interessante notar como a essência desses programas se resume a ajudar as pessoas a superar algumas circunstâncias e fazer o que for necessário (dentro de limites éticos, é claro) para obter os resultados desejados. Se a criação desse accountability individual era um dos grandes desafios dos gerentes e das lideranças há duas décadas, ele se tornou prioridade atualmente. Entretanto, embora muitas pessoas e empresas reconheçam a necessidade urgente do accountability, poucas sabem como fazer para consegui-lo ou mantê-lo, como fica evidente com o grande número de desculpas criativas que são dadas para justificar por que uma situação se deteriorou até um estado lamentável. Infelizmente, mesmo quando desculpas bem documentadas, legalmente justificáveis ou irrefutáveis do ponto de vista da lógica ajudam os responsáveis a se safarem quando apresentam resultados ruins, o que fica é o hábito de se esquivar dos problemas em vez de encará-los e resolvê-los.

Todos, em algum momento, sucumbimos ao impulso de fugir de uma situação ruim com uma ou outra desculpa: "Não tive tempo", "Se tivesse mais recursos", "O prazo é muito apertado", "Esse não é meu serviço", "A culpa é do chefe", "A competição nos passou a perna", "A economia está com problemas", "A situação vai melhorar amanhã". Em todas, as justificativas para o fracasso focam no "por que algo não pode ser feito", em vez de em "o que mais eu posso fazer". Certamente, há pessoas que são vítimas de chefes manipuladores, concorrentes inescrupulosos, colegas conspiradores, calamidades econômicas e todo tipo de mentirosos, trapaceiros e vilões. Acontecem coisas sobre as quais elas têm pouco ou nenhum controle porque não contribuíram para a causa dessas situações e tampouco são responsáveis por elas. Porém, mesmo na pior das circunstâncias, ninguém consegue avançar sentindo-se impotente e culpando os outros pela desgraça. Não importa qual seja a situação, você não sairá do lugar se não assumir o controle e aceitar a responsabilidade por melhores resultados no futuro. Você deve ficar acima da linha.

Felizmente, desde a publicação de *O Princípio de Oz*, temos visto progresso substancial nas atitudes de CEOs e executivos seniores em relação ao accountability. De acordo com pesquisas conduzidas pelo Conference Board e pela revista *Business 2.0*, os CEOs estão mais preocupados em atrair e desenvolver talentos que possam produzir resultados de maneira consistente e com melhorias contínuas. Convidar e reter profissionais que demonstram ter compromisso a respeito dos resultados se tornou a prioridade número um em muitas empresas. Por quê? Porque os outros tópicos com os quais os CEOs se preocupam – valor de mercado, ameaças da concorrência e inovação de produto – dependem por completo de pessoas talentosas que possam acelerar e facilitar a entrega de resultados. São eles os responsáveis por aumentar o valor de mercado, atingir metas, ultrapassar a concorrência, inovar constantemente e liderar equipes em busca de accountability pelos resultados. É por isso que revisamos *O Princípio de Oz*: executivos seniores, gerentes, líderes e funcionários que buscam melhorar desejam, agora mais do que nunca, encontrar formas de criar maior accountability pelos resultados.

Além disso, o crescimento e o aumento na complexidade e na necessidade de adaptação das empresas, tanto global como localmente, fez com que o accountability pelos resultados se tornasse não apenas o desafio principal para as lideranças mas também o mais urgente. Há 50 anos, em seu trabalho *O Gestor Eficaz*, Peter Drucker identificou a única questão universal que, se continuamente respondida, pode ajudar líderes e funcionários em todos os locais a garantir sucesso para suas empresas: "Com o que eu posso contribuir para afetar de maneira significativa o desempenho e os resultados da instituição na qual atuo?". Finalmente, cinco décadas depois, muitos CEOs e líderes empresariais percebem a necessidade de criar uma cultura organizacional que produza um forte senso de accountability pessoal, que os faça sempre repetir a pergunta de Drucker e agir para respondê-la.

No best-seller *Empresas Feitas para Vencer*, Jim Collins descreve assim ambientes de trabalho excepcionais: "Quando se combina a cultura da disciplina com a da ética de empreendedorismo, obtém-se a alquimia mágica de grandes resultados". Concordamos, sinceramente, mas gostaríamos de ponderar que a combinação das duas culturas já é um resultado, resultado que advém de colaboradores e equipes que se fazem a pergunta formulada em *O Princípio de Oz* o tempo todo: "O que mais posso fazer para ficar acima da linha e atingir os resultados desejados?". Quando as pessoas se colocam essa pergunta, aprendem o segredo para obter melhores resultados, mais rapidamente e com baixos custos. Isso é mais importante hoje do que era há 20 anos. À medida que o nível de desempenho e expectativa continua a subir, também aumenta o esforço para atingi-lo.

Vale a pena repetir: uma atitude de accountability é o centro de qualquer esforço para melhorar a qualidade, satisfazer clientes, empoderar pessoas, formar equipes, criar novos produtos, maximizar eficiência e obter resultados. Simples? Sim e não. A mensagem pode ser simples, mas é preciso um enorme investimento de tempo e coragem para fazer do accountability uma parte integral da empresa. Quer você confronte as próprias atitudes de autocomiseração em uma startup ou em uma empresa da lista da *Fortune 500*, só é possível esperar um futuro melhor se houver dedicação e coragem para ficar acima da linha.

A JORNADA COMEÇA

A Parte 1 deste livro explica *O Princípio de Oz*, revelando quantos empresários e organizações no mundo todo compartilham os mesmos sentimentos de ansiedade e desamparo que tomam conta de Dorothy, do

Espantalho, do Leão e do Homem de Lata na caminhada pela estrada de tijolos amarelos até Oz. Nos capítulos iniciais, mostraremos como as pessoas que usam a vitimização para justificar a falta de ação, desculpar a ausência de eficiência ou racionalizar um desempenho ruim inconscientemente impedem o próprio progresso. Nos capítulos seguintes, demonstraremos como aqueles que aceitam o accountability para tornar as coisas melhores superam a vitimização e vencem obstáculos, lidam com problemas e atingem novos patamares. Ao final da jornada, você terá aprendido a se tornar mais responsável pelos resultados e também a criar uma cultura empresarial que desenvolve e recompensa o tipo de accountability necessário para reconstruir o caráter e a cultura de uma empresa em todas as funções e todos os níveis.

Um entendimento da gravidade da atual crise de caráter o ajudará a trilhar o verdadeiro caminho para resultados e a discernir a sutil, e muitas vezes obscura, linha entre vitimização e accountability. Quando você souber distinguir atitudes e comportamentos abaixo da linha do desempenho acima da linha, será muito mais capaz de utilizar o poder transformador do accountability para si, sua equipe e sua empresa, assuntos das partes 2 e 3.

A grande variedade de exemplos deste livro detalha como pessoas e empresas, quando dotadas de atitudes de accountability, podem superar obstáculos e evitar desculpas que os impedem de atingir os resultados que desejam. Tirando lições das experiências às vezes surpreendentes e sempre inspiradoras de indivíduos e grupos das mais variadas áreas, esperamos mostrar como é possível superar atitudes e comportamentos de vitimização e subir acima da linha para conquistar um desempenho sempre melhor. Nosso objetivo é transcender a literatura convencional sobre inovação, liderança, produtividade, atendimento ao cliente, qualidade e desempenho de equipes para chegar ao âmago daquilo que justifica qualquer tipo de resultado, algo tão necessário nas empresas atuais. Focando na causa fundamental da liderança de má qualidade, da baixa produtividade, do nível inaceitável, da insatisfação do cliente, da inovação inadequada, do talento desperdiçado, das equipes disfuncionais ou da falta geral de accountability, esperamos levá-lo além da explicação do porquê você não fez ou não consegue fazer melhor, até o que você pode de fato fazer para tornar seu futuro brilhante.

Capítulo 2

A ESTRADA DE TIJOLOS AMARELOS: PRESO NO CICLO DE VITIMIZAÇÃO

No dia seguinte, o sol estava atrás de uma nuvem, mas eles começaram a andar como se estivessem seguros sobre qual caminho seguir.
– Se caminharmos muito – disse Dorothy –, chegaremos a algum lugar em algum momento, tenho certeza.
Mas os dias passavam e eles não viam nada diante deles além dos campos escarlate. O Espantalho começou a resmungar:
– Certamente nos perdemos – ele disse – e se não encontrarmos o caminho correto a tempo de chegar à Cidade das Esmeraldas, nunca conseguirei meu cérebro.
– Ou meu coração – afirmou o Homem de Lata. – Eu mal consigo esperar até chegarmos a Oz e vocês têm de admitir que esta é uma longa jornada.
– Oras! – lamentou o Leão Covarde. – Não tenho mais coragem de continuar andando para sempre sem chegar a lugar algum.
E então Dorothy desanimou. Sentou-se na grama e observou seus companheiros, e eles se sentaram e a observaram, e Totó achou que pela primeira vez na vida estava cansado demais para perseguir uma borboleta que voava perto de sua cabeça. Ofegante, ele colocou a língua para fora e olhou para Dorothy como se perguntasse o que deveriam fazer.

O Mágico de Oz,
L. Frank Baum

A vitimização contaminou de tal maneira nosso mundo que todos somos afetados diariamente – são desde pequenos e inconsequentes atos cotidianos até abusos capazes de destruir vida. Com certeza, o sofrimento que uma pessoa provoca em outra é um dos grandes dilemas da vida moderna, e ainda assim o abrigo oferecido pela vitimização deixa o sofredor completamente paralisado. Mesmo as pessoas e empresas mais bem-sucedidas podem ser contaminadas pelo vírus da vitimização.

Por que todos nós, até os mais virtuosos, caímos tão facilmente abaixo da linha de tempos em tempos? É claro – dar desculpas é bem mais fácil do que aceitar a responsabilidade. Pense em todas as piadas que já ouviu sobre chegar atrasado ao trabalho, perder um prazo, deixar de realizar uma tarefa, esquecer um compromisso, perder um documento, deixar passar uma oportunidade ou simplesmente errar. Veja uma lista verdadeira de desculpas dadas ao IRS (órgão do governo dos Estados Unidos equivalente à Receita Federal brasileira) por contribuintes atrasados com suas declarações de imposto de renda, publicada por um jornal do sul da Califórnia, o *The Press Enterprise*:

"Eu não sabia que o prazo era hoje."
"Nem tinha percebido que já estamos em abril."
"Perdi a papelada."
"Odeio números. Se não consigo entender o extrato do banco, como alguém pode pensar que sei preencher a declaração de imposto de renda?"
"Estava muito cansado."
"Não tive tempo de ler os formulários e as instruções."
"Tenho medo de dívidas."
"Não quero saber quanto ganhei porque não tenho a menor ideia de como gastei o dinheiro."
"Tenho mais medo de contador do que de dentista."
"Perdi minha declaração e meu marido. Onde posso conseguir substitutos para os dois?"
"Quando estava tirando os formulários do envelope, fui picado por uma aranha e estou passando tão mal desde então que não consegui preenchê-los. Eu não estou acusando a sua agência de ter enviado a aranha com os formulários, mas pense bem, meus caros, eu não a coloquei lá. Será que posso entregar minha declaração depois?"

"Acabei de me divorciar e tive sorte de sair vivo, mas não posso dizer o mesmo da minha declaração."

Essas estranhas mas verdadeiras desculpas fazem rir e chorar ao mesmo tempo porque já usamos algumas delas, ao tentar nos esquivar de responsabilidades. Ironicamente, há sempre uma sementinha de verdade nelas – circunstâncias atenuantes que merecem consideração ou são razões genuínas para falhas –, mas sempre que as usamos para nos mantermos abaixo da linha perdemos a oportunidade de melhorar, não importa de quem seja a culpa.

O ciclo de vitimização pode ludibriar até companhias notáveis, como a General Electric descobriu alguns anos atrás. O levantamento da revista *Fortune* sobre as empresas mais admiradas dos Estados Unidos continuamente a inclui entre as dez primeiras, e muitos empresários a consideram modelo de transformação contínua. Há mais de cem anos, no dia 1º de janeiro de 1900, o *The Wall Street Journal* identificava a GE como uma das 12 melhores companhias norte-americanas. Da lista original, é a única que permanece no grupo até a atualidade. Mesmo assim, está longe da perfeição.

Há vários anos, a empresa se sentiu pressionada a aumentar o market share e os lucros de sua divisão de eletrodomésticos. Para iniciar a ação, contratou o consultor Ira Magaziner para analisar a área de geladeiras. Como parte das recomendações, ele sugeriu que a GE comprasse compressores para geladeiras no exterior ou descobrisse como melhorá-los. Optando pela segunda alternativa, a GE deu ao seu engenheiro-chefe da área de design, John Truscott, a tarefa de montar uma equipe para projetar um novo compressor rotativo. Depois que Truscott, outro engenheiro, Tom Blunt, e o chefe da divisão, Roger Schipke, apresentaram os resultados a Jack Welch, presidente do conselho e CEO da empresa, ele autorizou a construção de uma fábrica orçada em US$ 120 milhões para produzir o novo componente. O conselho aprovou a decisão. Após alguns meses, 20 executivos seniores se reuniram para revisar os dados dos testes antes de iniciar a produção. Não encontrando defeitos, decidiram prosseguir. A produção em larga escala começou na nova planta no estado do Tennessee, onde um novo compressor rotativo era produzido a cada 6 segundos (cada unidade do antigo compressor precisava de 56 minutos).

Um ano depois, a primeira falha no compressor aconteceu na Filadélfia, logo seguida de milhares. Por fim, os engenheiros descobriram o problema: o uso de pó de ferro em vez de aço temperado ou de ferro fundido na fabricação dos compressores. Ironicamente, a GE tinha tentado, uma década antes, usar peças feitas com pó de metal em aparelhos de ar-condicionado e tinha considerado o material inaceitável. Nessa altura, Schipke decidiu abandonar o novo compressor e usar modelos estrangeiros, levando a GE a reportar US$ 450 milhões em gastos, sem contar impostos, para resolver o fiasco.

Um exame mais profundo da situação revela que a GE passou por todos os estágios do ciclo de vitimização. Os executivos não deram atenção aos primeiros problemas com a tecnologia do compressor rotativo. Embora as companhias japonesas já tivessem tido sérios problemas com esse tipo de equipamento, ninguém se lembrou disso. O mesmo ocorreu a respeito das peças fabricadas com metal em pó.

Todos os sinais de que o compressor não funcionaria foram negados, assim como relatórios preliminares de superaquecimento, desgaste de superfície e degradação do óleo lubrificante.

Quando o fracasso do compressor já era realidade, as acusações começaram explodir em todas as direções. Executivos seniores, gerentes de divisão, engenheiros de projeto, consultores e fabricantes, todos culparam uns aos outros pelo problema. Os engenheiros chegaram a ficar preocupados com a quantidade insuficiente de testes de campo com o novo compressor, mas acabaram deixando suas preocupações de lado para fazer o que lhes foi pedido, ou seja, cumprir o prazo. Quando o assunto começou a se espalhar, as pessoas pareciam pensar: "Não podemos dar más notícias ao Jack" e "Não podemos falhar com o prazo".

Finalmente, todos na divisão de eletrodomésticos se convenceram de que o melhor a fazer era esperar para ver se a situação se resolvia sozinha. Muitos pensavam que talvez as coisas não ficassem tão ruins; afinal, era a General Electric, uma das empresas mais eficientes do planeta.

Mesmo uma empresa desse tipo pode cair abaixo da linha em ocasiões. Quando quer que isso aconteça, a conta um dia chega. No caso da GE, o preço pela queda abaixo da linha chegou a US$ 450 milhões em gastos diretos e oito anos de oportunidades perdidas.

Neste capítulo, aprofundaremos a compreensão dos perigos inerentes às atitudes de vitimização, em especial aqueles relacionados a situações corporativas e de gestão. A experiência nos ensinou que ninguém pode subir facilmente os passos para o accountability sem entender bem como e por que as pessoas ficam presas abaixo da linha.

A LINHA ENTRE VITIMIZAÇÃO E ACCOUNTABILITY

Imagine uma linha entre accountability e vitimização, separando aqueles que buscam superar as circunstâncias para alcançar os resultados desejados daqueles que caem no ciclo de vitimização, onde é fácil ficar preso. Nem indivíduos nem empresas podem permanecer na linha entre esses dois reinos porque os eventos irão inexoravelmente trabalhar para puxá-los para abaixo da linha. Embora tanto indivíduos quanto companhias possam demonstrar accountability em algumas situações e comportamento de vítima em outras, as circunstâncias inevitavelmente os levarão a pensar e agir ou acima da linha ou abaixo da linha.

Porém, traçar a linha entre vitimização e accountability não é fácil, sobretudo em sociedades complexas. Muitas pessoas consideram um completo disparate os processos contra McDonald's, Burger King, KFC e Wendy's por causa da obesidade infantil, já que qualquer um deveria assumir a responsabilidade por seus hábitos alimentares e de seus filhos. Certo? Bem, consideremos o caso de Caesar Barber. Funcionário de manutenção e morador do bairro do Bronx, em Nova York, Barber processou as quatro maiores empresas de fast-food dos Estados Unidos por propaganda enganosa que esconde os riscos de obesidade. Aos 56 anos, Barber estava com 1,55 metro, 123 quilos, diabetes e havia tido dois ataques cardíacos. O advogado dele, Samuel Hirsch, argumentou que Barber e milhões de outras pessoas como ele mereciam uma compensação. Por quê? Porque eles estão consumindo alimentos com alto teor de gordura, sal, açúcar e colesterol sem serem devidamente alertados sobre isso. No caso de Barber, ele admitiu ter comido fast--food por 30 anos porque não sabia cozinhar. Ele alega que não tinha conhecimento de que aquele tipo de dieta era tão prejudicial à saúde até que sofreu dois ataques do coração e o médico o orientou a parar de consumir esses alimentos. Em uma entrevista ao canal de TV norte-americano MSNBC, ele disse: "Era 100% carne bovina e isso para mim era bom. Nunca soube da gordura saturada, do conteúdo de sódio ou de açúcar, de nada disso". Ignorância negligente ou ingenuidade inocente? Você decide, como todos precisam decidir, muitas vezes ao dia, exatamente onde traçar a linha entre vitimização e accountability.

Mesmo o mais forte comprometimento com o accountability não vai impedi-lo de cair abaixo da linha em algum momento. Ninguém é perfeito. Todo mundo, mesmo os vencedores das nossas complexas sociedades, podem se ver no ciclo da vitimização ocasionalmente, mas aqueles que acreditam em accountability nunca ficam lá por muito tempo.

Pessoas e empresas trabalhando abaixo da linha consciente ou inconscientemente evitam o accountability pelos resultados. Definhando no ciclo de vitimização, elas começam a perder o ânimo e a vontade, até que se veem sem forças, como aconteceu com Dorothy e seus amigos. Se continuarem se sentindo como vítimas, passarão por estágios previsíveis em um ciclo sem fim que mina a produtividade individual e corporativa: ignorar ou fingir não saber sobre seu accountability, reclamar que não é seu serviço, fugir das responsabilidades, culpar colegas por seus erros, dar a desculpa de que está confuso, perguntar aos outros o que deve fazer, reclamar que não consegue realizar uma tarefa, inventar uma desculpa a respeito de sua inocência e, por fim, esperar para ver se algum milagre será concedido por um mágico imaginário.

COMO RECONHECER QUANDO VOCÊ ESTÁ ABAIXO DA LINHA

Sempre que se encontra preso no ciclo de vitimização, você não consegue sair até reconhecer que está operando abaixo da linha e pagando um alto preço por isso. Somente após obter esse tipo de conscientização é que se pode começar a assumir uma atitude See It, que lhe dará a perspectiva para ir acima da linha. Muitas vezes, incapaz de superar a inércia do ciclo de vitimização por conta própria, você precisa do feedback de uma pessoa objetiva, como um amigo próximo, ou, como no caso da GE, um cliente na Filadélfia com um compressor quebrado. Entretanto, você pode melhorar muito sua capacidade de reconhecer essa condição procurando um ou mais dos seguintes sintomas:

- Você se sente refém das circunstâncias.
- Tem a impressão que não controla a situação atual.
- Não ouve quando outras pessoas dizem acreditar, direta ou indiretamente, que você poderia ter feito mais para conseguir melhores resultados.
- Você culpa e acusa os outros.
- Quando discute um problema, foca mais no que não pode fazer do que naquilo que pode.
- Não confronta as questões mais difíceis que está enfrentando.
- Está constantemente sendo envolvido por fofocas e acusações sobre outras pessoas.
- Não se questiona sobre o próprio accountability.
- Sente que está sendo tratado de maneira injusta e se vê impotente para lidar com o problema.
- Coloca-se a toda hora em uma postura defensiva.
- Passa muito tempo falando sobre coisas que não pode mudar (por exemplo, seu chefe, os acionistas, o desempenho da economia, as regulamentações governamentais).
- Menciona confusão como um motivo para não agir.
- Evita pessoas e situações que requerem que você reporte suas responsabilidades.
- Está sempre dizendo:
  - "Não é trabalho meu."
  - "Não há nada que eu possa fazer sobre isso."
  - "Alguém vai ter de se explicar."
  - "Tudo que podemos fazer é esperar e ver."
  - "Diga o que quer que eu faça."
  - "Eu não teria feito dessa maneira."
- Frequentemente, gasta tempo e energia falando mal do chefe ou dos colegas.
- Desperdiça tempo valioso bolando uma comovente história sobre sua inocência.
- Vive contando a mesma velha história de como alguém lhe passou a perna.
- Vê o mundo com uma atitude pessimista.

Se você detectou qualquer um desses sinais em si mesmo, sua equipe ou sua empresa, aja de imediato para expor o que realmente são essas desculpas: entraves ao accountability e aos resultados. Depois que essa conscientização ocorre, você e sua equipe podem começar a compreender as sutilezas do ciclo de vitimização, como Dorothy e seus companheiros fizeram.

ESTÁGIOS COMUNS DO CICLO DE VITIMIZAÇÃO
Embora esse ciclo possa ser surpreendentemente complexo, identificamos seis estágios básicos comuns à maior parte das pessoas e empresas. Ao ler as descrições a seguir, pergunte-se se você identifica alguma delas em seu comportamento ou no de sua empresa.

1. Ignorar/Negar. Um típico começo para quem está entrando no ciclo de vitimização é o estágio da ignorância ou negação, no qual as pessoas fingem que não sabem que há um problema, permanecem inconscientes de que o problema as afeta ou escolhem negar o problema.

Por exemplo, muitos de nós testemunhamos esse estágio do ciclo nas últimas décadas quando empresas e setores inteiros em negação acabam caindo nas garras da concorrência. Primeiro, a indústria norte-americana do aço negou a necessidade de mudança e adiou os esforços para ser mais competitiva, perdendo a predominância no mercado para tecnologias mais avançadas de concorrentes estrangeiros. Depois, foram as montadoras de veículos que pagaram um alto preço ao ignorar o desejo dos clientes por carros melhores e mais econômicos. Ao negar as mudanças na preferência dos consumidores, Detroit continuou a acreditar que os "clientes vão dirigir qualquer carro que construirmos". As montadoras japonesas, por outro lado, trabalharam acima da linha e projetaram carros adaptados aos consumidores globais.

Quantos setores de atividade ainda serão vítimas da própria negação e continuarão fingindo que não sabem o que um dia se tornará óbvio? Esse estágio do ciclo de vitimização pode ter custos devastadores. Pessoas e empresas, sem querer e não sendo capazes de ver o que está acontecendo ao redor, cortejam a calamidade e só começam a reconhecer a extensão de seus problemas depois que o estrago está feito.

Na condição de assim chamada superpotência e líder entre as nações, você imaginaria que os Estados Unidos aprenderam muito com suas experiências abaixo da linha nas últimas quatro décadas. Entretanto, o desafio continua, como pode ser visto nos resultados do levantamento Adult Literacy in America [alfabetização de adultos nos Estados Unidos], realizado pelo Departamento de Educação norte-americano. Um levantamento de quatro anos concluiu que cerca de metade dos adultos não tem a educação necessária para lidar de modo eficiente com o mundo moderno. Um artigo da revista *Time* sobre o tema relata que "praticamente 90 milhões de norte-americanos acima de 16 anos – quase metade da população total dessa faixa – são basicamente inadequados para a maioria dos postos de trabalho. Quem está incluído nessa definição? Aqueles que conseguem gastar no cartão de crédito, mas não são capazes de escrever uma carta quando acham que a conta está errada; aqueles que pagam corretamente as compras do mercado, mas têm dificuldade para calcular a diferença entre o preço normal e o promocional; aqueles que folheiam o jornal, mas não estão aptos para parafrasear o seu conteúdo". Que preço as empresas norte-americanas irão pagar por essa falha? Qual é o preço que os Estados Unidos terão que arcar no futuro pela incapacidade em competir com nações que consideram um povo educado como o recurso nacional mais importante? O artigo continua: "... Talvez a pior notícia do levantamento seja a húbris expressa pelos entrevistados: quando questionados se liam bem ou muito bem, 71% daqueles que apresentavam os piores resultados disseram que sim. Se esse levantamento for preciso, os Estados Unidos não apenas estão habitados por pessoas despreparadas para as atuais e novas tecnologias, mas a maior parte delas desconhece que não sabe".

Na outra ponta do espectro educacional, considere os estudos que mostram que de 70% a 80% dos profissionais com MBA deixam o primeiro emprego nos primeiros 12 meses após terminarem os estudos. Por que isso acontece? Não se trata de falta de competência técnica, mas de ineficiência e inadequação a um ambiente de trabalho no mundo real. Esses profissionais simplesmente não se relacionam bem e não se encaixam na cultura empresarial. Os cursos de MBA e as escolas de administração de empresas continuam a negar a realidade de que o sucesso tem menos a ver com o que você faz ou sabe, e mais com a maneira como você faz. Quando confrontados com essa realidade, muitas escolas, professores de gestão e programas de MBA dizem que entendem o problema. Será?

Alguns CEOs não são tão espertos quanto pensam. Quando o CEO da Enron, Jeffrey Skilling, finalmente quebrou o silêncio sobre o fim da empresa, negou qualquer responsabilidade ou erro. "Estamos todos tentando entender o que aconteceu", disse a um repórter do *The New York Times*. "Foi uma tragédia. Para mim, a empresa estava em excelente situação." Tragédia, de fato. A Enron estava na lista de todos os analistas de Wall Street e de repórteres especializados, da Goldman Sachs à revista *Fortune*, como uma das companhias mais excepcionais e com grande futuro. Mas a Enron faliu. Obviamente, Skilling não era uma vítima do analfabetismo adulto; ele ficou preso no ciclo de vitimização. Ainda de acordo com o *The New York Times*, "um acordo financeiro que fragilizou a Enron foi uma provisão que demandou US$ 3,9 bilhões em dívidas que não estavam no balanço patrimonial e que deveriam ser pagas se o preço da ação caísse abaixo de certo nível, e a empresa perdeu o grau de investimento. O senhor Skilling disse desconhecer a situação". Você decide.

Por sua vez, alguns CEOs são espertos até demais. O *The Wall Street Journal* noticiou que a Chambers Development Company, uma aclamada empresa de gestão de resíduos, superestimou seus lucros em US$ 362 milhões e perpetuou muitos erros de contabilidade durante anos após ter aberto o capital. A repórter Gabriella Stern caracterizou John G. Ramos, fundador e CEO da empresa, com 63 anos à época, como um homem "obcecado por fazer de sua empresa de resíduos uma estrela a qual exigia que os gestores atingissem elevadas metas de lucro", levando a "um ambiente no qual manipular números era tolerado". Depois que um dos executivos disse a Rangos que a empresa não teria o lucro estimado, o CEO respondeu: "Vá procurar o que falta". Entretanto, depois que auditores da Grant Thornton se recusaram a continuar assinando as contas da Chambers, o brilho da empresa diminuiu. Em um relatório da firma de contabilidade Deloitte & Touche, os auditores revelaram que a empresa "encobria as perdas grosseiramente diminuindo despesas, e que a manobra violava os princípios da contabilidade". Em resposta, John G. Rangos negou que "sua família de alguma forma encorajasse os subordinados a manipular os números ou usasse práticas de contabilidade inadequadas". A Chambers Development Company e o CEO obviamente estavam se esquivando da responsabilidade e negando o envolvimento em qualquer ato irregular.

Mark Twain capturou o desafio do estágio da ignorância/negação do ciclo de vitimização quando disse: "Não é o que você não sabe, é o que você sabe só que não como você pensa." Fingir não saber ou ignorar um problema o mantém abaixo da linha e prejudica sua capacidade de atingir resultados.

2. Não é Meu Trabalho. Muitas vezes ouvimos, e talvez até tenhamos pronunciado, a seguinte frase: "Não é meu trabalho". Essa velha desculpa é uma frase batida e usada em inúmeras discussões para justificar inatividade, redirecionar culpa e evitar responsabilidade. Esse estágio reflete que se tem consciência de que algo precisa ser feito para obter resultados, somada a um forte desejo de evitar se envolver. As pessoas que assumem a atitude de vítima buscam se proteger do que percebem como um esforço adicional sem recompensa suficiente, como um sacrifício pessoal sem benefício. Por que assumir *mais* essa responsabilidade? "Não é meu trabalho" ganhou legitimidade em tempos passados quando as descrições de cada função estabeleciam limites que nenhum funcionário ousava ultrapassar, quando as expectativas de desempenho focavam nas habilidades dos indivíduos para executar o trabalho e não na capacidade de contribuir para obter resultados, e quando as empresas achavam normal que os departamentos lutassem pelo que precisavam em vez de trabalharem pelo todo.

Não importa onde você procure, em casa ou no trabalho, encontrará diariamente exemplos desse estágio do ciclo de vitimização. Por exemplo, consegue se lembrar de quando estava no outro lado do "não é meu trabalho"? Imagine o seguinte cenário: você entra em uma loja e pede ajuda. Está confiante, pois o slogan da empresa, repetido nos anúncios, diz "Fazemos o que é preciso para deixá-lo feliz". No entanto, fica chocado quando ouve: "Desculpe, não posso ajudá-lo. Não é meu trabalho". Nada enfurece tanto quanto uma sucessão de "não é meu trabalho" dita por uma sequência de pessoas, sem que nenhuma delas assuma a responsabilidade. O preço por esse comportamento abaixo da linha se torna alto quando é você que tem de pagá-lo. Toda vez que essa frase é usada para fugir da responsabilidade, evitando a oportunidade de desempenhar um papel na obtenção de algum resultado, alguém tem de pagar por isso Pode ser um preço indireto, pode até ser difícil de encontrar quem vai pagar, mas no fim das contas, alguém pagará. Talvez o preço seja a forma como os outros o veem, ou como o desempenho da empresa afeta o seu salário. Pode ser que o "preço" se acumulará até que você perca o emprego ou a empresa feche. No fim, "não é meu trabalho" significa "não coloque a culpa em mim, não é culpa minha".

3. Encontrar um Culpado. Nesse estágio do ciclo de vitimização, as pessoas negam a responsabilidade por resultados ruins e tentam colocar a culpa nos outros. "Não me culpe" é a frase usada para transferir o erro para outra pessoa. Por exemplo, o diretor de operações de uma importante empresa da área médica admitiu publicamente que um problema com a extrusão de poliuretano estava "deixando todos na empresa perplexos". Assim que os funcionários tomaram conhecimento da declaração do diretor, começaram a usar o "processo de extrusão" para justificar todo tipo de defeito nos produtos, atraso nos cronogramas e ineficiências em geral. A produtividade e a lucratividade despencaram enquanto centenas de funcionários acusavam uns aos outros.

Culpar os outros é algo que pode ser feito de várias maneiras e ocorre até nas melhores empresas. Herman Miller, fabricante de móveis altamente respeitado como uma das empresas mais bem-administradas dos Estados Unidos, acabou embarcando nessa onda. Os redatores do departamento de marketing, tendo em mente o famoso compromisso com a satisfação do cliente conforme apresentado no best-seller *Leadership is an Art* [*Liderar é uma arte*], do CEO Max DePree, imprimiram a seguinte informação nas caixas de entregas da Herman Miller:

"Este móvel foi cuidadosamente inspecionado antes de ser transportado. Estava em perfeitas condições quando foi embalado e entregue para a empresa de transporte para ser levado a você. Se, quando abrir a caixa ou a embalagem, a peça estiver danificada, deixe-a intacta e chame a empresa de transporte imediatamente, solicitando que eles mandem um funcionário com um relatório de inspeção. Esse relatório e a nota original de transporte serão necessários para fazer uma reclamação. O dano ocorrido durante o transporte é de responsabilidade da transportadora. Se as instruções acima forem seguidas, estaremos à disposição ajudá-lo a fazer a queixa. – Herman Miller."

Esse aviso permite que a Herman Miller culpe a transportadora se algo der errado e revela uma atitude abaixo da linha em relação à satisfação do cliente. A favor da Herman Miller, o vice-presidente de qualidade corporativa da empresa emitiu a seguinte declaração em resposta ao feedback dos clientes: "O aviso comunica um sentimento de que fizemos a nossa parte; se estiver errado, a culpa não é nossa". Não querendo entrar no jogo de vitimização, a empresa reescreveu o aviso:

"Este móvel foi feito com orgulho e carinho e reflete nosso compromisso de fornecer a você os melhores produtos disponíveis no mundo. Se, quando abrir a caixa ou a embalagem, você perceber que o móvel está danificado, deixe a caixa e a nota de transporte intactas e ligue imediatamente para o representante da Herman Miller onde adquiriu o produto. A transportadora enviará um funcionário para fazer um relatório de inspeção. Esse relatório é necessário, bem como a nota de transporte, para fazer uma reclamação de danos. Estamos comprometidos com a sua satisfação e pedimos que siga as orientações acima caso tenha ocorrido algum dano durante o transporte."

Infelizmente, muitas outras empresas persistem em jogos da culpa: os funcionários do marketing culpam o departamento de P&D por projetar produtos ou peças que eles não precisam em vez de fazer o que os clientes querem; o departamento comercial culpa o marketing por dar suporte inadequado, como catálogos malfeitos ou comerciais dirigidos ao público errado; a produção culpa o departamento comercial pelas estimativas erradas que levam à falta ou ao excesso de estoque; P&D acusa a produção por não resolver problemas de manufaturabilidade no chão de fábrica; os vice-presidentes criticam os diretores por não assumirem mais responsabilidade, enquanto os diretores reclamam dos vice-presidentes por não darem orientações suficientes ou por não delegarem. E assim se anda em círculos, em um carrossel de acusações que nunca irá resolver os problemas da empresa.

4. Confusão/Diga-me o Que Fazer. Nesse estágio mais sutil do ciclo de vitimização, as pessoas citam a confusão como uma maneira de aliviá-las do accountability. Se não podem entender o problema ou a situação, certamente não se espera que façam algo a respeito. Por exemplo, um gerente de qualidade de uma grande empresa química recebeu de seus superiores um feedback completo e confidencial sobre o fraco desempenho do departamento. Depois que ele próprio investigou o problema, entretanto, acabou ouvindo tantos motivos contraditórios, que ficou desorientado. Abordando seu chefe, confessou que estava confuso e disse: "Com tantos sinais diferentes, como pode me responsabilizar por essa bagunça?".

Outra gerente de uma grande companhia de processamento de alimentos recebeu uma análise confusa do seu chefe em uma avaliação de desempenho: "Você faz bem algumas coisas, mas outras não tão bem". Depois da avaliação, o chefe pediu que ela pensasse sobre o feedback e desse uma resposta no prazo de uma semana. A gerente, confusa pela avaliação, reclamou durante sete dias com o marido, com colegas e com subordinados que aquilo não fazia sentido: "Ele não me entende". Em vez de pedir um esclarecimento, optou por continuar confusa e ressentida. Quando se encontrou novamente com o chefe para discutir as reações, reclamou que ele havia emitido mensagens contraditórias, e que assim não era possível realizar quaisquer mudanças na forma de trabalhar:

– Não acho que isso seja inteligente – alertou o chefe. – E o feedback negativo que eu lhe dei? Estava bem claro.
– Não para mim – ela respondeu.
– Eu esperava que a avaliação servisse para estimular algumas mudanças que ajudariam no seu crescimento e desenvolvimento dentro da empresa – o chefe reagiu.
– Você não me entende – ela continuou.
– Tem razão, não entendo – foi a resposta do chefe.

Após alguns meses, a gerente deixou a empresa para assumir outro trabalho. Infelizmente, ela se permitiu permanecer confusa, esperando que uma mudança de cenário esclarecesse as coisas. Mas isso não aconteceu. Essa estratégia raramente funciona.

A partir dos estágios "encontrar um culpado" e "confusão" nasce a reação: "Diga-me exatamente o que quer que eu faça, e eu farei". Infelizmente, esse apelo, embora pareça um desejo sincero de mudança, transfere o accountability para um superior ou para outra pessoa. Muitos chefes perpetuam essa atitude dizendo aos subordinados *exatamente* o que fazer em situações difíceis. Perguntar a alguém como agir não representa nada além do que uma forma avançada de arranjar uma desculpa, porque no fundo revela o desejo da vítima de preparar uma justificativa antes da ação.

Do ponto de vista do especialista em codependência Abe Wagner, autor de *The Transactional Manager* [*O Gestor Transacional*], as pessoas demonstram três estados de ego infantil: a criança livre, a criança submissa e a criança rebelde. A criança livre é a parte da personalidade que se herda ao nascer e é caracterizada por necessidades, desejos e sentimentos inerentes ao indivíduo. Quando crianças ou adultos demonstram a criança livre, apenas fazem o que querem fazer. Tal atitude pode ser natural e positiva. Entretanto, tanto o comportamento da criança submissa como o da rebelde refletem relações de codependência com os desejos da mãe. Cada uma dessas posturas ilustra o estágio abaixo da linha "diga-me o que fazer" do ciclo de vitimização porque revelam dependência das decisões de alguém. Crianças submissas fazem o que a mãe lhes diz para fazer, e assim transferem para ela as consequências de suas ações. Crianças rebeldes descobrem o que a mãe ou o chefe quer que façam, então os desafiam, ao mesmo tempo em que os culpam pelas consequências negativas. Nunca assumem o próprio accountability. Infelizmente, muitas pessoas nas empresas agem como crianças submissas ou rebeldes.

Muitos de nós provavelmente já estivemos em um círculo infinito de "diga-me o que fazer". Ele se revela diariamente nas empresas quando as pessoas tentam jogar a responsabilidade para os outros.

As culturas corporativas do passado que se baseavam fortemente em um modelo de comando e controle ofereciam uma abordagem paternalista ao envolvimento dos funcionários e acabavam favorecendo esse estágio do ciclo de vitimização. "Faça o que lhe pedem, faça bem, e cuidaremos de você pelo resto da vida." Algumas pessoas ainda descrevem as empresas como locais onde você começa a trabalhar de manhã e "deixa o cérebro na porta". Entretanto, a maioria das companhias está abandonando o modelo "diga-me o que fazer" e esforçando-se para criar um ambiente que atraia, desenvolva e retenha os melhores e mais brilhantes funcionários. À medida que o accountability se aprofunda e as pessoas passam para acima da linha dentro da organização, ocorre uma mudança do "diga-me o que fazer" para "é isso o que eu vou fazer, o que você acha?" – uma abordagem realmente profunda e empoderadora para se obter resultados.

5. Proteja a Retaguarda. O penúltimo estágio do ciclo de vitimização trata da ideia de "proteger a retaguarda", ou seja, quando as pessoas continuam buscando proteção imaginária abaixo da linha criando histórias complexas para provar que o erro não é delas. Essas histórias geralmente são pensadas depois do fato ocorrido. Entretanto, por mais incrível que pareça, muitos criadores de desculpa arquitetam as histórias antes de os resultados se tornarem conhecidos, prevendo algum eventual problema.

Pode-se proteger a retaguarda de várias maneiras, desde documentar tudo por escrito até fazer backup de e-mails que podem futuramente ser usados como prova de inocência. Muitos já vimos alguém apresentar uma sequência de eventos ou uma série de conversas para comprovar um álibi.

Às vezes, o estágio de proteger a retaguarda no ciclo de vitimização se desenvolve com mais sutileza. Vemos indivíduos que realmente correm e se escondem para se dissociar de situações que poderiam se transformar em problema. Evitam reuniões nas quais talvez sejam questionados ou deixam de abrir mensagens com prováveis más notícias. Há o caso de uma determinada empresa, em um momento crítico de crescimento, que se preparava para uma inspeção crucial. Poucos dias antes do evento, o presidente da companhia anunciou que estava saindo de férias e ficaria incomunicável durante a inspeção. Os colaboradores sentiram de imediato o peso de potenciais problemas recair sobre eles. E tiveram que se virar. O esforço para se proteger quase sempre produz razões e justificativas para culpar os outros por qualquer problema. Embora algumas situações exijam que se proteja a retaguarda, como quando é preciso se defender de pessoas inescrupulosas que querem tirar vantagens, ainda assim esse comportamento drena tempo e recursos de todos os envolvidos.

6. Espere e Veja. Inicialmente, as pessoas ficam atoladas no ciclo de vitimização quando escolhem esperar para ver se a situação irá melhorar. Nesse tempo, entretanto, os problemas podem piorar. Por exemplo, a gerência sênior de um fabricante e distribuidor de itens de higiene pessoal de US$ 300 milhões estava tendo dificuldade para introduzir uma nova linha de produtos. Como a empresa havia crescido muito rapidamente, não existiam precedentes de como fazer esse movimento. Depois de horas de debate infrutífero, os executivos decidiram esperar e ver se a abordagem correta viria naturalmente do grupo de gestão de produto depois que os ânimos esfriassem. Após meses de indecisão, um concorrente menor os nocauteou, tornando o problema do lançamento irrelevante. O estágio "espere e veja" do ciclo de vitimização com frequência acaba se tornando um sumidouro onde as possíveis soluções são engolidas pelo pântano da inatividade.

Em um exemplo divertido desse fenômeno, o *The Wall Street Journal* relatou que excrementos de pássaros estavam se acumulando há anos no sótão da prefeitura de Amherst, Massachusetts, colocando em risco funcionários e visitantes. O Select Board de Amherst, órgão executivo da administração municipal, alocou US$ 125 mil para limpar a sujeira, mas, de acordo com prestadores de serviço, o trabalho custava US$ 260 mil. Um cidadão inconformado chamado David Keenan, corretor de imóveis na cidade, ofereceu-se para organizar um grupo de voluntários para limpar de graça os estimados 208 litros de excremento. Entretanto, um dos membros do Select Board mencionou que seria preciso fazer um seguro para cada um dos voluntários, o que sairia muito caro. Depois de muita discussão, Keenan exclamou frustrado: "Quem está se oferecendo para o serviço voluntário assinaria de boa vontade um documento isentando a prefeitura. Não queremos criar um passivo. O problema com o governo de Amherst é que ele realmente não quer arregaçar as mangas e fazer o trabalho sujo". Os líderes da comunidade contrataram advogados para estudar a questão do passivo. Eles concluíram que "independentemente de quem fizesse a limpeza, a prefeitura poderia ser processada". Nesse meio-tempo, a sujeira dos pássaros continuava se acumulando e as pessoas que frequentavam o prédio torciam para não contrair psitacose, uma doença transmitida por aves que pode progredir para pneumonia. Como último recurso, Keenan e os caçadores de pombo sugeriram que o grupo alocasse dinheiro suficiente para arrumar o buraco na janela do sótão por onde os pássaros entravam.

PRESO NO CICLO DE VITIMIZAÇÃO: O APURO DE MIKE EAGLE

As pessoas tendem a permanecer no ciclo de vitimização porque encontram, pelo menos temporariamente, certo conforto abaixo da linha. Elas pensam: "Não tenho de admitir que estava errado", "Não vou perder o moral", "Não vou precisar fazer diferente no futuro" e "Posso justificar meu baixo desempenho". Qualquer que seja a razão pela qual alguém permanece nesse ciclo, o conforto é ilusório, pois não sairá de lá para buscar resultados enquanto não aprender a reconhecer a armadilha. Vejamos como um CEO aprendeu a localizar as armadilhas.

Agradecemos a Mike Eagle (que consideramos no topo da lista de executivos que demonstram liderança acima da linha) por nos permitir compartilhar sua história, porque ela revela a luta interior de executivos que tentam subir e se manter acima da linha.

Mike Eagle tinha colecionado uma série de sucessos em sua última tarefa corporativa como vice-presidente de uma planta fabril, e suas conquistas tinham impressionado os superiores na empresa. Todos acima dele concordavam que ele teria um futuro espetacular, provavelmente chegando às mais altas posições executivas. Para avançar na carreira, seus superiores propuseram que administrasse uma subsidiária onde poderia usar seus talentos para reenergizar uma empresa com baixa performance.

Quando chegou ao fim do primeiro ano administrando a empresa, entretanto, Mike estava frustrado pela falta de melhora no desempenho geral. Nada do que havia tentado parecia funcionar. Pela primeira vez, teve medo de fracassar.

Como a questão da performance continuava a frustrá-lo, ele decidiu investigar os sentimentos das pessoas-chave envolvidas. Convidou então um dos supervisores para almoçar e pediu um feedback sincero sobre como as pessoas percebiam o impacto dele na empresa durante o último ano. Surpreso pelo pedido, o supervisor perguntou a Mike se queria mesmo saber a verdade. Ele insistiu e o supervisor contou em detalhes como a maioria atribuía a falta de progresso ao comportamento dele. Mike não podia acreditar no que estava ouvindo:

– Eagle não dá conta.
– Ele é um cara da indústria e nós precisamos de alguém que entenda do nosso trabalho.
– Mike não fez diferença alguma.
– Ele está tentando administrar o desenvolvimento de produto como administra a indústria.
– Mike não está agindo para melhorar a qualidade.
– Ele não se comunica claramente.
– Ele ignora conflitos de personalidade importantes na própria equipe.
– Parece que Eagle não é capaz de tomar decisões difíceis.

Embora chocado com os sentimentos negativos que as pessoas tinham sobre sua capacidade de gestão, Mike agradeceu a sinceridade. Ele apreciou o feedback, mas ficou aborrecido. Afinal, quando dirigia a produção na sua função anterior, constantemente ouvia as pessoas reclamarem: "Precisamos que P&D pare de jogar produtos para nós antes de resolver problemas de projeto. Isso impossibilita a qualidade da fabricação". Esse pensamento fez com que Mike considerasse o feedback como "reclamação demais". Por que a empresa não podia aceitar as próprias falhas?

No sábado seguinte, ele foi pedalar pelo litoral da Califórnia com um antigo colega e amigo confiável que chamaremos de Pete Sanders. Pete tinha aberto o próprio negócio no mesmo momento em que Mike aceitara a nova função. Não demorou muito para Mike e Pete começarem a relembrar os bons tempos que haviam passado juntos. À medida que a conversa evoluiu, Pete perguntou a Mike como estavam as coisas e, como ele confiava no amigo, contou que a situação era um pesadelo. Logo começou a desfiar suas frustrações:

"Herdei uma encrenca. E fico muito bravo porque as pessoas esperem que eu resolva seus problemas. Não fui eu que fiz essa bagunça! Eles fizeram. Quando decidi assumir o cargo há 12 meses, não tinha ideia em que estava me metendo. Ninguém no conselho me contou que a situação era tão ruim. Estou entre o fogo e a frigideira. Gerentes em todos os níveis não assumem responsabilidades, a gerência geral, idem. O moral está péssimo. Pelo menos três pessoas de áreas operacionais pedem demissão a cada semana, não importa o que eu faça. Já tentei de tudo. Mas ninguém se comunica e todo mundo culpa alguém por seus problemas. Parece que o CEO antes de mim deixou tudo fora de controle. O volume de novos produtos é de dar dó, e os que saem do desenvolvimento não estão prontos quando chegam para nós. Estou sozinho. A administração corporativa não dá nenhuma orientação. Eles contam com que eu faça a coisa certa."

Pete não acreditava que era seu velho amigo falando. No passado, Mike agia com confiança. Era o tipo de pessoa que tomava a frente para resolver os problemas. Agora parecia desesperado, andando em círculos. Culpou a administração por colocá-lo em uma situação insustentável, culpou a equipe sênior por não assumir os problemas e culpou a si mesmo por ser surpreendido negativamente por circunstâncias fora do seu controle.

Embora Pete tenha se solidarizado com Mike, dizendo que imaginava os motivos para ele estar se sentindo daquela maneira, também deixou claro que se fazer de vítima não ajudaria em nada a mudar as coisas. Concluiu: "Sabe, Mike, fui a um workshop interessante sobre accountability há algumas semanas e, baseado no que aprendi, diria que você está preso no ciclo de vitimização. Essa é a má notícia. A boa é que você pode mudar isso".

SAINDO DO CICLO: MIKE EAGLE TOMA CONSCIÊNCIA

Enquanto pedalavam, Pete continuou a explicação:

"Nesse workshop, aprendi que todos caem no ciclo de vitimização às vezes. Não é preciso se envergonhar. De fato, se conseguir perceber quando está entrando nele, pode começar a sair. Vítimas nunca realizam nada a menos que consigam assumir o controle sobre o próprio futuro. A chave é accountability, mas você não consegue galgar os chamados passos para o accountability sem primeiro desenvolver um entendimento completo do ciclo de vitimização. Pense nisso. Você anda reclamando que não estava ciente das circunstâncias, fingindo não saber o que realmente acontecia, negando o que é sua responsabilidade, culpando os outros, tentando fazer com que alguém o tire dessa situação e te diga o que fazer, argumentando que não consegue fazer nada ou esperando as coisas melhorarem amanhã?"

Essas palavras produziram algum efeito em Mike, então Pete continuou de modo gentil, mas firme, ajudando o amigo a ver a si mesmo e a seu comportamento de maneira mais objetiva.

"Mike, eu o respeito. Lembre-se, ficar preso no ciclo de vitimização não é ruim, apenas não é eficaz. Torna-se impossível obter resultados. Agora consigo identificar centenas de vezes em que estive nesse ciclo, e isso é bom, Mike! Quanto antes enxergo a armadilha, mais rápido consigo sair dela e começar a trabalhar para atingir objetivos. Os problemas que você tem na empresa são reais. Eu mesmo os vi. Mas pense o que mais pode fazer para superá-los e obter os resultados que deseja. Quando descreveu a situação, não ouvi palavras que expressassem a forma como você se apropriou do que aconteceu no passado. Você fala como se os gerentes não fossem os seus gerentes, como se os problemas da empresa fossem algo que você herdou, que você não teve qualquer opção. Você realmente deixou o seu emprego anterior por esta nova função? Você de fato conduziu as coisas para fazer mudanças?"

Mike pensou em tudo aquilo e, quanto mais ele pensava, mais se enfurecia: "Você faz parecer que sou culpado pelo problema dos outros. Não acredito nisso!". Pete ficou em silêncio. Então Mike respirou fundo e disse: "Peço desculpas. Acho que se fosse de fato sincero, teria que reconhecer que não dei o melhor de mim. A única diversão que tenho ultimamente é pensar nos bons dias na indústria. Tudo corria suavemente. As melhorias eram visíveis. Tudo volta à mente quando reviso os relatórios semanais dos meus antigos projetos, que ainda recebo. Sempre ligo para meus velhos amigos para felicitá-los e pedir conselhos."

Nesse ponto, Pete o interrompeu e disse: "Você se lembra da história de Alexandre, o Grande? Quando ele chegou à costa do que hoje chamamos de Índia, ordenou aos soldados que queimassem os navios. Quando os homens hesitaram diante de uma ordem tão chocante, Alexandre afirmou: 'Ou nós voltamos para casa nos navios deles ou não voltamos para casa'. Em outras palavras, queimar os navios consolidaria o compromisso de seu exército com a conquista porque bater em retirada não era mais uma opção. Então, a vitória era o único caminho". Pete sugeriu que tinha a impressão de que Mike mantinha um navio pronto para bater em retirada e, assim, nunca tinha se comprometido completamente em vencer a batalha. Quando perguntou se esse era o caso, Mike confidenciou, com certo orgulho, que tinha vários planos de fuga. Já havia indicado aos superiores que gostaria de voltar a sua antiga função e tinha até feito uma entrevista em um concorrente. Agora, entretanto, percebia que estava agindo com um olho na saída, enquanto a situação demandava que mantivesse o foco no trabalho. Finalmente, conseguiu enxergar que estava preso em um ciclo improdutivo, fazendo-se de vítima quando deveria estar dando passos decisivos para melhorar as condições na empresa. Será que conseguiria focar plenamente no problema?

Ao fazer isso, Mike percebeu que precisava criar mais coesão com os gerentes para que qualquer mudança significativa ocorresse. Arrependeu-se de ter feito tão pouco no último ano para criar um espírito de equipe. Em vez disso, passara por cima deles e fora diretamente aos supervisores, fazendo reuniões matinais de planejamento. Ele admitiu que enfraquecera os gestores.

Por mais estranho que possa parecer, a tomada de consciência de Mike sobre a própria responsabilidade pelo fraco desempenho da empresa não o deixou enfurecido ou deprimido, mas cada vez mais estimulado. Querendo nutrir esse sentimento, disse a Pete:

"Sabe, realmente estou me atrapalhando e esperando que outra pessoa resolva os problemas. Embora seja verdade que eu não tive nada a ver com muito do que aconteceu, permiti que aquilo tudo me distraísse e não foquei na ação positiva que poderia tomar. E, pior de tudo, o fato de eu agir como vítima permitiu que todos fizessem o mesmo. Pensando nisso agora, posso ver que muitas pessoas na empresa estão paralisadas como eu, ignorando os problemas, negando responsabilidades e culpando os outros. Acho que fiquei tão paralisado, que mesmo se começasse a agir de modo diferente, mesmo se começasse a aceitar accountability pelo desempenho da empresa, ainda assim fracassaria. Isso me assusta."

Demorou e foi preciso muito esforço para que Mike caísse em si; mas quando isso aconteceu, assim como Dorothy em *O Mágico de Oz*, começou a ver o "caminho para casa". Ele entendeu que entrar às vezes no ciclo de vitimização não é tão grave, afinal, somos humanos, e também que é normal sentir um pouco de medo da possibilidade de fracassar. Mas a pessoa accountable aprende a superar o temor, pois reconhece que o sucesso só pode acontecer quando se fica acima da linha e se trabalha duro para obter os melhores resultados. No caso de Mike, o fato de tomar para si o problema contagiou a equipe, que se mostrou à altura do desafio. Com determinação e liderança excepcionais, ele levou a empresa a conseguir vendas e lucros inéditos. Após dois anos nessa empreitada, Mike foi reconhecido pelo presidente da controladora com um prêmio por resultados obtidos. Acabou se tornando membro da equipe de gestão sênior da controladora. A mensagem: às vezes você deve queimar todos os outros navios e assumir o leme do que está sob seu comando. Fazer isso estimula a convicção e cria o sentimento de comprometimento necessário para começar um novo programa de ação que o mantém à altura do desafio. Já está calçando os sapatos. Tudo o que tem de fazer é bater os calcanhares.

A LIÇÃO VITAL: DETECTANDO SINAIS DO CICLO DE VITIMIZAÇÃO

Ao longo dos anos, tivemos reuniões com centenas de executivos, profissionais amigos e familiares buscando as verdadeiras respostas no fundo da alma, como fez Mike Eagle. Cada situação é diferente, cada pessoa é única, mas todos chegam a um momento crítico quando reconhecem que estavam presos no ciclo de vitimização. Pense por um instante no que aconteceu com esse executivo. Por 12 meses, pensou sinceramente que não controlava as circunstâncias. Preso nessa situação desoladora, preferiu pensar que não poderia fazer nada a respeito, que ninguém estava esperando que revolvesse do dia para a noite problemas históricos da empresa. O resultado foi que Mike definhou, infeliz e improdutivo, até reconhecer que se esquivava das responsabilidades quando jogava a culpa nos antigos CEOs e nos demais gerentes, ou pedindo instruções à matriz, alegando que não podia fazer mais do que estava fazendo, e esperando para ver se a situação melhorava sozinha. Felizmente, quando se deu conta que estava preso no ciclo de

Autoexame do Ciclo de Vitimização

um	Você já foi surpreendido por um feedback negativo quando pensava estar dando o melhor de si para resolver um problema?	Sim ☐ Não ☐
dois	Você já perdeu tempo culpando os outros e acusando alguém quando as coisas não saíram como esperado?	Sim ☐ Não ☐
três	Você já suspeitou que algo se tornaria um problema para alguém ou para a empresa, mas não fez nada a respeito?	Sim ☐ Não ☐
quatro	Você já perdeu tempo para se proteger antecipadamente caso algo desse errado?	Sim ☐ Não ☐
cinco	Você já disse "não é meu trabalho" e esperou que alguém resolvesse o problema?	Sim ☐ Não ☐
seis	Você já se sentiu completamente impotente, sem qualquer controle sobre as circunstâncias ou a situação?	Sim ☐ Não ☐
sete	Você já se encontrou esperando para ver se uma situação se resolveria por milagre?	Sim ☐ Não ☐
oito	Você já disse: "Só me diga o que quer que eu faça e eu farei"?	Sim ☐ Não ☐
nove	Você já sentiu que teria feito algo diferente se a empresa fosse sua?	Sim ☐ Não ☐
dez	Alguma vez contou histórias sobre como alguém se aproveitou de você (um chefe, um amigo, um empreiteiro, um vendedor etc.)?	Sim ☐ Não ☐

©2003 Partners In Leadership, LLC. Todos os direitos reservados.

vitimização, pode comprometer-se completamente a ajudar todos na empresa a resolver problemas e obter os resultados esperados.

Como Mike Eagle, todo ser humano pode cair abaixo da linha, mas quando isso acontece, não pode voltar aos trilhos sem antes reconhecer os

> ### Pontuação do Autoexame do Ciclo de Vitimização
>
> Se marcou 0 ponto: você não está sendo sincero consigo mesmo. Volte e tente de novo, mas dessa vez sente-se em um local reservado onde ninguém veja seus resultados.
>
> Se marcou 1 ponto: você sabe que pode cair abaixo da linha, mas provavelmente isso acontece mais vezes do que quer admitir.
>
> Se marcou de 2 a 4 pontos: você pode ficar feliz com o fato de reconhecer que é apenas humano.
>
> Se marcou de 5 a 7 pontos: você percebeu que pode cair facilmente para abaixo da linha.
>
> Se marcou de 8 a 10 pontos: você é muito sincero, bastante normal, e vai achar o restante deste livro extremamente útil!
>
> ©2003 Partners In Leadership, LLC. Todos os direitos reservados.

altos custos de operar abaixo da linha. É então que se assume uma atitude See It, que oferece a perspectiva necessária para passar acima da linha e começar a galgar a escada do accountability. Você lerá sobre o See It em passos para o accountability no próximo capítulo, mas, antes de chegar lá, você pode dar uma pausa aqui e se colocar algumas questões profundas. A próxima página o ajudará a identificar atitudes abaixo da linha. Medite alguns minutos a respeito do Autoexame do Ciclo de Vitimização.

Se a situação apresentada na questão já aconteceu com você marque "sim", se não, marque "não" nos espaços indicados. Ao ler cada uma delas, pergunte-se: "Isso já aconteceu comigo?" ou "Já me senti assim?". Tente ser seu melhor amigo, respondendo às perguntas com total sinceridade.

Após terminar o Autoexame do Ciclo de Vitimização, some as respostas. Cada "sim" vale um ponto, e cada "não", zero. Compare o total com a tabela a seguir.

Sua pontuação vale menos do que o reconhecimento de que, como um ser humano normal, pode se sentir tentado a evitar o accountability pela falsa garantia e pela segurança imaginária do ciclo de vitimização, em que outra pessoa sempre é culpada por você não estar obtendo resultados. O reconhecimento que pode cair abaixo da linha arruma o cenário para experimentar *O Princípio de Oz*: superar as circunstâncias e alcançar os resultados desejados.

SAINDO DO CICLO DE VITIMIZAÇÃO

Neste capítulo, conhecemos exemplos de atitudes e comportamentos abaixo da linha que podem ajudá-lo a entender melhor a diferença entre vitimização e accountability. Entretanto, assim como Dorothy descobriu na estrada de tijolos amarelos para a Cidade das Esmeraldas, você precisa trabalhar arduamente para identificar atitudes e comportamentos de vitimização em sua vida e nas operações de sua empresa. No próximo capítulo, verá accountability de uma maneira nova, enquanto se prepara para subir os passos rumo a ela.

Capítulo 3

NÃO HÁ LUGAR COMO EM CASA: FOCO NOS RESULTADOS

– Mas você ainda não me disse como voltar ao Kansas.
– Os Sapatos Prateados vão levá-la pelo deserto – respondeu Glinda. – Se você conhecesse os poderes deles poderia ter voltado para a fazenda da sua tia no primeiro dia em que chegou a este país.
– Mas daí eu não teria meu cérebro maravilhoso – gritou o Espantalho. – Teria passado toda minha vida no milharal do fazendeiro.
– E eu não teria meu adorável coração – disse o Homem de Lata. – Poderia ter ficado parado e enferrujado na floresta até o mundo acabar.
– E eu teria sido um covarde para sempre – declarou o Leão –, e nenhuma fera da floresta teria algo de bom a me dizer.
– Tudo isso é verdade – disse Dorothy –, e estou feliz por ter sido útil para meus bons amigos. Mas agora que cada um tem o que mais desejava, e está feliz tendo seu reino para governar, acho que devo voltar para o Kansas.

O Mágico de Oz,
L. Frank Baum

O Citigroup, líder mundial no ramo de serviços financeiros, lucrou mais de US$ 16 bilhões em 2002, mas a empresa ganhou esse dinheiro com honestidade? O Citi e seu braço de investimentos Salomon Smith Barney renderam juntos muitas notícias porque, supostamente, ajudaram a Enron a manter as dívidas fora do balanço, comercializaram dívidas questionáveis da WorldCom, promoveram a Winstar quando ela estava indo para o buraco, premiaram com IPOs executivos da Telecom e aumentaram a classificação de mercado da AT&T para ganhar a conta. Hora de abandonar o barco, correr ou se esconder? Não para o CEO do Citi, Sandy Weill. Ele disse à imprensa: "Estou envergonhado". Admitiu que o Citi cometeu erros enquanto ele era CEO e aceitou accountability pessoal, dizendo: "Sou parte desses erros". Ele disse ao conselho administrativo que fazer o Citigroup trabalhar honestamente seria sua prioridade. Admitir o erro era apenas retórica confessional para acalmar um público furioso? Só o tempo diria. Sim, muitas outras empresas no setor de investimentos financeiros realizaram práticas semelhantes às do Citi e do Salomon, mas isso não é uma desculpa aceitável. Nos bastidores, o que os executivos do Citigroup pensavam e sentiam? Weill fez algumas jogadas impressionantes: demitiu o estrelado analista Jack Grubman, isentou o chefão do Salomon e registrou como despesas os programas de *stock options*. Ainda assim, muitos observadores creditaram o que houve no Citigroup como uma monumental falha de gestão. Será que as confissões de Weill restabelecerão a respeitabilidade do Citigroup e o impedirão de tropeçar outra vez? Isso vai depender de quanto accountability por resultados reais Sandy Weill e sua equipe de executivos reunirão nos próximos cinco a dez anos.

UMA DEFINIÇÃO RUIM DE ACCOUNTABILITY

Mais de duas décadas de experiência trabalhando com gerentes, líderes e membros de equipes nos mostrou que a maioria vê o accountability como algo que acontece a eles quando o desempenho cai, os problemas surgem ou os resultados não se concretizam. De fato, muitos pensam que o accountability só aflora quando há algo errado ou quando alguém quer descobrir a causa de um problema, apenas para encontrar o culpado. Quando o mar está calmo e o fracasso ainda não afundou o navio, raramente as pessoas perguntam: "Quem é responsável pelo sucesso?". Parece que somente quando há um vazamento no casco é que se começa a procurar responsáveis.

Não é de admirar que muitos dicionários apresentem uma definição de accountability que promove uma visão um tanto negativa. Vejamos a do *Webster*: "sujeito a ter de reportar, explicar ou justificar; ser responsabilizável ou responsável". Perceba como a definição começa com as palavras *sujeito a*, implicando que se tem pouca escolha na questão. Essa definição focada na confissão e na impotência confirma o que temos observado: o accountability é visto como uma consequência de um desempenho fraco, um princípio que se deve temer porque você só pode acabar prejudicado. Já que muitas pessoas vivenciam o accountability dessa maneira, não nos surpreende que passem muito tempo esquivando-se dele, explicando e justificando resultados ruins.

Aprendemos, ao longo dos anos, que quando um líder anuncia que está embarcando em uma campanha para criar mais accountability na empresa, as pessoas em geral reagem resmungando "Chega disso!". Temendo o pior, esperam mais investigações para identificar os culpados por resultados ruins. Não é de se admirar que o jogo de acusação seja tão feroz e jogado tão bem e tão criativamente! Entretanto, aprendemos que uma definição mais positiva e poderosa de accountability pode fazer mais para se atingir resultados impressionantes do que qualquer acusação e caça a culpados.

Veja, por exemplo, o caso de Sandy Weill. Admiramos sua disposição de tomar a frente e admitir a culpa, mas será que ele só fez isso porque a situação ficara muito ruim e era chegada a hora de apontar o culpado? Apontando um responsável ou admitindo a responsabilidade, temos que compreender que o *accountability é mais do que uma confissão*. Se não formos cuidadosos, podemos até confundir o ato de aceitar a responsabilidade pelo fracasso como um tipo de compensação pela falta de sucesso. Essa abordagem que injeta medo no processo levou milhões de pessoas, em milhares de organizações, a gastar tempo e energia valiosos para justificar um desempenho ruim usando velhas desculpas como "estávamos acima do orçamento, com prazo estourado, sobrecarregados, desinformados, subfinanciados e subutilizados". A justificativa então se torna o objetivo final, prejudicando ou substituindo o foco consciente no que mais pode ser feito para se obter resultados. Um líder, fortemente voltado para melhorias no desempenho de sua equipe, sugeriu que a empresa economizaria tempo e energia distribuindo uma lista de desculpas testadas e aprovadas para que os funcionários as usassem quando precisassem explicar algum erro:

Vinte desculpas testadas e aprovadas

1	Sempre fizemos assim.
2	Não é meu trabalho.
3	Não sabia que você precisava naquela hora.
4	Não sou culpada pelo atraso.
5	Não é da minha área.
6	Ninguém me disse o que fazer.
7	Estou esperando aprovação.
8	Alguém deveria ter me dito para não fazer assim.
9	Não é culpa minha. A ideia foi do chefe.
10	Eu não sabia.
11	Esqueci.
12	Se você tivesse me dito que era importante, eu teria feito na hora.
13	Estou muito ocupado para fazer isso.
14	Alguém me disse para fazer errado.
15	Achei que tinha lhe dito.
16	Por que você não perguntou?
17	Ninguém me chamou para a reunião e não recebi o memorando.
18	Minha equipe falhou.
19	Ninguém fez follow-up comigo; não deveria ser importante.
20	Disse a outra pessoa para cuidar disso.

©2003 Partners In Leadership, LLC. Todos os direitos reservados.

Essa lista parece tola, não é mesmo? Ainda assim, ela faz parte de maneira tão profunda da vida cotidiana que as pessoas recorrem a ela sem pensar no que estão dizendo de fato. Para superar esse impulso, é preciso abandonar a definição de accountability voltada para o que aconteceu no passado e focada na culpa. Quase sem exceção, as pessoas começam o jogo do empurra-empurra, uma variação não muito sutil do jogo de acusação, buscando identificar no grupo quem é o mais responsável pelo erro. Com frequência, esse jogo exclui qualquer intenção de corrigir a situação. Em vez disso, os envolvidos esforçam-se para evitar que as consequências do erro prejudiquem suas carreiras – querem somente desviar o holofote para outra pessoa e buscam abrigo em desculpas, explicações, justificativas e dissociações.

Um exemplo trágico do jogo de empurra-empurra recebeu atenção nacional nos Estados Unidos quando foi noticiado que hambúrgueres preparados com carne contaminada nos restaurantes Jack in the Box haviam provocado a morte de duas crianças e deixado outras muito doentes. A rede rapidamente preparou suas explicações, acusando o fornecedor de carne, o mercado Vons, que, é claro, já tinha preparado a própria justificativa, culpando o órgão fiscalizador competente, o Departamento de Agricultura dos Estados Unidos, que, por sua vez, explicou que a escassez de fundos tornou impossível empregar inspetores sanitários suficientes. Então, de quem é a culpa? Dos contribuintes, que não querem pagar mais impostos para ter mais inspetores. Mas os contribuintes também tinham uma justificativa: "Se a burocracia federal fosse um pouco mais eficiente, não custaria tanto termos os serviços de que precisamos". E o jogo prossegue indefinidamente, roubando das organizações um meio de obter melhores resultados: o accountability genuíno e positivo.

E a espiral descendente continua, respaldada por uma definição errada de accountability, levando cada vez mais pessoas a se tornarem adeptas do jogo de empurra-empurra. Quando um projeto importante começa, os funcionários em todos os níveis da empresa tomam notas do andamento, não para documentar o sucesso, mas para justificar um possível fracasso. A quantidade de tempo e energia perdidos, mesmo nos ambientes corporativos de melhor qualidade, cresce à medida que o jogo de empurra-empurra se torna o jogo de contar histórias, que é quando os jogadores criam uma desculpa conveniente, independentemente do resultado. Infelizmente, as pessoas foram ensinadas a acreditar que vivem em uma sociedade litigiosa louca para acusar e jogar a responsabilidade nos outros. Em um ambiente assim, para vencer o jogo da vida é preciso proteger a retaguarda.

Ao definir accountability dessa maneira, perpetua-se uma visão reativa, de impotência, obcecada com o passado e que ignora o futuro. A preocupação em justificar a própria inocência priva as pessoas, hoje em dia, do poder do accountability – um poder que *O Princípio de Oz* define como a chave para um futuro bem-sucedido.

UMA DEFINIÇÃO PODEROSA DE ACCOUNTABILITY

A definição de accountability de *O Princípio de Oz* pode ajudar a revitalizar o caráter da empresa, fortalecer a competitividade global de corporações, alavancar a inovação, melhorar a qualidade dos produtos e serviços produzidos e realizados por companhias no mundo todo, e aumentar a sensibilidade das organizações às necessidades e desejos de seus clientes e colaboradores.

Considere a nova definição de accountability, que é a essência de *O Princípio de Oz*:

> Accountability: "Uma escolha pessoal de superar as circunstâncias e demonstrar o ownership necessário para alcançar os resultados desejados – para ver (See It), apropriar-se (Own It), solucionar (Solve it) e fazer (Do It)."

Essa definição demanda uma atitude de perguntar continuamente: "O que mais posso fazer para superar as circunstâncias e alcançar os resultados que desejo?". Envolve os processos de identificar e assumir questões, encontrar soluções e agir. Isso requer um nível de propriedade (senso de propriedade, no sentido de ser dono) que implica em se comprometer, manter o compromisso e se responsabilizar por ele pessoalmente. Esse tipo de perspectiva inclui os esforços atuais e futuros, algo bem diferente das explicações posteriores sobre o que aconteceu. Armado com essa nova definição de accountability, você pode ajudar a si mesmo e aos outros a fazer o que for possível tanto para superar uma situação difícil como para atingir os resultados desejados.

A visão contemporânea de accountability tende a enfatizar ações passadas em vez de esforços atuais ou futuros. W. Edwards Deming por décadas disse a executivos que a maioria das organizações funciona supondo que o medo de fracassar levará as pessoas a ser bem-sucedidas. Pelo contrário, acreditamos que essa suposição somente faz com que as pessoas preparem suas explicações de antemão.

Em vez de focar no poder do accountability, que se baseia no que você pode fazer *agora* para obter resultados melhores, a definição habitual serve de estímulo para que se leve em conta o que foi feito no passado. Essa visão pelo fato ocorrido impede uma abordagem do tipo "antes que seja tarde". Não deveria surpreender que o verdadeiro valor e o benefício do accountability venham da capacidade de uma pessoa ou empresa influenciar eventos e resultados antes que eles aconteçam. A visão comum não reconhece que as pessoas podem ganhar mais com uma postura proativa do que reativa.

Veja, por exemplo, uma situação que nos intrigou por algum tempo. Ficamos constantemente surpresos pela forma como as autoridades locais determinam quando e onde instalar semáforos. Lembramos o caso de um local onde havia um cruzamento muito perigoso, com péssima visibilidade e veículos passando em alta velocidade. As autoridades foram muito lentas em colocar um semáforo ali. Em vez de controlar o número de reclamações sobre a segurança daquele ponto, rastreavam o número de acidentes. Quando se atingia certo número de ocorrências, colocava-se uma placa de "pare". Se havia vítimas, instalava-se um semáforo. Era necessário primeiro haver acidentes desse tipo em um cruzamento para que as placas fossem trocadas pelo equipamento. É triste ver que chegar a um resultado adequado custou dor, sofrimento, danos e até vidas. É por isso que não gostamos da visão reativa e insistimos na abordagem proativa do accountability. Depois do fato ocorrido, é tarde demais para ajustar o comportamento e evitar consequências negativas.

A psicologia popular, de modo intencional ou não, costuma encorajar as pessoas a jogar a culpa de todos os seus infortúnios em uma única ou em poucas experiências de vida, promovendo a falta de accountability por comportamentos, atitudes e sentimentos atuais e futuros. Não é incomum que se culpe um problema ou uma experiência significativa do passado para explicar pesadelos, distúrbios alimentares, compulsão por limpeza, ansiedade, vício em desenvolvimento pessoal, dores físicas, problemas financeiros e impaciência. Ao colocar toda a culpa nas feridas do passado, pode-se explicar a vulnerabilidade a dietas da moda, a incapacidade de se relacionar com os filhos, os sentimentos de alienação e solidão, como se nenhum outro adulto sofresse com esses mesmos problemas. O fato é que quer você seja uma vítima real ou uma pseudovítima, nunca conseguirá superar um passado doloroso se não desenvolver uma visão voltada para o presente e o futuro do próprio accountability por conseguir mais da vida. Para poder realizar essa mudança na forma como enxerga a existência, sugerimos que comece pela nossa definição mais poderosa e proativa.

ACCOUNTABILITY CONJUNTO

A definição de accountability de *O Princípio de Oz* enfatiza o fato de que ele funciona melhor quando as pessoas compartilham o sentimento de *ownership* [senso de propriedade] pelas circunstâncias e pelos resultados. A velha definição leva as pessoas a determinar responsabilidade individual sem reconhecer o accountability conjunto que frequentemente caracteriza o comportamento organizacional e a vida moderna. Não é de admirar que, no jogo de acusação, quando se aponta um indivíduo como sendo o responsável por resultados ruins, os demais respiram aliviados. Esse tipo de atitude pode confortar a maioria, mas permanece o fato de que os resultados corporativos vêm da atividade coletiva e não individual. Então, quando uma empresa não vai bem, isso representa, em última análise, um insucesso compartilhado. Uma completa compreensão do accountability nas empresas deve incluir o conceito de accountability conjunto ou compartilhado.

Por exemplo, pense em um time de beisebol em que cada jogador da defesa assume a responsabilidade por cobrir determinada área do campo. Não há regras claras para definir o ponto exato onde termina a área de um jogador e começa a de outro. Com espaços sobrepostos de responsabilidade, obter bons resultados – isto é, cobrir o campo inteiro – é um esforço do time, em que a responsabilidade individual muda de acordo com as circunstâncias, e os técnicos treinam os jogadores para ir atrás da bola quando ela estiver ao alcance, mesmo que mais de um jogador possa fazer o mesmo. Imagine o batedor rebatendo a bola para a esquerda sem força. Imediatamente, o jogador que está entre as bases, o que defende o campo esquerdo e o responsável pelo centro correm ao mesmo tempo, sem que nenhum tenha certeza quem deveria pegar a bola. Às vezes ela cai no chão porque os jogadores se atropelam ou, achando que o outro vai pegá-la, desistem da jogada. De vários modos, o jogo corporativo é um esporte de equipe em que cada um arca com sua responsabilidade, em que todos contribuem para o placar final e em que o accountability conjunto manda na partida.

O presidente de uma empresa resumiu o que accountability conjunto significa para ele: "Todos trabalham juntos para não deixar a bola cair; mas se cair, todos correm para pegá-la". Ele acrescentou: "Infelizmente, muitos dos nossos colaboradores veem a bola cair no chão entre dois jogadores e reagem dizendo: 'Era sua!'". Em muitas empresas, é fácil ouvir uma ladainha sobre projetos que estouraram um prazo crítico, geraram uma despesa inesperada, ficaram inconclusos ou acabaram com erros cruciais. Nesses casos, ninguém corre para pegar a bola. Todos se sentam na lateral do campo com ares presunçosos e dizem: "Bem, Bob (ou Sue) realmente estragou as coisas desta vez". O presidente daquela companhia descreveu como os funcionários pensavam sobre qualidade: "Se você perguntasse quem era responsável pela qualidade, alguém levantaria a mão e todos os outros apontariam para ele". Então, ele descreveu como o pensamento mudou depois de entenderem o accountability conjunto. "Hoje, quando fazemos a mesma pergunta, todos levantam as mãos."

Um cliente nos pediu ajuda para implantar um sistema de TI para integração de dados que requeria uma significante reengenharia dos processos da empresa. Como os executivos queriam que a implantação funcionasse, reuniram especialistas de todas as áreas e representantes das principais funções corporativas. Colocar esse grupo diversificado para trabalhar junto, especialmente quando havia muita negociação para estabelecer prioridades, parecia uma tarefa ingrata! O fato de que nunca tinham visto a implantação da TI ser feita no prazo e dentro do orçamento aumentava as preocupações. No passado, a data de entrega fora alterada quatro ou cinco vezes e o orçamento estourara. Durante o *kick-off*, no início de setembro, ajudamos a equipe a criar um ambiente de accountability positivo para todos os comportamentos e mentalidades necessários para realizar a missão até o dia 5 daquele mesmo mês, exatamente um ano depois. Os executivos criaram uma cultura com ênfase em "O que mais posso fazer para alcançar os objetivos?" no lugar do tradicional "Vou fazer apenas o *meu* trabalho". Surpreendentemente, a equipe de implantação trabalhou até a noite do sábado anterior ao prazo para terminar com 16 horas de antecedência e abaixo do orçamento! Foi a primeira vez na história da empresa que algo assim aconteceu. Essa implantação virou padrão de qualidade na empresa.

Nos diagramas a seguir, ilustramos como o accountability conjunto pelos resultados pode impactar o desempenho empresarial. Quando as pessoas pensam no próprio accountability em relação à companhia, geralmente a veem estritamente em termos de responsabilidades individuais. A consequência disso é que há atividades que caem nas lacunas que se formam entre os limites que cada um traçou para seu trabalho independente. É comum se tentar resolver o problema redefinindo papéis, contratando mais pessoas (para preencher os espaços vazios) ou reestruturando a companhia. Entretanto, quando os funcionários compreendem seu accountability pelos resultados como algo maior do que o próprio trabalho, sentem-se responsáveis por coisas além da interpretação literal da descrição do cargo, como lucros, reclamação de clientes, compartilhamento de informações, prazos finais dos projetos, comunicação eficiente, elas vendas e o sucesso geral da empresa. Quando as pessoas assumem essa atitude de accountability conjunto por todos os aspectos de um projeto, as lacunas e limites ou fronteiras desaparecem, os colaboradores conseguem enxergar a responsabilidade contínua e cuidam para a bola não cair no chão.

Jack Welch, ex-CEO da General Electric, permaneceu alerta em sua busca por accountability conjunto ou "inexistência de fronteiras": "Se for para esta empresa atingir seus objetivos, todos temos que desfazer nossas fronteiras. Elas são uma loucura. O sindicato é apenas mais uma fronteira e você tem de atravessá-la da mesma maneira que atravessa as que o separam de seus clientes, fornecedores e colegas."

Para muitos, a ideia de accountability conjunto é vaga porque eles foram treinados para pensar somente em termos de *um* responsável,

Responsabilidade individual

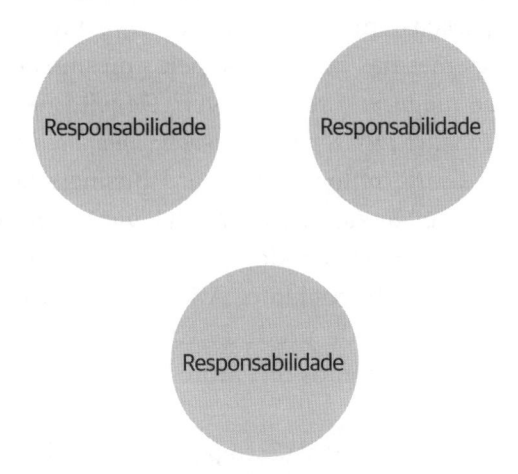

Responsabilidade conjunta

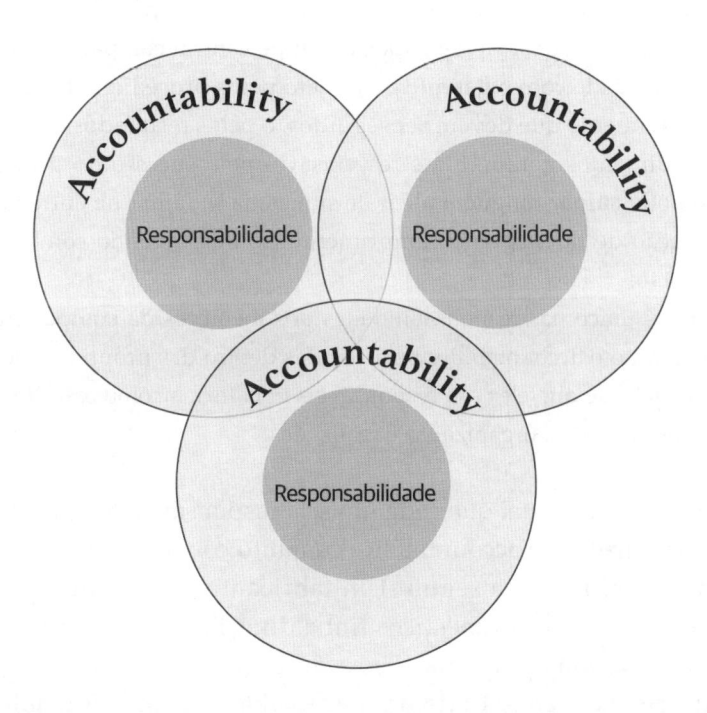

©1993, 1998 Partners In Leadership, LLC

em vez de um *grupo* responsável. Como é possível, você pode perguntar, que as pessoas em uma organização realmente assumam accountability pelas mesmas atividades, pelos mesmos resultados? Isso não significa que *ninguém* é responsável? De jeito nenhum. No livro *Revolutionizing Product Development* [*Revolucionando o Desenvolvimento de Produto*], Kim Clark, reitor da Harvard Business School, e Steven Wheelwright, descrevem as significativas vantagens estratégicas e competitivas que resultam quando membros de equipes entendem o conceito de accountability conjunto. Após terem formado times centrais de desenvolvimento de produto, com pessoal dedicado proveniente de vários departamentos da empresa, eles observaram:

> Cada membro da equipe central desempenha um papel na empresa que o torna ponto focal e gerente responsável por uma função que fornece uma contribuição única ao projeto como um todo.
> Mas cada um também desempenha um papel em seu grupo. Além de representar uma função, cada um aceita a responsabilidade pelos resultados te todos. Nesse papel, a equipe central compartilha a responsabilidade com o gerente de projeto pelos procedimentos do desenvolvimento que devem ser seguidos, e pelos resultados que esses procedimentos geram. Ela é responsável pelo sucesso do projeto e não pode culpar ninguém além de si mesma se falhar na entrega, na execução de tarefas e no cumprimento do desempenho combinado no início.
> O que é único nas responsabilidades dos membros da equipe central não é tanto o accountability pelas tarefas dentro das próprias funções, mas o fato de que eles são responsáveis pela forma como essas tarefas são subdivididas, organizadas e realizadas.

Sim, é fundamental que cada um seja responsável, mas, além disso, deve compartilhar o accountability conjunto com os outros.

Analise a história a seguir. Um fabricante de máquinas de lavar louça e outros eletrodomésticos tinha duas linhas de montagem paralelas, separadas por uma fileira de peças de manuseio e unidades de armazenagem. Cada linha trabalhava de maneira autônoma durante maior parte do tempo, e cada uma tinha desenvolvido determinada cultura operacional. Sob a orientação de um supervisor de linha, os trabalhadores da linha de montagem 1 ficaram aptos a identificar rapidamente uma submontagem com defeito em qualquer uma das 20 estações de trabalho da linha. Quando alguém identificava uma submontagem com defeito, o supervisor imediatamente confrontava o operador responsável pelo problema e, na frente de todos, constrangia o funcionário enquanto ele corrigia o problema, sendo alertado para melhorar o desempenho futuro. Naturalmente, todos na linha, protegidos por uma ilusão de segurança, culpavam o operador que os atrasou. Ao longo do tempo, entretanto, os operadores começaram a esconder seus erros na esperança de não serem culpados e não admitiam o equívoco nem mesmo quando confrontados pelo supervisor. Como consequência, a produção diminuiu e as montagens defeituosas e peças rejeitadas aumentaram durante vários meses.

Ao lado, na linha de montagem 2, os operadores tinham desenvolvido uma cultura bem diferente. Quando um profissional cometia um erro em uma estação de trabalho, outros funcionários ofereciam auxílio de imediato para resolver o problema sem muita discussão. Trabalhando como parte de uma equipe, cada pessoa sentia que compartilhava a responsabilidade pelo resultado final de montar produtos de qualidade no tempo certo. Livres da ilusão de segurança criada pelas explicações e histórias de vitimização, sentiam-se valorizados e ajudavam uns aos outros, identificando erros rapidamente, mas nunca acusando um indivíduo por prejudicar o grupo. Como resultado, a produção na linha 2 permanecia alta, com submontagens defeituosas e peças rejeitadas perto de zero.

Os operadores da linha 1 passavam muito tempo abaixo da linha, negando seus erros, culpando-se e agindo como vítimas. Ao contrário, os operadores da linha 2 se sentiam bem no trabalho, gostavam de realizar tarefas juntos, sentiam-se realizados e obtinham grandes resultados. Behavioristas do mundo corporativo poderiam falar com eloquência sobre as muitas diferenças entre as duas culturas, citando inúmeras variáveis que explicam a diferença nos resultados, mas nós vemos uma diferença fundamental: uma equipe praticava o accountability conjunto, a outra, não.

No best-seller *Os 7 Hábitos das Pessoas Altamente Eficazes* (Best Seller, 2015), Stephen R. Covey observa:

> No processo de amadurecimento, a dependência é o paradigma do você: se você cuida de mim, fez a coisa certa; se não fez coisa certa, você é o culpado.
> Independência é o paradigma do eu: eu posso fazer isso; eu sou responsável; eu sou autoconfiante; eu posso escolher.
> Interdependência é o paradigma do nós: nós podemos fazer isso; nós podemos cooperar; nós podemos juntar nossos talentos e habilidades para criar algo maior juntos.

Acreditamos que enquanto pessoas dependentes precisam de outras para conseguir o que querem, e pessoas independentes tentam conseguir o que querem pelo próprio esforço, pessoas interdependentes reúnem o melhor dos dois mundos.

Os ambientes de trabalho mais eficazes aplicam os princípios da interdependência e do accountability conjunto, pois as pessoas não temem accountability, mas ensinam e orientam umas às outras para ganhar o jogo. Embora cada indivíduo aceite accountability pelo seu próprio desempenho, ele também sabe que é preciso o trabalho em equipe e um sentimento de responsabilidade compartilhada para alcançar os objetivos. Para as pessoas que trabalham nesses ambientes, o accountability impulsiona todos para a frente. É claro que você ainda tem de prestar contas pelos próprios erros, mas consciente de que essa ação o levará a um futuro melhor. Nesse tipo de ambiente, as pessoas passam menos tempo e gastam menos recursos criando desculpas e usam mais tempo e utilizam mais recursos para expor os problemas, correndo riscos e agindo positivamente para resolvê-los. O aprendizado substitui a punição, o sucesso substitui o fracasso e a vitimização dá lugar ao accountability.

Quando surgem problemas como *recall* de produtos, metas de vendas não atingidas ou custos estourados em uma empresa onde não há accountability conjunto, pode apostar que haverá uma grande dose de apatia e acusações. Em geral, os departamentos que não foram afetados ficam quietos, sentindo-se aliviados porque os problemas aconteceram fora de seu domínio. Por sua vez, pessoas que trabalham em um ambiente de accountability conjunto percebem que os problemas se estendem além dos limites de cada função e frequentemente requerem soluções que necessitam de envolvimento em larga escala.

Lembre-se de quando os astronautas da nave *Apollo 13* pronunciaram a frase inesquecível: "Houston, temos um problema". É possível imaginar as pessoas imóveis na Terra, esperando que alguém fizesse algo? De maneira alguma. Aquela frase gerou ação imediata. As pessoas correram, ofereceram ajuda e anteciparam contingências para o que pudesse vir a acontecer. Havia apenas um problema, e era um problema de *todos*, e tinha de ser resolvido: como trazer os astronautas para casa em segurança?

Mas como realmente funciona o accountability conjunto e como gerenciá-la? Como evitar ser arrastado para abaixo da linha quando alguém com quem você compartilho accountability fica preso no ciclo de vitimização? Accountability conjunto pode ser difícil de encontrar porque é difícil de ser criado. Como criar um ambiente onde as pessoas assumem coletivamente a obtenção dos resultados, mas fazem isso sem renunciar ao accountability individual? Em que ponto alguém tentando ajudar a resolver um problema acaba atrapalhando o envolvimento de outros na solução? O meu accountability individual pode ofuscar a de outra pessoa? Quando passamos do ponto e tudo vira confusão porque todos se sentem responsáveis por tudo? Perguntas difíceis exigem respostas difíceis.

AJUDANDO AS PESSOAS A "TOCAR O SINO"

Todas as respostas a essas perguntas nascem do foco total em resultados dentro da organização. Quando todos são responsáveis por alcançar metas, e não apenas por fazer seu trabalho, tudo tende a dar certo. Quando as pessoas fazem uma conexão direta entre seu trabalho e os resultados para a empresa, trazem propósito e visão para a vida e se tornam altamente motivadas. O ponto principal, em todos os níveis da empresa, é colocar os indivíduos para trabalhar nas atividades certas e que saibam por que estão fazendo o que estão fazendo. Caso contrário, podem se perder no processo de realizar o trabalho e ficar sem foco nos resultados.

Um cliente, líder de um grupo de vendas internacional, deparou com esse problema. Dentro de sua equipe de vendas, as pessoas focavam no processo, em como faziam o trabalho. Os que estavam em campo e viajavam muito, longe de casa e da família por semanas, começaram a se sentir sobrecarregados e isso os impedia de se concentrar nos resultados que importavam. Como o líder poderia mudar isso? Como fazer com que todos no departamento pensassem constantemente no que mais importava: vender? Resumindo, como impedi-los de se perder no processo? Ponderando sobre essa questão, ele teve uma ideia simples. Certa manhã, instalou um grande sino na parede ao lado de sua sala, visível em todo o departamento. Quando alguém fechava uma venda, ele badalava com grande alarde.

Como você pode imaginar, o espetáculo chamou a atenção não apenas no departamento, mas em toda a empresa. Não demorou muito para as pessoas começarem a falar em fazer coisas que "fariam o sino tocar". Sabiam que isso não aconteceria para procedimentos e políticas, para processos e posturas, somente para resultados concretos.

Pode-se "tocar o sino" de várias maneiras, como oferecendo bônus e recompensas e até palavras de elogio. O que você pode fazer para ajudar as pessoas em sua empresa a focarem naquilo que faz barulho? Talvez esse seja o maior desafio da liderança, que se tornou ainda mais difícil por causa do ambiente acelerado e altamente tecnológico. É muito fácil abafar as badaladas com tanto tumulto ao redor.

Para manter a empresa focada, devemos badalar com frequência. Quando se começa um novo projeto, uma discussão produtiva que estabelece *o que* deve ser feito, o sino toca. Nosso pessoal traduz essa frase da seguinte maneira: "Sabemos que há muito a fazer para atingir resultados. Também sabemos que muitas dessas atividades podem ser muito difíceis e podem testar seriamente a equipe, mas, no fim, não teremos realizado nada até que tenhamos conquistado o resultado mais importante". Repetindo, o accountability começa, sem exceção, com a definição clara de resultados que se quer ou precisa alcançar.

Nos capítulos da parte 1 deste livro, mostramos como as pessoas nas empresas podem sucumbir à tentação de buscar proteção abaixo da linha. Quando fazem isso, tornam-se especialistas em criar histórias de vitimização. Isso oferece a ilusão de segurança, mas ela é facilmente estraçalhada pela realidade.

OS BENEFÍCIOS DE APLICAR O ACCOUNTABILITY CONFORME O *PRINCÍPIO DE OZ*

Enxergar o accountability conforme *O Princípio de Oz* acarreta alguns custos. Você deve abandonar o jogo do "quem fez isso" e a ilusão de segurança que surge ao jogar a culpa em outra pessoa. É preciso se envolver profundamente tanto em ser um coach para os outros como em se autoavaliar, sempre tendo em mente a necessidade do accountability individual e conjunto.

Pela nossa experiência, os benefícios compensam os custos. Economiza-se em explicações infindáveis daqueles que se escondem abaixo da linha. Economiza-se em resultados não alcançados que derivam de ações insuficientes. Economizam-se todas as bolas caídas que alguém, mais cedo ou mais tarde, terá de pegar. E economiza-se tempo perdido microgerenciando tudo e todos.

Para ilustrar os benefícios de aplicar o accountability conforme *O Princípio de Oz*, vejamos o caso de Dennis Antinori, vice-presidente de vendas do que costumava ser a IVAC, uma grande empresa de produtos médicos que esperava ansiosamente uma convenção nacional de vendas na qual lançaria novos produtos. Dois meses antes do encontro, Dennis ficou sabendo que os lançamentos teriam um atraso de dois meses. Espantado pelas notícias, enfrentou três enormes desafios: (1) como permanecer acima da linha, sem culpar o departamento de desenvolvimento de produto pelo problema e mantendo-o focado para atingir as metas de vendas sem os novos produtos; (2) como ajudar a equipe de gestão de vendas a ficar acima da linha; e (3) como dar suporte aos gerentes de vendas para manter os representantes comprometidos com as metas apesar do problema.

Tendo aprendido a trabalhar acima da linha e a ver o accountability sob uma nova perspectiva, Dennis se reuniu com os 18 gerentes de vendas para analisar as circunstâncias. Após permitir que ficassem algum tempo abaixo da linha, no ciclo de vitimização, pensando nos motivos pelos quais se sentiam desapontados com o restante da empresa, Dennis levou a discussão para acima da linha de maneira consciente. Desse ponto de vista, os imensos obstáculos para atingir as metas de vendas ainda pareciam gigantes, mas não intransponíveis. Ele perguntou: "Dados os desafios apresentados, e são enormes, o que mais podemos fazer para superar as circunstâncias e alcançar os resultados que queremos e que a empresa precisa?". De início, a pergunta desconcertou os gerentes, que perguntaram: "Como se resolve um problema de novos produtos sem novos produtos?". Dennis sugeriu: "Esse não é o nosso *verdadeiro* problema. Ele diz respeito às vendas, e não aos novos produtos. Temos de aceitar a realidade de que não os teremos este ano e que a empresa ainda precisa que cumpramos nossas metas. Culpar o pessoal de desenvolvimento não exclui nossa responsabilidade de fazer as vendas previstas". Após uma longa discussão, a equipe foi para acima da linha e passou a perguntar: "O que mais podemos fazer para atingir as metas de venda deste ano, apesar de não termos novos produtos?".

Nos meses que após essa reunião Dennis Antinori e a equipe de gerentes de vendas encontraram muitas maneiras criativas de aumentar as vendas e atingir as metas estabelecidas no início do ano. Ao final do período, registraram um desempenho surpreendente, um dos melhores da história da empresa: 15% de crescimento em relação ao ano anterior.

Um ano após a reunião de accountability, Dennis e os gerentes novamente se reuniram algumas semanas antes da convenção nacional de vendas. Durante as discussões, ele perguntou à equipe: "O que mais contribuiu para o sucesso de nossas vendas no ano passado?". Nas palavras dele mesmo: "Todos sentiram que fizemos uma abordagem acima da linha da situação, não perdemos tempo culpando o departamento de desenvolvimento de novos produtos e realmente nos transformamos para encontrar e implantar soluções de maneira positiva e não negativa. Quando o touro apareceu, pegamos o bicho pelos chifres e o derrubamos. Ficamos focados e não frustrados, e fizemos acontecer, apesar de as chances estarem contra nós".

PROCURANDO PESSOAS QUE ESTÃO COLHENDO, OU DEIXANDO DE COLHER, OS FRUTOS DO ACCOUNTABILITY

Quando lemos o jornal ou ouvimos as notícias em determinado dia, vemos O *Princípio de Oz* sendo tanto aplicado quanto ignorado repetidamente. De fato, decidimos testar essa teoria escolhendo uma data de modo aleatório e procurando exemplos da aplicação (ou não) de O *Princípio de Oz*. Pegamos o último dia para entrega do imposto de renda nos Estados Unidos, 15 de abril, no *Washington Post, Los Angeles*

Times, *The Boston Globe*, *The Wall Street Journal*, *The New York Times* e *The Times* (Londres).

No *Los Angeles Times*, encontramos uma matéria sobre o L-triptofano e Bestsy DiRosa. Enquanto lê o trecho abaixo, pare por um instante para pensar em quem foi responsável e quem poderia ter sido ainda mais responsável nessa história:

"Dois anos depois de tomar, sem prescrição médica, o suplemento alimentar para dormir L-triptofano, a professora Betsy DiRosa passou a sofrer com manchas na pele, câimbras nas articulações e nos músculos, braços e pernas adormecidos, e até mesmo com problemas no coração e nos pulmões. Os sintomas de DiRosa também afetam milhares de outras vítimas do L-triptofano, que agora só pode ser vendido com receita médica e é alvo de aproximadamente 1.500 ações ajuizadas por vítimas da síndrome de eosinofilia-mialgia, provocada pelo L-triptofano. Esta semana, DiRosa, 42, tornou-se a primeira requerente nos Estados Unidos a ganhar uma ação contra a Showa Denko K.K., a fabricante japonesa do suplemento, mas DiRosa e seu advogado ficaram desapontados, na quarta-feira, dizendo que esperavam mais do que o US$ 1 milhão determinado pelo júri como compensação."

O artigo prossegue: "DiRosa ficou 'chateada' com o veredito, que alegou que ela continuou tomando L-triptofano após ter visto uma notícia na TV sobre várias pessoas no Novo México que haviam desenvolvido sintomas depois de usar o suplemento". DiRosa exclamou: "Não houve menção de *recalls* e não vi outras notícias sobre o assunto. O L-triptofano estava à venda, sem nenhum aviso. Não me sinto nem um pouco responsável por ter causado essas coisas horríveis a mim mesma. Foi realmente culpa minha?". DiRosa tinha pedido US$ 144 milhões, mas recebeu menos do que o acordo oferecido pela Showa Denko KK, de US$ 1,5 milhão. O júri entendeu que DiRosa foi parcialmente culpada porque continuou a tomar o suplemento depois da notícia que alertava para o risco. Após a conclusão do caso, o advogado da Showa Denko, John Nyhan, disse: "O resultado deveria mostrar aos queixosos e seus advogados que os jurados não acreditam que a empresa deva ser punida pela conduta deles". Mas, de acordo com o advogado de DiRosa, Patrick McCormick, "a culpa foi estabelecida. Mostramos claramente que a Showa Denko K.K. produziu um produto com problemas e nunca obteve a aprovação da FDA [Food and Drug Administration, agência do governo norte-americano responsável pelo controle de alimentos e remédios], e isso teve um impacto devastador".

Como na maioria das histórias com vítimas, há dois lados claros: tanto DiRosa quanto a Showa Denko poderiam ter feito mais para evitar a tragédia. A indústria poderia ter feito mais testes e obtido a aprovação da FDA antes de colocar o produto no mercado. DiRosa poderia ter parado de tomar o suplemento assim que soube que havia algum problema. O júri atribuiu culpa à Showa Denko por produzir um produto ruim; mas, honestamente, o dinheiro que DiRosa recebeu parece ser uma compensação inadequada pelas dificuldades que ela enfrentou e continuará a enfrentar ao longo de sua vida por causa do L-triptofano. Entretanto, o júri baseou sua decisão no princípio do "o que mais DiRosa poderia ter feito". Pense no caso de adulteração de Tylenol que aconteceu no passado. Quantas pessoas, quando souberam da adulteração, pararam de comprar e usar o produto? Quantas esperaram o *recall* antes de interromper o uso? Em nossa opinião, consumidores responsáveis descartariam as cápsulas de Tylenol de imediato e esperariam a Johnson & Johnson garantir que não havia mais risco de adulteração do produto antes de voltar a usá-lo. A história de DiRosa destaca um aspecto importante de *O Princípio de Oz*: mesmo quando somos vítimas, como Betsy DiRosa foi, devemos mostrar certo accountability pelos resultados. É certo que você pode ser 100% vítima, mas é provável que isso aconteça bem menos do que você imagina ou gostaria de acreditar.

No *Boston Globe*, encontramos a história inspiradora de duas alunas do 6º ano encarregadas de ajudar outros estudantes a resolver conflitos na hora do recreio: "Quando as alunas do 6º ano Cheryl Mauthe e Carrie McManus colocam bonés cor-de-rosa e tomam o rumo do parquinho da escola Betty Gibson, estão indo atrás de encrenca. As duas meninas são gestoras de conflitos, parte de um programa da Educação Infantil da cidade de Brandon, no Canadá, em que alunos fazem a mediação de conflitos verbais entre colegas durante o recreio. 'É um bom sentimento saber que estamos nos esforçando para tornar o nosso parquinho mais seguro', diz Cheryl. 'Estamos ajudando as pessoas em vez de deixá-las brigar', acrescenta Carrie. As gestoras de conflito, que estão patrulhando o parquinho da escola desde 8 de março, não devem tentar resolver os problemas, tomar lados ou separar brigas físicas. Em vez disso, são ensinadas a perguntar às crianças envolvidas como o problema pode ser resolvido, de que forma evitar brigas futuras e tentar chegar a um acordo entre as partes." Que comportamento acima da linha maravilhoso! Como as escolas hoje em dia melhorariam se as crianças em todos os parquinhos ajudassem os colegas a conversar em vez de brigar, encorajassem os que estão brigando a encontrar soluções e identificassem conflitos como algo que não precisa arruinar a vida escolar!

Esses exemplos e muitos outros estavam nos periódicos naquele dia. Quando ler o jornal ou assistir ao noticiário hoje, procure exemplos de pessoas colhendo os frutos do accountability ou deixando de fazê-lo. Não vai demorar para você perceber a necessidade de *O Princípio de Oz* em quase todos os aspectos do comportamento humano.

PREPARANDO-SE PARA GALGAR OS PASSOS PARA O ACCOUNTABILITY

Neste capítulo, redefinimos accountability e mostramos de que maneira a definição conforme *O Princípio de Oz* pode ajudá-lo a perceber melhor a diferença entre os comportamentos abaixo da linha e acima da linha. Para resumir este capítulo e a importância de passar para acima da linha, gostaríamos de compartilhar a história a seguir.

> No início dos anos 1990, a Guidant Cardiac Rhythm Management (então conhecida como CPI) estabeleceu um forte compromisso de melhorar o desenvolvimento de novos produtos. Naquela época, fazia anos que a Guidant CRM não desenvolvia um novo produto e a mentalidade era a de que não se conseguiria fazer isso. O presidente Jay Graf a descreveu como "uma companhia indo a 150 km/h por uma estrada derrapante em direção a um despenhadeiro porque ninguém quer aceitar a responsabilidade pela situação e, pior ainda, ninguém entende quão ruim ela é". Apesar de todos os sinais claros da precária situação competitiva, muitas pessoas na empresa focavam em "lidar com o crescimento" como sendo o maior problema, evitando reconhecer os desafios iminentes do

desenvolvimento de produto que poderiam facilmente levá-los abaixo da linha. Jay podia antever o eventual crescimento da concorrência até atingir a liderança inquestionável do mercado em dois anos e temia que a introdução contínua de novos produtos de alta qualidade criasse um jogo de cadeiras que colocaria a CRM em posição defensiva e tornaria os lançamentos "patinhos feios" tão logo chegassem ao mercado.

Quando a Guidant CRM começou a etapa See It, a gerência notou que, quando os engenheiros estavam projetando um equipamento, alguém vinha e solicitava um novo recurso. Estava claro para os gestores que a CRM nunca entregaria um novo produto se eles continuassem a sucumbir à tendência de acrescentar cada vez mais recursos ou detalhes em vez de entregar o projeto no prazo.

Quando esse problema fundamental foi reconhecido em toda a companhia, houve um esforço concentrado para lidar com ele. Foram implementadas reuniões frequentes para revisar os projetos, instância na qual era fornecido coaching e orientações pontuais para as equipes de desenvolvimento. Criou-se um novo sistema de planejamento de carreira que distinguia os melhores funcionários que aceitavam accountability pelos resultados e aqueles que não o faziam. Por fim, toda a empresa foi envolvida em um processo de transição organizacional que focou na mudança de cultura para ter accountability e propriedade, deixando para trás a busca por culpados, a confusão e a complacência. Nos anos seguintes, a Guidant aceitou o accountability por entregar novos produtos ao mercado. As pessoas em toda a empresa deixaram de pensar somente em termos de estratégias para o desenvolvimento de produto. Elas se uniam ao redor do conceito de uma novidade e trabalhavam por ele. Em alguns anos, a Guidant CRM se tornou, segundo palavras dos gestores, em uma máquina de desenvolvimento de novos produtos, com 14 lançamentos em apenas 14 meses.

É interessante notar, de acordo com Barb Reindl, vice-presidente de RH da Guindant CRM, que embora "o desenvolvimento de produtos tenha se tornado uma força significativa e confiável de nossa empresa, o mercado atual mudou no início dos anos 1990. Não basta mais ter apenas ótima tecnologia".

Enquanto a Guidant trabalhava para produzir o menor e mais sofisticado desfibrilador do mundo no final dos anos 1990, muitas pessoas "tiveram que fazer horas-extras obrigatórias em função do impacto que o aparelho teria no desempenho da empresa. Os gestores da Guidant ficaram chocados quando o produto, inovador e muito esperado, não alterou de maneira significativa o market share".

Jay Millerhagen, diretor de marketing da área de insuficiência cardíaca, explicou que, por causa da simplicidade de visão, a Guidant lançou um excelente novo produto e parou, perplexa: "Não entendo. Por que o lançamento não nos colocou como número 1 no market share?".

"Foi como um despertador tocando", disse Dale Hougham, diretor de garantia de qualidade. "Nossa abordagem – de que a melhor tecnologia nos manteria no topo – fora estraçalhada. Era preciso fazer mais." Foi o segundo choque de realidade para a Guidant em uma década.

Mais uma vez, a equipe de gestores aceitou o accountability de mudar o modo como enxergava o negócio. Em vez de pensar somente do ponto de vista do P&D, colocaram pacientes e consumidores em primeiro lugar e enfatizaram o papel deles na empresa. Contagiaram positivamente os funcionários com a nova visão e conseguiram criar um forte apelo emocional.

Além disso, a Guidant focou nos resultados de um importante estudo como modo de estimular tanto consumidores como colaboradores. A empresa se tornou pioneira na prática de patrocinar testes clínicos de terapia desfibrilatória. Dessa forma, foi possível identificar pacientes que precisavam de desfibrilador e somente 20% deles tinham o aparelho.

Janet Babka, diretora de informação e tecnologia, observou: "Os resultados de um estudo mais recente mostraram que ainda mais pessoas precisavam do aparelho. Se nada fosse feito, o número de pacientes de alto risco que recebia o aparelho diminuiria". Ciente da gravidade da situação, a Guidant agiu depressa. "Em vez de focar somente em como seus aparelhos eram diferentes dos da concorrência, passou a destacar na mensagem a questão mais ampla – havia pessoas morrendo por falta de tratamento adequado. Trabalhou para mudar essa realidade e, consequentemente, alterar a própria dinâmica do setor."

A Guidant CRM corrigiu a direção para "uma nova compreensão da competitividade, que ia além de grandes produtos e agora incluía excelentes vendas, serviços, suporte técnico, treinamento e outros aspectos do negócio. Passou a focar em executar com qualidade 20 aspectos em vez de apenas dois ou três".

Por fim, a empresa buscou melhorar a mensagem e o sistema de distribuição. Adotou accountability sobre como era vista no mercado. Os especialistas podiam atestar que seus produtos eram superiores, mas todos concordavam que a companhia falhara ao divulgar essa mensagem. Foi preciso perceber que ótima tecnologia não se vende sozinha. Toda elaboração de estratégia passou a ser concluída com a frase: "e seja reconhecido por isso".

Com o sistema de distribuição, a equipe de vendas da Guidant CRM nos Estados Unidos aumentou em cinco vezes: de 215 representantes em 1997 para 1.134 em 2003.

GALGANDO OS PASSOS PARA O ACCOUNTABILITY

É preciso tempo, esforço, comprometimento e, às vezes, até trauma emocional para galgar os passos para o accountability e permanecer no topo da escada, mas não conhecemos nenhum indivíduo ou empresa que, após experimentar a vida acima da linha, quisesse retornar ao jogo de acusação. Você pode escorregar. De fato, você vai escorregar. Entretanto, é possível saber que está escorregando e se recompor antes de afundar.

No capítulo 2, fornecemos alguns sinais de que você está preso no ciclo de vitimização para que possa reconhecer atitudes e comportamentos abaixo da linha. Gostaríamos de finalizar este capítulo com alguns indicadores de que você está galgando os passos para o accountability e que podem ajudá-lo a permanecer acima da linha. Nos próximos quatro capítulos, trataremos dos vários passos do accountability.

Você pode melhorar a própria capacidade de permanecer acima da linha observando as seguintes pistas que indicam atitudes e comportamentos accountables:

- Você pede a todos feedback sincero sobre o seu desempenho.
- Você não quer que ninguém, nem mesmo você mesmo, lhe esconda a verdade.

- Você admite prontamente a realidade, com seus problemas e desafios.
- Você não perde tempo nem energia com elementos que não pode controlar ou influenciar.
- Você está sempre 100% comprometido no que está fazendo e, se seu comprometimento começa a esmorecer, luta para reavivá-lo.
- Você assume circunstâncias e resultados, mesmo quando não são aqueles esperados.
- Você reconhece quando está caindo abaixo da linha e age rapidamente para evitar as armadilhas do ciclo de vitimização.
- Você se alegra com as oportunidades diárias de fazer as coisas acontecerem.
- Você pergunta constantemente: "O que mais posso fazer para superar as circunstâncias e obter os resultados que desejo?".

Quando pensa e age dessa forma, está operando acima da linha. Superar as circunstâncias para obter resultados é a alma de *O Princípio de Oz*, assim como foi a lição de empoderamento da Terra de Oz dada por L. Frank Baum.

Parte 2

O PODER DO ACCOUNTABILITY INDIVIDUAL: INDO ACIMA DA LINHA

Os Steps to Accountability® [passos para o accountability] – See It® [veja], Own It® [aproprie-se], Solve It® [solucione] e Do It® [faça] – são universalmente aplicáveis e se entremeiam no tecido de toda empresa bem-sucedida, sem exceção. Na parte 2, examinaremos cada um dos passos para o accountability, um de cada vez, para ajudá-lo a entender, internalizar e aplicar cada passo. Você aprenderá como reunir coragem para observar e reconhecer a realidade; encontrará forças em si mesmo para vencer as circunstâncias por mais difíceis que sejam; ganhará conhecimento para resolver qualquer problema que fique no seu caminho; e usará os meios para fazer as coisas acontecerem, permitindo que você consiga os resultados que deseja.

Capítulo 4

O LEÃO: CORAGEM PARA SEE IT®

– Você acha que Oz poderá me dar coragem? – perguntou o Leão Covarde.
– Tão facilmente quanto ele poderá me dar um cérebro – disse o Espantalho.
– Ou me dar um coração – afirmou o Homem de Lata.
– Ou me mandar de volta para o Kansas – completou Dorothy.
– Então, se não se importam, irei com vocês – disse o Leão –, porque minha vida é simplesmente insuportável sem um pouco de coragem.

O Mágico de Oz,
L. Frank Baum

Sempre é preciso coragem para reconhecer a realidade de uma situação difícil, e mesmo as instituições mais celebradas podem falhar nisso. Em 2001, a Schering-Plough fez o *recall* de aproximadamente 60 milhões de inaladores porque alguns não continham os ingredientes ativos necessários para tratar ataques de asma. Críticos como o dr. Sidney Wolfe, diretor do Public Citizen's Health Research Group, disse que se tratava de má gestão e displicência. Por muito tempo conhecida por sua manufatura bem controlada, a Schering-Plough* começou a surpreender analistas, acionistas e até consumidores com um número crescente de *recalls*, multas da FDA e sanções. Aparentemente, a administração despejou dinheiro no marketing e na venda de produtos campeões, como o Claritin, postergou atualizações nas plantas fabris e confiou demais na força estabelecida dos sistemas industriais. Felizmente, os executivos da companhia demonstraram o tipo de coragem que gostaríamos de ver em todas as empresas. O CEO Richard Kogan disse aos acionistas: "Estou assumindo toda a responsabilidade pela solução desses problemas em tempo hábil e assegurando a confiança da FDA". Ele lançou um programa de melhoria da produção, montou uma unidade mundial de operações de qualidade para tratar desses problemas, atualizou questões tecnológicas, acrescentou centenas de colaboradores e cientistas ao controle de qualidade para que as mudanças fossem duradouras e estabeleceu um comitê de revisão formado por ex-funcionários da FDA para assegurar a conformidade às normas do órgão. Parabéns à Schering-Plough, ao CEO Kogan e a toda equipe de executivos. É preciso coragem para enxergar a realidade, admitir erros e reconhecer a necessidade de melhorias, o primeiro passo para se chegar acima da linha.

Não se faz tudo isso da noite para o dia, mas você conseguirá muito mais rapidamente se subir um passo de cada vez. Quando começar a galgar o primeiro passo para chegar acima da linha, lembre-se das palavras de Jack Welch, ex-CEO da General Electric, que define gestão como "encarar a realidade e agir o mais rápido possível".

---

* Atualmente Merck. (N. T.)

GALGAR O PRIMEIRO PASSO ACIMA DA LINHA

Até as pessoas mais responsáveis ficam presas no ciclo de vitimização em algumas ocasiões. E, às vezes, quem pratica accountability encontra um desafio em particular. Independentemente de ficar abaixo da linha todo o tempo ou encontrar-se diante de um problema desagradável específico, o primeiro passo para deixar o ciclo de vitimização é reconhecer que está preso em um círculo de negação. Essa observação requer coragem para tomar consciência da realidade da situação, não importa quão desagradável ou injusta ela possa parecer. Sem essa conscientização, não se pode reagir de maneira eficaz. De acordo com Andrew S. Grove, presidente-executivo da Intel falecido em 2016, toda empresa passa por um momento crítico quando deve mudar radicalmente para elevar o nível de desempenho. Se a empresa falhar em identificar e aproveitar o momento, declinará. A chave é a coragem.

É surpreendente observar gigantes como Enron, WorldCom e Arthur Andersen, em certas épocas líderes mundiais, caírem de repente. Em um curto período de tempo, centenas de milhares de pessoas se tornaram vítimas das ações de poucos indivíduos. Entretanto, no lamaçal criado por tais circunstâncias, muitos tiveram a coragem de realizar ações ousadas para enxergar a realidade e impedir a calamidade. Vejamos, por exemplo, uma entrevista com Jim Copeland, CEO da Deloitte & Touche. Os repórteres da revista *Fortune* captaram a essência da opção desse executivo por encarar a realidade:

> "Quando a notícia de que funcionários do escritório de Houston da Arthur Andersen haviam destruído milhares de documentos relacionados à Enron, o estômago de Copeland revirou. Ele sabia, instintivamente, que o foco de toda ira pública, das investigações do governo e da cobertura esbaforida da imprensa se voltaria contra a Andersen e, por extensão, aos contadores."

Copeland, sabendo que a empresa não escaparia do escrutínio e das críticas, agiu antecipadamente. Uma das realidades mais duras que teve de encarar foi a necessidade de separar os serviços de consultoria, uma parte muito lucrativa dos negócios, dos serviços de auditoria e contabilidade. Há muito a Deloitte & Touche havia vinculado esses serviços por causa das sinergias naturais e dos benefícios aos clientes, e a empresa estava comprometida em manter essa estratégia até certa manhã quando Manoj Singh, chefe dos serviços de consultoria nos Estados Unidos, foi ao escritório de Copeland. A *Fortune* relata o momento crucial:

> "Singh acabara de saber que um grande cliente de auditoria tinha desistido de um contrato com a Deloitte & Touche para fazer um estudo multimilionário de reestruturação e redução de custos. O cliente estava preocupado com a possibilidade de haver algum conflito. Copeland meneou a cabeça tristemente e pegou o telefone. Ligou para Douglas McCracken, diretor mundial da Deloitte Consulting, e para William Parrett, sócio-gerente da Deloitte nos Estados Unidos para as áreas de contabilidade, impostos e serviços relacionados. Naquela tarde, os quatro homens – Copeland, McCracken, Singh e Parrett – trancaram-se em uma sala de reuniões por cinco horas. Saíram, Copeland relembra, com lágrimas nos olhos. Tinha início uma maratona de telefonemas e conference calls com parceiros de todo o mundo. A mensagem era simples: o modelo de empresa única estava acabado. Deloitte & Touche se separaria relutantemente da Deloitte Consulting."

Com essa mensagem, a empresa inteira subiu um passo acima da linha.

POR QUE AS PESSOAS FALHAM NO SEE IT®

A maioria das pessoas frequentemente não consegue enxergar a realidade porque escolhe ignorar ou aceitar mudanças no ambiente externo. Por exemplo, o *The Wall Street Journal* noticiou que:

> "Connie Plourde e outros representantes de vendas da American Telephone & Telegraph Co., de Sacramento, na Califórnia, perderam suas mesas de trabalho. Eles receberam laptops, telefones celulares e impressoras portáteis e foram instruídos a montar escritórios virtuais em casa ou nos escritórios dos clientes. Não foi uma mudança fácil para a extrovertida veterana com 19 anos de AT&T, que gostava da camaradagem do ambiente de trabalho. 'Até que o pessoal da imobiliária chegou

e começou a desmontar nossos cubículos, nós continuávamos vindo trabalhar', ela lembra. 'Era uma zona de conforto, eu acho'."

Ignorar ou se recusar a lidar com mudanças pode empurrá-lo rapidamente para abaixo da linha. Michael Bell, da Dun & Bradstreet, um novo tipo de administradora de imóveis corporativos, ficou surpreso de encontrar uma resistência tão forte à iniciativa da AT&T de implementar escritórios remotos. Por que as pessoas não conseguiam ver que "o escritório não é um lugar para vir, sentar-se e olhar para a tela de um computador ou falar ao telefone o dia todo? Se você quer fazer isso, pode fazer em casa". Mesmo executivos mais antigos, que subiram na hierarquia corporativa em uma época em que o poder era medido pelo tamanho e localização do prédio, acharam difícil aceitar o que Bell descreveu como a virtualização imobiliária das empresas norte-americanas. Resistir a essa tendência poderia minar a competitividade por market share. Larry Ebert, diretor de imóveis da Ernst & Young, disse que haveria uma resistência cultural muito grande a essas mudanças. Se elas são inevitáveis, os que resistirem inevitavelmente fracassarão.

Considere este outro exemplo de pessoas que não enxergam a realidade e não aceitam a responsabilidade por ela: o jogo da família disfuncional. Embora a maioria concorde que o ambiente doméstico afeta os hábitos de uma pessoa, tornou-se moda, até uma epidemia, que filhos adultos joguem a culpa de seus problemas em lares problemáticos. Quem você culpa por transtorno de compra compulsiva, desvios sexuais, péssimos hábitos alimentares, alcoolismo, abusos de cônjuge e filhos, transtornos de personalidade, impulso incontrolável de agradar os outros? Ao que parece, todo o mundo, exceto você mesmo. "Não é minha culpa, é da minha família." Apresentadores de *talk shows* como Oprah Winfrey e Jerry Springer exploram diariamente a propensão norte-americana de fazer parte desse jogo desfilando celebridades e pessoas comuns nas telas de TV de todo o país perpetuando a noção de que ninguém precisa assumir responsabilidade total pelos próprios problemas. A grande popularidade desses programas prova o quanto o público gosta de ouvir o lado das vítimas. Por sua vez, muitos telespectadores usam esses casos para justificar o próprio comportamento abaixo da linha, fazendo do ato de jogar a culpa no outro um verdadeiro passatempo nacional. Afinal de contas, de acordo com o famoso palestrante e autor John Bradshaw, 96% da população vêm de famílias disfuncionais.

Embora concordemos que problemas familiares podem afligir as pessoas durante a vida adulta, discordamos da afirmativa de Bradshaw, não apenas porque questionamos a precisão da porcentagem, mas porque confiar nela oferece a 96% da população uma oportunidade de se safar do próprio comportamento. Se você se consolar com o fato de que essa grande quantidade de norte-americanos pode culpar a família por suas dificuldades, provavelmente está preso no ciclo de vitimização. Pode achar que experiências anteriores contribuíram para seus problemas, mas jogar toda a culpa nisso o impede de tomar as rédeas da vida e fazer algo a respeito. Nesse sentido, a moda da família disfuncional nos chega apenas como mais um indicador da incapacidade e da falta de vontade das pessoas de assumir a responsabilidade por si mesmas.

De fato, todo o movimento disfuncional seria engraçado se não fosse uma ameaça tão perigosa ao bem-estar da população em geral. Veja, por exemplo, estas desculpas para saques a descoberto no extinto House Bank da Câmara dos Deputados Federais dos Estados Unidos, divulgado pelo *The Wall Street Journal*, em 1992:

1. A deputada Mary Rose Oakar, do Partido Democrata de Ohio, membro do Comitê de Administração da Câmara que supervisionava o House Bank e acumulou 217 saques a descoberto, disse: "Quando cheguei ao Congresso, não me avisaram que havia outra maneira de receber o pagamento".
2. O deputado Robert Mrazek, do Partido Democrata de Nova York, com 972 saques a descoberto, disse: "Nenhum cheque meu foi devolvido".
3. Tim Penny, deputado pelo Partido Democrata de Minnesota, jogou a culpa pelos saques a descoberto no gerente de seu escritório.
4. Edolphus Towns, outro deputado democrata de Nova York, atribuiu muitos dos seus 403 saques a descoberto a um ex-funcionário que teria desviado o dinheiro.

5. Newt Gingrich, republicano da Geórgia e membro do partido responsável pelo cumprimento das normas, minimizou seus saques dizendo que "não eram grande coisa".

Bem, nós achamos que é grande coisa porque representantes eleitos servem como modelo para comportamentos accountables, tanto antes quando depois do fato. Agir de outra forma representa falta de coragem. Para pessoas que estão definhando no ciclo de vitimização e se sentem incapazes de lidar com a realidade das situações, é preciso muita coragem para:
1. reconhecer quando caem abaixo da linha;
2. perceber que ficar abaixo da linha, além de ignorar o problema real, leva gradativamente a piores resultados;
3. reconhecer e aceitar a realidade como o primeiro passo para o accountability.

De fato, é preciso coragem para detectar um comportamento abaixo da linha e encarar a situação. Não tê-la significa recusa em pagar o preço pelo accountability. Na maioria das situações problemáticas, as pessoas sabem, lá no fundo, que enxergar a realidade significa ter de mudar alguma coisa, o que é apavorante para muitos. Essa mudança em geral começa com a decisão de ver a situação de um ângulo diferente, e isso significa admitir que se fez algo errado, que poderia ter feito mais. Ao decidir que não pode fazer nada para consertar a situação, você pode seguir em frente. Por que resolver um problema quando é possível fugir dele? Se você foi de fato vítima em um acontecimento, isso pode significar que não permitirá que aquele determinado evento o impeça de seguir adiante. Afinal de contas, o sucesso é a melhor vingança para quem foi vítima.

Fazer algo diferente sobre sua situação requer agir de um jeito que não gosta, como correr um risco que estava evitando ou enfrentar uma questão ou uma pessoa da qual você estava fugindo. Na Hartmarx Corporation, uma confecção de ternos de Chicago, o conselho de administração não confrontou a incapacidade do CEO da empresa, Harvey Weinberg, de interromper um ciclo de prejuízos que totalizou US$ 320 milhões. Somente então o conselho obrigou o executivo a renunciar.

De acordo com o *The Wall Street Journal*, essa instância não tomou as medidas antes porque "não queria ser visto agindo precipitadamente". Infelizmente, a atitude de "pagar para ver" contribuiu significativamente para o valor de mercado da empresa cair de US$ 600 milhões para US$ 200 milhões.

Compreender a realidade pode ser difícil porque envolve ter de sair do casulo protetor da história de vítima. Parece ser bem mais seguro permanecer abaixo da linha. Porém, o fato é que o casulo oferece somente uma ilusão de segurança. No fim, chegará a hora de pagar a conta pela falta de ação. Quando você não age, não aprende, não toma consciência de sua responsabilidade, não admite ter feito algo errado, não encara os fatos, não abandona a simpatia que a história de vítima desperta, e não procura o que mais pode ser feito para alcançar resultados ou melhorar sua vida, ou seja, seu comportamento não o leva a lugar algum. E para chegar a algum lugar, você deve abandonar a ilusão de segurança abaixo da linha e aceitar os riscos envolvidos em ir acima da linha.

Quando deparar com uma situação difícil, pergunte a si mesmo se quer ficar submerso na dificuldade ou tentar algum tipo de ruptura para sair dela. Mesmo a vítima mais habitual gostaria de levar uma vida melhor, mas provocar a ruptura requer romper hábitos. Isso significa que qualquer pessoa que se sinta vitimizada deve substituir o papel de vítima pela força de vontade de ver a situação como de fato é e não como parece ser quando vista desde abaixo da linha.

AS CONSEQUÊNCIAS DE NÃO ENXERGAR A SITUAÇÃO

Quando Christopher J. Steffen renunciou ao cargo de diretor financeiro da Eastman Kodak após menos de três meses no cargo, sua saída expôs a crescente vulnerabilidade dos conselhos de administração que devem avaliar a real necessidade das empresas em tempo hábil. De acordo com o *The Wall Street Journal*, "especialistas em gestão dizem que os conselhos de administração de maneira geral sofrem grande pressão hoje em dia para preencher rapidamente vagas de alto escalão. Os diretores às vezes não avaliam se um novo executivo – especialmente abaixo do CEO – vai se integrar com a gerência sênior existente". De acordo com o artigo, no caso da Eastman

Kodak, a renúncia de Steffen "implicou na redução de US$ 1,7 bilhão do valor de mercado da empresa". Não enxergar a realidade em nível de conselho de administração pode ter consequências devastadoras e, às vezes, imediatas.

Certa vez trabalhamos com um cliente que, devido à natureza delicada da história e ao nosso desejo de proteger a privacidade dos envolvidos, deve permanecer incógnito. Por isso, usaremos nomes fictícios. É uma história real, entretanto, e expõe as consequências inexoráveis de não se enxergar a realidade. Tim Langley, presidente e CEO da CET, uma empresa de seguros avaliada em US$ 400 milhões, havia contratado, há pouco tempo, Jed Simon como novo presidente de subscrição para resolver um déficit no volume de vendas no curto prazo e elevar a empresa a um nível mundial no longo prazo. Langley acreditava que havia contratado o executivo perfeito e, após um ano, fez uma avaliação excepcionalmente positiva de seu trabalho, deixando implícito que seu protegido poderia algum dia sucedê-lo como CEO.

Logo após começar na CET, Simon introduziu um programa de eficiência organizacional que deu mais abertura e aumentou a produtividade na operação de subscrição, acabando rapidamente com o déficit de vendas. Além disso, esboçou um novo manual de políticas, contratou mais funcionários e fortaleceu a empresa para atender a demanda futura. Como suas ações permitiram ultrapassar as metas anuais, Langley passou a chamar Simon de "o melhor vice-presidente de subscrições".

No início do ano seguinte, Langley mudou o foco da CET de aumento de vendas para atendimento ao cliente. A reputação de Simon despencou quase da noite para o dia. Em comparação com a avaliação do ano anterior, a do segundo ano acabou com ele. Do ponto de vista de Langley, Simon vinha ignorando o feedback crucial do departamento de vendas sobre o péssimo atendimento ao cliente da CET. De acordo com o pessoal do comercial, um serviço de qualidade ruim tornara impossível sustentar e aumentar as vendas.

Quando nos aprofundamos na situação, descobrimos que Simon reagiu a esse feedback imerso no ciclo de vitimização. Ele nos descreveu seu sentimento da seguinte forma:

"Como posso ter uma avaliação dessas? Nunca tive um retorno tão horrível. O que o pessoal do comercial sabe? Eles não conseguem nem fazer uma previsão de vendas trimestral correta. Esses enganadores! Querem cotas de venda garantidas e nunca tentam atingir metas mais altas. Nem sequer olharam os gráficos mensais que mostram claramente que as reclamações dos clientes diminuíram e as vendas aumentaram. Além do mais, acrescentamos tantos produtos precocemente que acabamos tendo de fazer o trabalho do pessoal de desenvolvimento, além do nosso. Sabe, realmente acho que Langley tem um problema de ego e sente-se ameaçado por mim. No ano passado, ele me disse e a outras pessoas que achava que eu era o melhor vice-presidente de subscrições do mercado. Chegou a dizer que eu poderia sucedê-lo algum dia. Agora vem com essa história de que estou fazendo um trabalho ruim. Acho que ele não sabe o que quer. Muda as prioridades a toda hora. Quem tem um problema é ele, não eu."

Embora houvesse algo de verdadeiro na percepção de Simon, ele estava claramente se afundando abaixo da linha ao não reconhecer a realidade. Por meio de uma série de racionalizações, se convencera de que a questão da qualidade no atendimento ao cliente não era problema dele. Pior, acreditava que as ações que estava tomando eram produtivas, adequadas e trariam melhores resultados, quando, de fato, isso não iria acontecer.

Antes que Jed Simon pudesse enxergar a situação, ele precisava: (1) tomar consciência do seu comportamento abaixo da linha; (2) reconhecer a realidade (e não necessariamente a exatidão) da percepção de seu chefe de que ele tinha falhado na área de qualidade de serviços; e (3) perceber que, enquanto ficasse abaixo da linha, permaneceria ineficiente. A incapacidade ou a falta da vontade de Simon de ver a realidade criara um abismo entre ele e seu chefe, e, não importava o quanto isso parecesse injusto, Langley venceria se houvesse um confronto.

Simon não é o único líder a não reconhecer a realidade, para em seguida, ter de encarar as consequências. Lembre-se da queda memorável da IBM nos anos 1990. Como relatado pela revista *Time*: "Durante anos, a IBM teimou em ignorar a tendência de abandono dos grandes mainframes. Em vez de se adaptar, tentou proteger sua base... Mas, com as vendas diminuindo e a pressão sobre o preço aumentando, finalmente teve de encarar a tendência. Akers assinalou a intenção da IBM de sair do negócio de mainframes, que caiu 10% este ano". Essa situação não aconteceu da noite para o dia, e vários concorrentes da IBM já tinham pagado o preço pela falta de coragem para encarar a situação. O Wang Laboratories pedira falência. A Unisys, criada pela fusão da Burroughs e da Sperry, sofrera perdas de US$ 2,5 bilhões, e a Digital Equipment quase afundou em meio a prejuízos igualmente enormes, que resultaram na saída do fundador e presidente, Kenneth Olsen. Estava claro: as antigas estratégias de mainframe não funcionavam mais. A IBM, entretanto, ignorava os sinais, até mesmo quando a novata Apple Computer a ultrapassou como fabricante de computadores pessoais e teve um desempenho brilhante, devido em parte a um miniframe, o laptop PowerBook. Cortes de preços agressivas no setor aumentaram a demanda, que tanto a Apple quanto a IBM, compatíveis com o Compaq, correram para atender. A IBM também não antecipou a revolução nas estações de trabalho e apenas observou enquanto a Sun Microsystems e a Hewlett Packard assumiam a liderança do mercado. O artigo da *Time* concluiu: "Embora tenha desenvolvido uma excelente tecnologia anos atrás, a empresa ficou paralisada pelo medo de canibalizar o próprio negócio de mainframes". Ignorando a realidade da situação, a IBM perdeu tanto nos mainframes como na oportunidade de se colocar à frente.

Quando ocorreu a queda? Em uma história anterior, a revista *Fortune* indicou o momento exato:

> "Para entender completamente o desastre da IBM e como seus gestores foram cegos diante da profundidade dos problemas, é preciso voltar a 1986. Havia se passado um ano do boom da IBM e a empresa enfrentava dificuldades. O crescimento da receita era inexpressivo, o aumento no lucro, inexistente, e a ação da IBM valia US$ 125, provocando a perda de aproximadamente US$ 24 bilhões no valor de mercado, que apenas sete meses antes estava em US$ 99 bilhões".

Em uma entrevista à *Fortune*, o presidente executivo John F. Akers parecia muito confiante: "Daqui a quatro ou cinco anos", afirmou, "as pessoas vão olhar para trás e ver que o desempenho da companhia foi expressivo". Quase cinco anos depois, a realidade provou que Akers estava errado. A ação da IBM caíra ainda mais, perdendo outros US$ 18 bilhões em valor de mercado. A receita cresceu menos da metade da média do setor no período e o market share mundial passara de 30% para 21%, representando US$ 3 bilhões em vendas para cada ponto percentual. Quando questionado pela *Fortune* sobre o que dera errado e por que sua previsão de desempenho expressivo não tinha se concretizado, Akers respondeu: "Acho que nada deu errado". Os repórteres prosseguiram: "Então por que, alguém poderia perguntar, ele dissera a seus gerentes em maio [de 1991] que a IBM estava 'em crise', informação emitida em particular e vazada à imprensa? E, se as ações da IBM perderam US$ 42 bilhões em valor desde 1986, quanto teriam caído se algo tivesse realmente dado errado?". Akers depois se queixou que apenas quis enfatizar que o mercado da IBM era tão volátil que nenhuma empresa poderia ter antecipado todas as mudanças que ocorreram. A seu favor, entretanto, admitiu que a companhia não podia culpar forças externas por sua enorme perda de market share.

Em 1994, a angústia da IBM aumentou em relação a 1991 e 1992, e o novo CEO, Louis Gerstner, deve ter se sentido como o próprio Mágico de Oz, de quem todo mundo esperava um milagre improvável. Quando o novo líder chegou, começou de imediato a ajudar a empresa a enxergar a realidade e a agir. Dez anos depois, quase todo mundo tinha consciência do problema. Na primeira reunião na IBM, como ele descreveu no livro *Who Says Elephants Can't Dance? [Quem disse que os elefantes não podem dançar?]*, Gerstner escreve: "Não ajuda em nada sentir pena de si mesmo. Tenho certeza de que nossos funcionários não precisam de discursos inflamados. Necessitamos de liderança e de um senso de direção, não apenas lamentação. Quero pessoas que ajam buscando vitórias no curto prazo e entusiasmo no longo prazo. Eu disse a eles que não havia tempo para procurar quem criou os problemas. Isso não me interessava. Tínhamos pouco tempo para definir o problema. Era preciso focar esforços em soluções e ações".

Sem perder tempo, propôs as cinco prioridades para os 90 dias seguintes:

1. Parar a hemorragia monetária. Estávamos perigosamente próximos de ficar sem dinheiro.
2. Garantir que seríamos lucrativos em 1994 para mostrar ao mundo – e aos funcionários – que a companhia havia se estabilizado.
3. Desenvolver e implementar uma estratégia voltada aos clientes para 1993 e 1994 que os convencesse que tínhamos voltado a atender seus interesses, não apenas lhes empurrando "ferro" (mainframes) garganta abaixo para aliviar nossa pressão financeira em curto prazo.
4. Terminar o right-sizing no início do terceiro trimestre.
5. Desenvolver uma estratégia de negócios a médio prazo.

A base para a virada histórica da IBM foi definida nessa primeira reunião de 45 minutos. Nem sempre é fácil enxergar a realidade, mas é preciso fazê-lo para que as pessoas mudem para acima da linha e apresentem propriedade pelos resultados.

Com isso em mente, veremos agora como é possível avaliar e desenvolver a capacidade de reconhecer a realidade e, assim, evitar as consequências desagradáveis e inevitáveis de não cumprir a etapa See It.

AUTOAVALIAÇÃO SEE IT®

Imagine algo que vemos frequentemente: o vice-presidente de Vendas de um fabricante de computadores de tamanho médio diz a seu colega, o vice-presidente de marketing, que as vendas da empresa estão fracas porque os produtos não atendem as necessidades dos consumidores, e o vice-presidente de marketing foge do assunto. Nessa situação, o vice-presidente de Vendas percebe que o vice-presidente de Marketing nunca escuta as colocações de seu grupo, enquanto o vice-presidente de Marketing acha que o vice-presidente de Vendas jamais aprecia as propostas do departamento de vendas. Ambos se sentem vitimizados um pelo outro e os dois permanecem abaixo da linha, sem reconhecer a realidade. A menos que esses dois executivos possam *enxergá-la*, gastarão tempo e energia culpando um ao outro, estimulando confusão, promovendo discórdia dentro da empresa e criando um ambiente em que as pessoas esperam que seus líderes resolvam as

Autoavaliação See It®

		Nunca	Raramente	Às vezes	Frequentemente	Sempre
um	Você reconhece rapidamente quando está preso no ciclo de vitimização.	7	5	3	1	0
dois	Você aceita coaching de pessoas que mostram como você contribuiu para o problema atual.	7	5	3	1	0
três	Você admite voluntariamente que comete erros prejudiciais a sua capacidade de obter resultados.	7	5	3	1	0
quatro	Você ouve abertamente quando as pessoas apresentam perspectivas do problema diferentes das suas.	7	5	3	1	0
cinco	Você enxerga primeiro o que está ou não fazendo que atrapalha a evolução, em vez de ver somente como os outros impedem o progresso.	7	5	3	1	0
seis	Você se esforça para ampliar a compreensão sobre o problema que enfrenta, buscando subsídios em diversas fontes.	7	5	3	1	0
sete	Você reconhece prontamente os problemas existentes e compreende claramente as consequências de não resolvê-los.	7	5	3	1	0
oito	Você testa sua visão da realidade com outras pessoas quando enfrenta um problema complexo.	7	5	3	1	0
nove	Você trabalha consciente e ativamente para ir acima da linha, reconhecendo a realidade de maneira objetiva.	7	5	3	1	0
dez	Quando explica por que não há progresso, rapidamente reconhece como contribuiu para a falta de resultados.	7	5	3	1	0

©2003 Partners in Leadership, LLC. Todos os direitos reservados.

situações. Como esses executivos podem começar a reconhecer atitudes e comportamentos abaixo da linha?

O primeiro passo requer uma autoavaliação cuidadosa e sincera. Para facilitar essa etapa, desenvolvemos a Autoavaliação See It (ao lado), que fornece uma ideia geral da capacidade de reconhecer uma postura abaixo da linha. Reserve alguns minutos para avaliar seu potencial de See It no contexto do trabalho, de casa, da equipe, do clube, da comunidade, da igreja ou da associação de bairro, respondendo o questionário com absoluta franqueza.

Depois de completar a Autoavaliação See It, some os pontos. A tabela a seguir contém orientações para avaliar sua capacidade de reconhecer quando você está preso abaixo da linha.

Depois de fazer a avaliação, não desanime se descobrir que precisa de ajuda para enxergar a situação. Você pode consegui-la pedindo o feedback sincero de outras pessoas que estejam familiarizadas com o problema.

Pontuação para a Autoavaliação See It®

Pontuação total	Parâmetros da avaliação
50 pontos ou mais	Indica uma séria incapacidade ou falta de vontade de enxergar o problema. Necessita ajuda externa. Peça socorro imediatamente!
30 a 49 pontos	Sugere que você acha difícil enxergar o problema. Aprenda a buscar feedback (veja a próxima seção). Peça que alguém próximo lhe dê um choque de realidade!
10 a 29 pontos	Revela uma capacidade fraca de enxergar o problema. Continue trabalhando nisso. Se criou uma história de vítima, escreva-a em um papel, queime-o no quintal e siga em frente!
0 a 9 pontos	Mostra uma forte capacidade de enxergar o problema. Peça os parabéns a um bom amigo ou colega!

©2003 Partners in Leadership, LLC. Todos os direitos reservados.

COMO O FEEDBACK MELHORA A CAPACIDADE DE SEE IT®

Você pode obter bons insights a partir de feedbacks frequentes. Embora às vezes possam causar uma boa dose de constrangimento, a opinião sincera ajuda a criar uma imagem precisa da realidade, o que está no cerne do accountability. Como nenhum indivíduo sozinho consegue fornecer uma descrição precisa da realidade, você deve tirar conclusões a partir da percepção de muitas pessoas, tentando construir um entendimento aprofundado das diversas nuances. Em nossa experiência, indivíduos accountables buscam feedback constantemente com pessoas diversas, sejam amigos, familiares, sócios, consultores ou outros conselheiros. Lembre-se, a percepção de realidade das outras pessoas, quer você concorde quer não, sempre acrescenta informações importantes à nossa visão. Quanto mais perspectivas você amealhar, mais facilmente identificará quando está preso abaixo da linha e passar para acima da linha, passando então a estimular os outros a fazer o mesmo.

Para entender melhor a importância de buscar e dar feedback, imagine uma situação comum que aconteceu com um de nossos clientes: Betty Bingham, diretora de recursos humanos de uma grande empresa, fora realocada temporariamente para fazer uma "limpeza" nas práticas e nas políticas de determinada divisão. Os funcionários da área naturalmente a viam como uma intrusa, e ela presumiu, após algumas semanas, que a fama de má tinha origem no tipo de tarefa que precisava realizar. Meses depois, quando achou que retornaria à função anterior, soube que a matriz não a queria de volta. Pior, não recebeu aumento de salário. Devastada pelo rumo dos eventos, Betty se sentiu vitimizada e confusa porque não tinha feedback direto sobre seu desempenho nem do presidente da matriz, nem do presidente da divisão a quem se reportava temporariamente. Entretanto, em vez de sentir pena de si, começou a buscar feedback direto das pessoas com as quais tinha trabalhado nos nove meses anteriores. À medida que fazia isso, descobriu que seu método de trabalho tinha provocado grande frustração e muitos ressentimentos. Por exemplo, um diretor confidenciou que, para ele, Betty não respeitava a opinião alheia, não reconhecia as realizações anteriores da empresa ou da equipe, e parecia buscar a autopromoção com o trabalho dos outros.

Feedback cria accountability

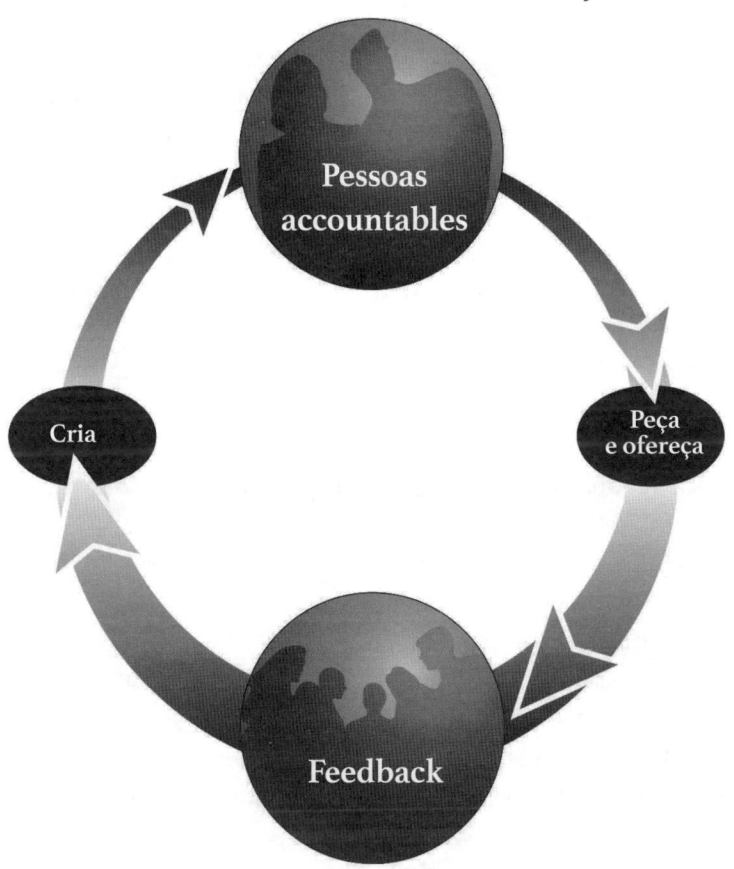

(Diagrama circular com três elementos conectados por setas: "Pessoas accountables" → "Peça e ofereça" → "Feedback" → "Cria" → de volta a "Pessoas accountables")

Esse tipo de retorno ajudou a executiva a se conscientizar de como ela mesma tinha criado a má fama, o que acabou tornando difícil atingir os resultados esperados. A partir do feedback sincero, decidiu reverter as opiniões negativas e ganhar a confiança dos funcionários tanto da divisão quanto da matriz. Cada vez mais pessoas passaram a confiar nela e logo construiu uma reputação de profissional confiável e útil. Antes de receber feedback, sentia-se uma vítima impotente para mudar as coisas; ela realmente não sabia e não acreditava em como os outros a viam. Se tivesse caído na armadilha do ressentimento, acabaria, sem dúvida, buscado emprego em outro lugar. Depois do feedback, entretanto, teve uma percepção mais clara e, como consequência, sentiu-se capaz de reverter a situação. Em suma, foi para acima da linha.

Se você se surpreende com suas avaliações de desempenho, sugerimos que faça como Betty e busque *mais* feedback sobre seu desempenho não apenas de seus superiores, mas também de outras pessoas que você respeite e confie. É fácil ir para casa e reclamar dos chefes sobre o que considera um tratamento injusto; é difícil pedir a sua família que o ajude a compreender a avaliação que recebeu. Busque feedback da maneira correta. Ao longo dos anos, observamos o modo certo e o errado de fazer isso. Caso contrário, ouvirá somente o que os outros pensam que você quer ouvir. Para receber avaliações sinceras, tente esses caminhos:

1. Peça feedback no ambiente correto (um local confortável e quieto, onde não haja interrupções ou distrações).
2. Diga à pessoa que você quer uma opinião franca sobre uma situação ou preocupação em particular. Enfatize sua sinceridade e explique sua motivação.
3. Lembre-se: o feedback que está buscando representa um ponto de vista importante; não fique na defensiva, mesmo se discordar do que a pessoa diz.
4. Ouça com atenção, peça detalhes e nunca corte uma opinião se não concordar com ela.
5. Expresse sua gratidão pelo tempo e pela colaboração de quem o está ajudando.

Depois de bem-examinado o próprio comportamento acima e abaixo da linha, analise os benefícios que automaticamente fluem para quem cria coragem para encarar a realidade.

OS BENEFÍCIOS DE SEE IT®

Como mencionado no início deste capítulo, mesmo que você se considere uma pessoa accountable, ainda assim é possível ficar preso no ciclo de vitimização quando estiver enfrentando determinado desafio, como aconteceu conosco em um importante cliente. Chamaremos a empresa de DALCAP por questões de privacidade.

Sempre buscamos oferecer um ótimo atendimento a nossos clientes, mas algo em nosso serviço de consultoria na DALCAP em um período de seis meses fez com que certos executivos importantes nos enxergassem como abaixo da linha em termos de atendimento. Será que havíamos falhado em fazer o que pregamos? Embora os víssemos como um de nossos clientes mais exigentes, sentíamos que estávamos sempre à altura das demandas. Mesmo tendo consciência de que o cliente tinha certas preocupações, fingimos não saber que se ressentia do que via como inacessibilidade. Cada vez que uma executiva da DALCAP citava um exemplo disso, nos surpreendíamos. Como podia dizer tais coisas depois do extraordinário trabalho realizado? Achamos que havia uma falsa expectativa da parte do cliente, e nos convencemos de que não importava o que fizéssemos, nunca o deixaríamos satisfeito. Finalmente, depois de muita discussão, percebemos que para manter um bom relacionamento com a DALCAP precisávamos admitir que estávamos abaixo das expectativas. Sabíamos que tínhamos de ir acima da linha e demonstrar a atitude See It que tanto enfatizamos em nossa consultoria. Como primeiro passo, escrevemos o seguinte memorando para os executivos da DALCAP:

Para: Membros da diretoria da DALCAP
De: Partners In Leadership
Assunto: Orientações ao cliente

Analisamos nossa recente proposta à DALCAP com Barbara Kowal esta manhã e tivemos o prazer de saber que provavelmente prosseguiremos com o projeto. Agradecemos a confiança em nossa capacidade de continuar a atendê-los.
Barbara muito gentilmente compartilhou conosco um feedback construtivo sobre nosso trabalho em uma das recentes reuniões da equipe de executivos. Algumas pessoas sentem que a Partners In Leadership não está tão acessível quanto deveria. Isso nos preocupa muito porque parece indicar que certos setores na DALCAP questionam nosso compromisso com o atendimento ao cliente.

Queremos que saibam que faremos todo o possível para demonstrar nosso comprometimento. Seu feedback nos fará crescer e nos ajudará a auxiliá-los. Garantimos que Partners In Leadership estará disponível. Entendemos que percepções não mudam de uma hora para outra, mas já começamos a trabalhar para estabelecer essa nova impressão. Em detalhe:

1. Durante todo nosso contrato, telefonaremos semanalmente a Barbara Kowal para analisar o progresso e determinar se precisamos nos reunir com algum de vocês ou algum dos facilitadores treinados.
2. Embora nossas viagens e trabalhos externos possam nos impedir de atendê-los de imediato, responderemos pessoalmente a suas mensagens até no máximo a mesma noite do dia em que nos procuraram.
3. Se precisarem entrar em contato com urgência, por favor, liguem para nosso escritório no (909) 694-5596. Avisem que precisam falar conosco o quanto antes. Faremos de tudo para que nosso pessoal esteja atento para essas ligações e que nos passem o recado na mesma hora. Entraremos em contato com vocês em até quatro horas.

Se em algum momento duvidarem de nossa disponibilidade, informem imediatamente. Precisamos do seu contínuo feedback para fortalecer nosso accountability pelos resultados.
Confiamos em nosso relacionamento duradouro e no crescimento de ambas as empresas.

Atenciosamente,
Partners In Leadership

Embora essa carta não pareça extraordinária, ela comunicou a nosso cliente que ouvimos seu feedback, entendemos a preocupação e atenderíamos as suas necessidades. Menos de um mês depois de termos enviado o memorando, o presidente da DALCAP assinou conosco um novo contrato de longo prazo, mais abrangente que os dois anteriores.

Teria sido mais fácil continuarmos negando ou justificando a visão que a DALCAP tinha acerta de nossa disponibilidade, mas isso teria nos impedido de obter os benefícios que conseguimos com um cliente valioso. Enfrentando a realidade, corremos o risco de parecer "errados", mas, se não tivéssemos agido, nunca teríamos passado para acima da linha e mudado a visão deles a nosso respeito.

PREPARAÇÃO PARA O PRÓXIMO PASSO ACIMA DA LINHA

O Leão de Oz simboliza a primeira dimensão do accountability: criar coragem para enxergar a realidade. Dorothy precisaria entender as quatro dimensões do accountability antes de perceber que somente ela poderia superar as circunstâncias e voltar ao Kansas. Não é de se admirar que ao longo da jornada pela estrada de tijolos amarelos ela tenha aprendido a amar e valorizar seus companheiros por suas qualidades únicas. No fim, foi capaz de combinar o que tinha aprendido com eles e junto deles para escapar dos sentimentos de impotência, ficar acima da linha e conseguir o que desejava. No próximo capítulo, você verá como o Homem de Lata simboliza a essência do Own It e aprenderá como conquistá-la. Lembre-se de que para atingir os resultados desejados ao fim de seu caminho, precisará fazer o mesmo que os companheiros de Oz atingiram na jornada deles.

Capítulo 5

O HOMEM DE LATA: DETERMINAÇÃO PARA OWN IT®

– Eu poderia ter ficado lá para sempre se você não tivesse aparecido – ele disse –, então certamente você salvou minha vida. Como você chegou lá?
– Estávamos a caminho da Cidade das Esmeraldas, para ver o Grande Oz – ela respondeu –, e paramos no seu chalé para passar a noite.
– Por que vocês querem ver Oz? – ele perguntou.
– Quero que ele me mande de volta para o Kansas. E o Espantalho quer que ele coloque um cérebro em sua cabeça – ela respondeu.
O Homem de Lata pensou por um momento. E então disse:
– Vocês acham que Oz me daria um coração?
– Oras, acho que sim – Dorothy respondeu.

O Mágico de Oz,
L. Frank Baum

Tudo parecia fora de controle. Por mais que tentasse, Dave Schlotterbeck, CEO da ALARIS Medical Systems, não conseguia fazer a companhia dar resultado. Trata-se de uma organização com receita de US$ 500 milhões e 2.900 funcionários em todo o mundo, criada a partir da fusão de duas empresas de equipamentos médicos, IVAC e IMED. Embora essa combinação pudesse ter gerado força e potencial, uma grande dívida e baixo desempenho minaram todos os esforços para realizar o potencial prometido.

A divisão de produtos descartáveis era motivo de especial preocupação. Apenas 88% de todos os produtos atendiam o padrão de qualidade da empresa para envio. Expedições bem-sucedidas, ou seja, aquelas realizadas em até 24 horas após o recebimento do pedido, estavam em 80%. Havia atraso no envio de 9 mil instrumentos, com pedidos de 5 mil peças de reposição. Como um todo, a ALARIS apresentava queda de receita bruta e de receita líquida por três anos consecutivos. Nada do que Dave fazia funcionava. Quando ele nos contou sua frustração, disse: "Eu vinha dando muita atenção a esses problemas pessoalmente, de fato, mais atenção do que a qualquer outro aspecto, mas apesar de meus esforços, não vi melhoras". Usando *O Princípio de Oz* para ajudar as equipes da empresa a focarem em ownership e accountability, todos começaram a se mobilizar, especialmente o pessoal da divisão de produtos descartáveis.

Em dois anos, a qualidade dos produtos aumentou para 97% e a taxa de sucesso de entregas em 24 horas subiu para 99,8%. Todos os departamentos passaram a apresentar melhores resultados. Com a empresa atingindo e, em muitos casos, ultrapassando as metas mensais pela primeira vez desde a fusão, Wall Street recompensou a guinada impressionante com um gigantesco aumento no preço da ação: 900%. Refletindo esse sucesso, a *Money Magazine* listou a ALARIS como ação na Bolsa de melhor desempenho em 2003 pelos 12 meses anteriores nos Estados Unidos.

Os resultados foram espetaculares e tudo foi feito ao mesmo tempo em que os estoques caíam pela metade. A avaliação de Dave Schlotterbeck acerca da mudança no nível de ownership, accountability e desempenho foi singela e precisa: "As pessoas assumiram a responsabilidade pelas circunstâncias, estabeleceram metas e fizeram as melhorias; e isso sem que eu tivesse que prestar atenção em nada. É o resultado de cada um ser mais responsável, trabalhar em equipe e oferecer um ao outro muito feedback sobre o que precisávamos mudar".

A virada na ALARIS foi o resultado de esforço concentrado em todos os níveis da empresa. Os funcionários reconheceram os problemas e como eles poderiam solucioná-los pessoalmente. Passaram a articular questões, problemas, frustrações e desapontamentos, tudo porque desenvolveram um ownership claro e coerente. Não importa a situação, depois que você a enxerga, deve galgar o próximo passo. Somente assumindo total responsabilidade pelo comportamento que o mantém em determinada situação é que você pode ter esperança de melhorar o futuro.

GALGAR O SEGUNDO PASSO ACIMA DA LINHA

Nunca esqueceremos uma palestra que demos no Havaí na conferência nacional de vendas de um cliente, quando testemunhamos um exemplo curioso do que acontece quando as pessoas não possuem ownership. Em um tour pela ilha durante um intervalo de lazer, vimos motoristas dirigindo despreocupadamente sobre rios de lava. Os veículos estavam sendo usados no limite. "Aposto dez contra um que são os vendedores da convenção", dissemos. "Não há a menor chance de serem os donos dos carros." Mais tarde, durante nossa palestra, lançamos a discussão sobre "ser dono" sugerindo, com bom-humor, que os tours sem guia pelos rios de lava com carros alugados podiam ser um exemplo da falta de ownership. As risadas constrangidas descontraíram o ambiente e nos ajudaram a mostrar um ponto crucial: "ownership não depende das circunstâncias".

É frequente as pessoas atribuírem acontecimentos tristes como acidentes ao azar; e, quando se encontram em ocasiões mais felizes, automaticamente querem crédito por um trabalho bem-feito. Ownership não depende do tipo de situação. Se você assume accountability em algumas situações e convenientemente a rejeita em outras, não conseguirá se manter nos passos para o accountability. Esse accountability ocasional, além de impedir as pessoas de assumirem a responsabilidade integral em todas as circunstâncias, também as mantém presas no ciclo de vitimização, como ilustrará a história a seguir (com nomes fictícios para proteger identidades).

Brian Porter e Andy Dowling estavam indo juntos para o trabalho no mesmo carro certa manhã quando o rádio anunciou que um rapaz de 25 anos havia sido assaltado com violência e estava em coma no hospital local.
– Já imaginou se acontecesse com você? – Andy perguntou.
Brian pensou um pouco e respondeu:
– Isso já aconteceu comigo.
– Você está brincando!
– Bem, não da maneira como você está pensando, mas com certeza eu fui assaltado.
– Então me conte essa história.

Brian contou que durante seu último ano no programa de MBA na Northwestern University, estava fazendo entrevistas com possíveis empregadores e praticamente havia decidido que aceitaria uma oferta na divisão internacional do Citicorp. Era início de maio, e muitos colegas de Brian já estavam colocados. Ele estava ficando ansioso.

Para sua surpresa, Brian recebeu uma ligação dos proprietários de uma distribuidora de produtos para piscinas com sede no sul da Califórnia. A empresa faturava US$ 15 milhões por ano e ele já havia trabalhado nela no verão anterior. Sam e Dave, os dois fundadores da Sunshine Pool Products, cresceram no estado e eram amigos próximos do irmão mais velho de Brian, um médico com consultório em Anaheim. Por telefone, os dois insistiram para que Brian pegasse um avião para Orange County para "conversar sobre uma grande oportunidade". Ele contou que pretendia aceitar a oferta do Citicorp se isso acontecesse, mas os sócios o persuadiram a ir até lá. "Traga sua esposa, Christie. Nós pagaremos todas as despesas. Apenas mantenha a mente aberta", disseram. Lisonjeado pelo interesse demonstrado, Brian achou que não havia mal em ouvir a proposta.

Alguns dias depois, Brian e Christie encontraram os dois sócios no aeroporto de Los Angeles, de onde saíram em uma Mercedes-Benz 500SL e foram até uma linda casa em Palos Verdes. Se o carro não fosse o suficiente para impressionar Brian e Christie, a casa com certeza seria: uma grande construção em estilo rural espanhol aninhada em um exuberante jardim, com vista para o Oceano Pacífico. Para completar, as esposas dos dois sócios os receberam com um banquete em uma mesa arrumada com porcelana antiga e prataria esplêndida.

Após um maravilhoso jantar, Brian foi caminhar com Sam e Dave sob o luar. Ouviu um poderoso discurso de por que deveria se juntar à Sunshine Pool Products como diretor de marketing e vendas. O salário inicial e os benefícios atraentes, incluindo *stock option* (o direito de comprar ações da empresa) de imediato e qualquer carro que escolhesse, o deixaram empolgado. Também era interessante o fato que sairia da pós-graduação diretamente para a supervisão de uma equipe com 30 funcionários. Sam encerrou a oferta colocando o braço sobre os ombros de Brian, dizendo: "Temos uma visão de nós três construindo uma grande empresa juntos, o que nos fará ricos. Você tem as habilidades de que precisamos. É a oportunidade de sua vida".

No dia seguinte, Brian e Christie voaram de volta para Chicago se perguntando se deveriam recusar a oferta. Ele gostava de fantasiar sobre a expressão dos colegas quando soubessem do salário. De repente, a perspectiva do Citicorp parecia sem graça. Mais tarde, no mesmo dia, Brian ligou para Sam e aceitou o emprego.

No dia 1º de julho, Brian começou a trabalhar como diretor de marketing e vendas da Sunshine Pool Products. Nos três primeiros meses, achou que tudo ia bem. Era verão, ele havia se adaptado à função e às novas responsabilidades. Com a equipe atingindo as metas de venda, sabia que tinha feito a escolha certa. Ele e Christie planejavam fazer uma oferta por uma casa nova e sair da de seu irmão, onde estavam morando desde a mudança para a Califórnia.

No dia 8 de outubro, caiu o primeiro raio. Quando Brian chegou ao trabalho, ouviu o boato de que a empresa fora vendida. Chocado, confrontou Sam e Dave, mas eles disseram: "Os negócios são assim, garoto. Nunca se sabe o que vai acontecer!". Garantiram a Brian que seu emprego estava seguro, além de insinuar que poderiam oferecer outra "grande oportunidade única" em um futuro próximo.

Brian se sentiu traído. O que acontecera com a visão dos três construindo uma grande empresa? A raiva logo deu lugar à resignação e ele decidiu persistir.

Nos meses seguintes, o executivo observou as vendas despencarem. Alguns dos melhores vendedores não mais apresentavam bom desempenho. Depois de várias semanas de pedidos minguando, ele confrontou os dois funcionários que haviam apresentado as maiores quedas. Quando os três se sentaram no escritório de Brian, Don, o mais aberto dos dois, admitiu: "Temos de ser honestos. O novo presidente não confia muito em você. Ele nos abordou dois meses atrás e nos disse que poderíamos receber uma comissão maior se encaminhássemos os pedidos diretamente a ele, em vez de passá-los a você. O que podíamos fazer?". Desanimado, Brian agradeceu a Don pela franqueza e ligou de imediato para Morgan, o novo presidente, exigindo uma reunião, pois ele trabalhava em outro lugar. "Claro", respondeu ele. "Amanhã às dez."

Quando Brian entrou no escritório do presidente no dia seguinte, não mediu as palavras. "Morgan, é verdade que você está oferecendo comissão maior para alguns de meus vendedores se eles passarem os pedidos a você?"

Morgan não demonstrou surpresa e até deu uma risadinha. "Sim, é verdade. Veja, Brian, eu gosto de você, mas você acabou de sair da faculdade e não posso me dar ao luxo de confiar em um cara sem experiência para dirigir a área de Marketing e Vendas da empresa. Tenho de ter as rédeas nas minhas mãos para levar este negócio aonde quero. Mas tenho um lugar para você. Quero conversar sobre o seu futuro."

Brian devolveu: "Já sei sobre o meu futuro. Eu me demito. Só me pague os US$ 8.500 de comissão que me deve".

Nesse ponto, Morgan mudou de expressão. "Calma aí, Brian. A maior parte desse dinheiro representa comissões sobre vendas pessoais e, que eu saiba, essas vendas são de contas da casa. Nenhum diretor de Marketing e Vendas ganha comissão sobre elas. Só lhe devemos US$ 2.500."

Sem dizer mais nenhuma palavra, Brian saiu do escritório. Quando chegou ao carro, abriu a porta com violência, entrou, saiu queimando pneu, marcando o asfalto do estacionamento. Durante a hora que levou para chegar em casa, reviu mentalmente a ilusão de bonança que tivera. Imaginando-se vítima de um terrível golpe, muitas perguntas passavam pela sua cabeça: "O que vou dizer à Christie?", "O que meus amigos da Northwestern vão pensar?". Pior: "O que meu irmão vai pensar? Brian chegou em casa de muito mau humor. Raiva, confusão e vergonha ferviam em sua mente, e ele se sentia cada vez mais uma vítima de Sam, Dave e Morgan. Bufando, esmurrou a direção: "Nunca mais vou confiar em ninguém".

Três anos depois, o episódio ainda o enfurecia.

– Então – ele suspirou quando terminou de contar a história para Andy Dowling –, qualquer um pode ser roubado, na verdade nocauteado, por pessoas que deveriam estar cuidando do seu bem-estar. Não sei como o rapaz no hospital se sente em relação a quem o atacou, mas aposto que teria sido bem pior se tivesse sido um amigo.

Por fim, Andy falou:

– Não me leve a mal, Brian, mas do jeito que você me contou a história, parece que você não teve culpa alguma.

Brian fez uma careta e disse:

– E não tive!

– Não havia nada que pudesse ter feito para impedir o que aconteceu?

– Sim, eu poderia ter ido trabalhar para o Citicorp em primeiro lugar. Ei, o que é isso? Achei que você ficaria do meu lado.

– Estou do seu lado. É por isso que acho que temos de conversar sobre o que te aconteceu.

Andy tentou ajudar Brian a considerar o que ele poderia ter feito de maneira diferente. Os dois continuaram a conversa durante uma semana no trajeto de ida e volta do trabalho. Brian, desconfortável no início, começou a esperar ansiosamente pelos encontros, pois eram uma oportunidade de examinar sentimentos que não tinha revelado a ninguém além da esposa.

Aos poucos, Brian percebeu que ele olhava os fatos do ponto de vista de vítima, mas existia outro.

Essa percepção representa um passo fundamental para quem quer parar de se sentir assim. Mesmo uma situação que pareça preto e branco pode ter vários tons de cinza no contexto do accountability.

Por exemplo, Brian poderia ver como se deixou enganar pela promessa da via rápida para a riqueza e o prestígio. Imaginou que a vida luxuosa dos dois sócios estava muito próxima. Havia saído recentemente da faculdade e foi sido seduzido pela imagem de si próprio como diretor, recebendo um salário mais alto do que qualquer dos colegas. Do ponto de vista de vítima, Brian fora arrastado para a situação, mas do ponto de vista do accountability, talvez tivesse sido ganancioso, imaturo e vaidoso. Juntos, Brian e Andy repassaram as seguintes questões para ajudá-lo a adotar uma atitude mais accountable:

1. Que fatos você sabia que existiam, mas preferiu ignorar?
2. Se você passasse por essa situação hoje, o que faria diferente?
3. Quais foram os sinais de alerta?
4. O que você poderia ter aprendido com experiências anteriores semelhantes que poderiam tê-lo ajudado a minimizar os resultados negativos?
5. Consegue ver como seu comportamento e suas ações o impediram de conseguir os resultados que queria?

Com a ajuda de Andy, Brian tentou responder a essas perguntas, às vezes com sofrimento. Evidentemente, começou a investigar alguns aspectos de si que bloqueara de modo seletivo.

Um dos fatos que preferiu ignorar ou esquecer foi uma conversa que tivera no verão anterior à sua contratação com seu chefe na Sunshine Pool Products, o então diretor de Marketing e Vendas, Bill Wold, antes da demissão dele. Quando Brian lhe perguntou por que estava trabalhando para a Sunshine e quais eram suas expectativas, Bill respondera, confidencialmente, que ele, Sam e Dave tinham um pacto de fazer sucesso juntos no futuro. Quando Brian ouviu a mesma coisa de Sam um ano depois, preferiu esquecer a conversa com Bill – afinal de contas, com ele, o gênio extraordinário, tudo daria certo.

Brian não dera atenção a outras pistas. No segundo mês como diretor, recebeu uma multa por excesso de velocidade quando dirigia seu novo Corvette, e quando mostrou ao policial o documento do carro, descobriu que o veículo tinha um contrato de leasing temporário. Ele deveria percebido que seus patrões não haviam feito um compromisso de longo prazo com ele.

Por que Brian não exigiu um contrato por escrito confirmando o salário e os benefícios? Ele acreditava que amigos confiam em amigos. Mas quando tomou essa decisão, deixou de lado a lembrança de uma sociedade que teve com um colega no início da faculdade. O projeto acabou dando errado quando o sócio embolsou US$ 3.000 dos lucros, dizendo: "Pode me processar. Não temos nada por escrito". Infelizmente, Brian optou por não recordar essa lição na negociação com Sam e Dave.

Brian também percebeu que assim que soube que os dois sócios tinham vendido a Sunshine Pool Products, deveria ter se reunido com Morgan para esclarecer as expectativas e os compromissos de cada um. Como não conhecia bem o novo dono e não se sentia confortável com ele, preferiu deixar o tempo correr, esperando que tudo se encaixasse de modo natural.

Então Brian deveria aceitar o accountability pelo que aconteceu com ele? A meu ver, sim. Mesmo que outras pessoas tivessem tirado vantagem dele enganando-o, ele compreendeu, com a autoanálise, que também tinha uma parcela de responsabilidade. Depois que se abriu com Andy e ponderou o feedback recebido, passou a entender os dois pontos de vista: o da vítima e o do indivíduo accountable. Finalmente viu-se pronto para assumir as circunstâncias e construir um futuro melhor. Em nossa experiência, entretanto, vemos poucas pessoas subirem esse passo para maior accountability.

OWNERSHIP DIANTE DA MUDANÇA

Muitos na sociedade atual perderam o ânimo para serem donos da situação, e essa apatia está corroendo a base do desempenho organizacional e a competitividade. Um artigo da revista *Time* sobre o ambiente de trabalho contemporâneo detalha um aspecto alarmante disso:

> "Essa é a nova metafísica do trabalho. Empresas são portáteis, funcionários são descartáveis. A ascensão da economia do conhecimento significa uma mudança, em menos de 20 anos, de um sistema de unidades econômicas grandes e lentas para um conjunto de centros econômicos pequenos e espalhados, alguns tão pequenos quanto um indivíduo que é o próprio chefe. Na nova economia, a geografia se dissolve, as rodovias são eletrônicas. Até Wall Street não tem mais que estar em uma rua

chamada Wall Street. Empresas se tornam conceitos e, em sua desmaterialização, é estranho como perdem a consciência, e os empregos são quase tão suscetíveis como elétrons desaparecendo no ar. A economia americana virou uma confusão de boas notícias/más notícias, dependendo do ponto de vista. Depois de dois anos de lucros recordes, o Bank of America anunciou que milhares de funcionários passariam a trabalhar meio-período, com poucos benefícios. Nos bastidores de algumas estatísticas de recuperação econômica, estão o estresse e a dor."

Outro artigo complementar intitulado "Funcionários descartáveis" identifica a crescente dependência das empresas norte-americanas de funcionários temporários como uma tendência que acaba com a tradição de lealdade e compromisso com a empresa:

"A corporação que é o maior empregador dos Estados Unidos no momento não tem chaminés, linhas de montagem ou caminhões. Não há barulho de metal batendo, nem rebites ou plástico ou aço. De certo modo, ela não fabrica nada. Mas está no ramo de fazer praticamente tudo. A Manpower, com 560.000 colaboradores, é a maior agência de emprego temporário do mundo. Todas as manhãs, seu pessoal se espalha pelos escritórios e fábricas dos Estados Unidos, buscando um dia de trabalho e um dia de pagamento."

Enquanto gigantes da *Fortune 500* se esforçam para ficar do "tamanho certo" encolhendo as folhas de pagamento, a Manpower, baseada em Milwaukee, Wisconsin, preenche esse vácuo, fornecendo os braços e os cérebros de que as empresas precisam para atingir seus objetivos. Estamos em uma nova era, a economia dos freelancers, em que o número de trabalhadores de meio-período, temporários e empreendedores individuais está se expandindo, enquanto a força de trabalho tradicional encolhe. De acordo com o artigo da *Time*: "Esse grupo está crescendo tão rapidamente, que deve exceder em quantidade os trabalhadores em período integral até o fim da década (de 1990)". Essa tendência pode aumentar os lucros, mas terá consequências em termos de alienação de relacionamentos entre colegas e também em termos de orgulho na qualidade do produto e satisfação do cliente. Será que os temporários se importarão tanto com as consequências de seu trabalho em longo prazo quanto os funcionários de tempo integral? Farão algo além do que está na descrição da função para obter resultados? Ou usarão essa descrição como justificativa para quando não os atingirem? Julgarão que são vítimas de uma empresa que "aluga" seus serviços, mas exige que eles se sintam donos do trabalho? Para seu próprio bem, esperamos que não façam isso, porque não importa quantas vezes seu trabalho mude, você nunca conseguirá ter o sucesso e a satisfação que merece se trocar o accountability pela vitimização.

O artigo da *Time* continua com Robert Schaen, ex-controller da Ameritech e posteriormente editor de livros infantis, dizendo: "Os dias das empresas gigantescas estão chegando ao fim. As pessoas terão de criar as próprias vidas, as próprias carreiras e o próprio sucesso. Alguns vão espernear, mas há apenas uma mensagem: você está no negócio por conta própria". Na economia freelance, assumir a situação, seja por uma semana fazendo um trabalho temporário em uma empresa desconhecida, seja por alguns anos em uma posição que permite construir uma carreira, ou pela vida toda no próprio negócio, se tornará cada vez mais importante em todo o mudo.

Em uma reportagem da revista *Fortune* sobre as "Empresas mais admiradas", foi destacado o envolvimento do funcionário, que inclui ownership e accountability, como um ponto em comum entre elas: "As empresas mais admiradas tratam seus funcionários muito bem, o que é um fator, e um resultado, de seu sucesso". Robert Haas, CEO da Levi Strauss Associates, acredita que o engajamento e a satisfação dos funcionários são fundamentais na administração de uma empresa. "Você tem de criar um ambiente onde todos sintam que representam a empresa. A menos que tenha pessoas que saibam pelo que você luta e queiram dar o melhor de si em cada transação, vai se dar mal". Em um exemplo do ownership que os funcionários da Levi Strauss apresentam, a *Fortune* contou o que aconteceu em uma fábrica na qual os empregados identificaram um sério problema e começaram a trabalhar com um empresário local para reciclar alguns dos milhões de quilos de retalhos de brim que a companhia despejava em um aterro. Eles levaram à matriz uma ideia, que foi aprovada. E o papel usado no escritório da Levi passou a ser azul porque contém brim reciclado.

A fábrica reduziu o gasto com papel em 18% e o aterro local ficou um pouco menos poluído. Isso é ownership!

POR QUE TANTAS PESSOAS FALHAM NO PASSO OWN IT®

Muitas pessoas não assumem os problemas porque não conseguem aceitar sua parcela de responsabilidade por eles. O velho clichê "toda história tem dois lados" em geral é verdadeiro. O lado da vítima é aquele que sugere que a pessoa não teve culpa pela criação do problema. Em uma situação difícil, é fácil se sentir desapontado. Mas quando se foca em uma única perspectiva, o outro lado da história fica de fora, aquele em que certos fatos sugerem que você contribuiu para criar os problemas. Em nossa experiência, as histórias das vítimas tendem a omitir todas as evidências do accountability.

Para estabelecer ownership, você precisa ver os dois lados da história, ligando o que fez ou deixou de fazer a sua atual situação. Essa mudança de perspectiva requer que se troque o papel de vítima pelo de responsável. Entretanto, enxergar e assumir esse lado não significa reprimir ou ignorar os fatos da vitimização; é preciso ver a história inteira, incluindo a parte que não agrada o seu ego.

As pessoas que constantemente alcançam resultados, como o ex-presidente-executivo da Chrysler, Lee Iacocca, são rápidas em reconhecer seus erros e assumem as consequências, portanto não caem no ciclo de vitimização e se dispõem a resolver os problemas. Iacocca disse o seguinte à revista *Fortune* acerca de seus erros: "Cometi muitos. Por exemplo, mudar a fabricação dos carros Omni/Horizon para uma planta e depois para outra antes de descontinuar a produção, ao custo de US$ 100 milhões, foi um erro. Por que discutir? Cometemos um erro de US$ 100 milhões". Esse tipo de disposição para assumir a realidade e admitir equívocos fez com que o executivo salvasse a Chrysler da falência e a tornasse uma montadora de veículos viável.

Falando sobre pessoas e não empresas, veja essa história sobre a Home Mortgage Service noticiada pelo *The Wall Street Journal*: "Se você receber uma carta informando que sua hipoteca foi assumida por outra empresa, verifique antes de fazer o próximo pagamento. Pode ser um golpe. Foi isso o que aconteceu com proprietários de casas no Texas que receberam um comunicado anunciando que o Mortgage Bankers of America havia 'adquirido o seu antigo banco de crédito hipotecário'. A carta pedia que os futuros pagamentos e correspondências fossem enviados para uma caixa postal em Houston. Embora a carta afirmasse que o Mortgage era o quinto maior banco hipotecário dos Estados Unidos, as autoridades informam que ele não existe". Robert Pratte, um advogado de St. Paul, Minnesota, que representa mutuários, acredita que a carta da empresa não deveria enganar ninguém, mas isso acontece todos os dias. Quem está acima da linha investiga a situação; quem está abaixo da linha perde tudo. Os primeiros assumem o problema; os últimos se tornam vítimas.

Na University of Southern California Business School, Richard B. Chase, professor de administração, dava aulas sobre gestão de serviços e oferecia aos alunos a garantia de satisfação com o desempenho dele ou US$ 250 de volta no fim do curso. Aquela oferta era um grande risco em um ambiente acadêmico não reconhecido por ênfase em accountability. Chase queria demonstrar práticas exemplares de serviços ao cliente como as da Federal Express e da Domino's Pizza, cujos consumidores esperam receber o serviço pelo qual estão pagando. Alguns colegas de Chase ficaram preocupados com as implicações desse experimento, mas nós o admiramos pela forma inteligente de comunicar accountability. O professor assumiu sua situação, mesmo correndo o risco de ter de pagar US$ 13.000 se todos os estudantes pedissem a devolução. Entretanto, para não se comprometer com uma responsabilidade excessiva pelo que os alunos aprendessem, exigiu que pedissem o reembolso antes das notas finais.

Algumas empresas da área de saúde também tentaram se certificar de que estavam agradando os clientes. Em uma história do *The Wall Street Journal* intitulada "Agradar pacientes em hospitais pode compensar", os repórteres encontraram algumas instituições assumindo suas responsabilidades e aumentando os lucros também. "O setor da saúde está entrando em uma era de accountability e de corte de custos, portanto o desejo de relacionar o feedback dos pacientes ao lucro deve crescer, dizem os hospitais e as empresas de gestão de serviços". Vejamos o exemplo do St. Barnabas Medical Center, em Livingston, Nova Jersey:

"Pedimos a todos os pacientes que avaliem a qualidade da alimentação, a limpeza e a gentileza dos funcionários, preenchendo um formulário que nos permite relacionar o lucro à satisfação do cliente. Hospitais que arrendam certos serviços – incluindo o St. Barnabas, o Faulkner Hospital em Boston, Massachusetts, e o Park Ridge Hospital em Rochester, Nova York – estão na linha de frente do que pode ser uma estratégia operacional fundamental no futuro: dividir o risco. Contratos que contêm incentivos e também avaliações dos pacientes existem há anos. Mas 'correlacionar' liga os dois formalmente e aumenta a aposta para os fornecedores, que às vezes precisam investir em equipamentos de última geração para uso nos hospitais com os quais têm contrato. Um contrato vinculado ao desempenho é uma 'aposta do fornecedor', afirma Ronald Del Mauro, presidente e CEO do St. Barnabas. Porém, ele acrescenta: 'Se tivermos sucesso, eles também terão'."

Para o St. Barnabas, assumir a situação e fazer seus associados e fornecedores fazerem o mesmo resulta em pacientes mais felizes e em lucros maiores.

Infelizmente, milhões de pessoas impedem a si mesmas de alcançar os resultados e a felicidade que buscam porque não conseguem enxergar os dois lados da história e assumir as devidas responsabilidades. De acordo com uma série de artigos da Associated Press intitulada "Estamos mais felizes?", de Leslie Dreyfous:

"O número de livros sobre o assunto [felicidade] quadruplicou nos últimos anos, sendo que a área da terapia mais do que triplicou de tamanho. Programas de sinceridade excruciante dominam as tardes na televisão, e catálogos inteiros são dedicados a divulgar aulas de meditação e mensagens inspiracionais. As pessoas pagam centenas de dólares e viajam milhares de quilômetros para participar de retiros como Esalen (o bisavô dos centros de desenvolvimento do potencial humano na região de Big Sur, Califórnia). Ainda assim, é quatro vezes mais provável que os baby boomers declarem que não estão satisfeitos com a vida do que as pessoas da geração de seus pais, segundo pesquisa da Associated Press. Especialistas estimam que a incidência de depressão psicológica é dez vezes maior hoje do que era no período que antecedeu a Segunda Guerra Mundial."

Em nosso mundo cada vez mais complexo e em transformação, parece que cresce o número de pessoas com menos controle sobre a felicidade.

Assim como Dorothy e seus amigos em *O Mágico de Oz*, muitos pegam a estrada para a Cidade das Esmeraldas, onde esperam que uma audiência pessoal com o mago resolva seus problemas. Com frequência, jogam a culpa da infelicidade em circunstâncias que parecem estar fora de seu controle. Em vez de assumirem seus problemas enxergando a história como um todo, preferem se ver como incapazes de modificar a situação por meio das próprias ações, resignando-se a ficar sujeitos a influências e forças externas.

Parece irônico que, na era da informação, milhões de indivíduos tenham tão pouco controle sobre a vida. A revolução nas comunicações, é óbvio, fez pouco para acabar com o sentimento de isolamento e desconexão com os problemas e com outras pessoas, e talvez até tenha contribuído para isso. O resultado é que nosso mundo chegou perigosamente perto de se tornar uma sociedade de vítimas, na qual os cidadãos, não importa a nação, sentem-se paralisados, e não fortalecidos, pelo que observam e aprendem todos os dias. Nesse clima, não surpreende que muitos resistam a assumir as consequências de seu comportamento.

Uma sociedade de espectadores não é uma sociedade que participa. Se você assiste sentado ao "jogo da vida" que se desenrola diante de seus olhos, está abdicando da capacidade de alterar o placar final, como um torcedor em uma arquibancada. Para curar essa doença, as pessoas devem abandonar seu lugar na torcida e ir para campo. Você pode dar um passo importante nesse sentido aceitando a história inteira e assumindo sua parte nos problemas e nas circunstâncias, independentemente da condição ou da história em questão. Se não fizer isso, as consequências podem ser terríveis.

AS CONSEQUÊNCIAS DE NÃO SE APROPRIAR

Depois da tragédia com o ônibus espacial *Columbia*, os apoiadores da exploração espacial ficaram ainda mais críticos em relação ao governo e à NASA por causa da ênfase exagerada no corte de custos em detrimento da segurança. O *The Wall Street Journal* publicou:

> "Nove meses atrás, o ex-presidente-executivo do Comitê de Segurança Aeroespacial da NASA testemunhou perante o Congresso que as restrições orçamentárias da agência acabariam por afetar a segurança do ônibus espacial. Para refutar essas reclamações – ou pelo menos desviá-las dos advogados –, o Comitê de Dotações do Senado divulgou dados históricos com informações sobre os orçamentos da agência espacial, mostrando que os fundos liberados pelo Congresso são praticamente iguais aos orçamentos solicitados."

Não é de admirar que ninguém queira assumir as circunstâncias que contribuíram para o pior desastre com ônibus espaciais desde a explosão do *Challenger*, em 1986. A NASA reclama da falta de verba, o Congresso afirma que fez o que foi pedido dele. Levará anos para a NASA se recuperar da tragédia do *Columbia*, e mais tempo ainda para que representantes do governo e advogados encararem a realidade de que a exploração espacial segura e produtiva pode custar mais caro do que querem pagar. Na onda do desastre, três figurões receberam novas atribuições. Sobre isso, um jornal de Cleveland, o *The Plain Dealer*, escreveu em um editorial:

> "[...] o que está acontecendo no programa espacial vai muito além de crucificar os engenheiros [...] Não devemos perder de vista os 'problemas culturais' que os mais bem-informados críticos da NASA continuam a lamentar. As falhas fatais para o Columbia e seus sete tripulantes tiveram muito mais a ver com sistemas, políticas e tradições administrativas do que com três pessoas accountables por tomar decisões."

Para assumir de verdade a responsabilidade pelos problemas é preciso fazer uma conexão entre o que aconteceu e todos os fatores que contribuíram para o ocorrido. Lembre-se que boa parte dessa relação pode envolvê-lo. Então, e só então, você efetivamente galgará o próximo passo. Ownership é a capacidade de conectar situações atuais com o que você fez e circunstâncias futuras com o que você fará. Se você não consegue relacioná-las, nunca será capaz de assumir a situação e resolvê-la. O ditado é conhecido: "Se você não é parte da solução, é parte do problema".

Pois bem, propriedade implica em "Se você *não* for parte do problema, *não* será parte da solução". Tragicamente, sempre sofrerá as consequências de não assumir a extensão total das situações, tanto presentes quanto futuras. O passo Own It requer um esforço sincero para admitir aquilo que todo mundo está varrendo para debaixo do tapete *antes* que seja tarde demais.

Foi o que fez a Bradco, a maior empresa privada de *drywall* e gesso da Califórnia, quando teve a coragem de assumir o fato de que os custos iniciais reais de um grande projeto haviam ficado muito acima do esperado. Se a discrepância entre o estimado e o realizado continuasse, a empresa teria um prejuízo enorme. Prontamente, um dos orçamentistas passou horas do seu tempo livre vasculhando os planos e as estimativas para descobrir em que haviam errado. Ninguém na empresa lhe dera a tarefa, mas ele escolheu assumir o problema e passou horas e horas revisando pilhas de papel e plantas para chegar ao fundo da questão.

Para sua tristeza, ele não apenas identificou o problema, mas também descobriu que era o responsável. Durante a fase de estimativas, esqueceu de contabilizar uma parede na planta que usou como base para fazer os cálculos. O efeito dominó fez com que a parede fosse omitida nos cálculos dos 18 andares do edifício. Quando informou os executivos sobre seu erro, sabia que estava arriscando a carreira, mas em vez de levar um cartão vermelho, foi elogiado por seus superiores, que agradeceram pela investigação e pela boa vontade em esclarecer a questão deixando de lado a preocupação com a própria reputação.

Como o orçamentista localizou o erro no início da construção, a Bradco teve tempo de fazer ajustes, terminando o projeto no prazo estipulado e dentro do orçamento. Nos meses seguintes ao incidente, a história foi contada e recontada em toda a empresa como um exemplo do que significa Own It para a Bradco.

Antes de criar uma cultura Own It que as pessoas aceitem, da qual participem e na qual invistam para obter resultados, você deve avaliar e desenvolver a própria capacidade de assumir as circunstâncias.

A AUTOAVALIAÇÃO OWN IT®

Como dissemos, assumir as situações depende de ver tanto o lado da vítima quanto o do accountability. Comece a avaliação identificando uma situação atual em que se sente vitimizado, alguém está tirando vantagem de você ou se encontra abaixo da linha. Se não conseguir pensar em nada atual, considere algum evento do passado, como um episódio doméstico, pessoal, social, profissional, comunitário ou ligado à igreja que frequenta. Depois de selecioná-la, complete a parte I da Autoavaliação Own It a seguir, listando os fatos que explicam por que você se sente ou se sentia vitimizado ou explorado. Tente listar os fatos que fazem você se sentir vítima de uma maneira que convença alguém de que não teve culpa.

Conforme discutimos neste capítulo, a maioria das pessoas naturalmente foca nos fatos que as fazem se sentir vitimizadas ou exploradas, deixando de fora tudo o que demonstra o próprio papel em criar suas circunstâncias. Agora, na parte II da Autoavaliação Own It, você precisa mudar o filtro e focar nos fatos da história que demonstram o accountability, ou seja, a versão em que você destaca as próprias atitudes, ou a falta delas, que contribuíram para a situação. Responda as cinco questões a seguir.

1. Você consegue citar os pontos mais convincentes do "outro lado da história" que "eles" contam?
2. Se você quisesse avisar alguém em situações semelhantes para não cometer os mesmos erros, o que você diria?
3. Que fatos você preferiu ignorar?
4. Que fatos você deveria ter adicionado à história mas deixou de fora?
5. O que você faria diferente se passasse novamente por essa situação?

Autoavaliação Own It®
Parte I – Fatos que demonstram que você é vítima em uma circunstância presente ou passada

1.
2.
3.
4.
5.
6.
7.
8.
9.
10.

©2003 Partners In Leadership, LLC. Todos os direitos reservados.

Com a ajuda dessas cinco perguntas, complete a parte II da Autoavaliação Own It listando pelo menos quatro fatos.

Depois que listar um, avalie seu desejo de assumi-lo, perguntando-se o quanto se sente responsável por ele em uma escala de 1 a 10, sendo que

Autoavaliação Own It®
Parte II – Fatos que demonstram que você é responsável em uma circunstância presente ou passada

1. _____ Pontuação: [____]

2. _____ Pontuação: [____]

3. _____ Pontuação: [____]

4. _____ Pontuação: [____]

5. _____ Pontuação: [____]

6. _____ Pontuação: [____]

7. _____ Pontuação: [____]

8. _____ Pontuação: [____]

9. _____ Pontuação: [____]

10. _____ Pontuação: [____]

©2003 Partners In Leadership, LLC. Todos os direitos reservados.

1 significa que não se sente responsável e 10 significa que se sente muito responsável. Some todos os pontos e divida o total pelo número de fatos que listou. Finalmente, avalie o resultado final usando a próxima tabela.

Embora uma pontuação baixa sugira que você está falhando em assumir a responsabilidade por sua situação, também pode indicar que

Pontuação da Autoavaliação Own It®

Pontuação total	Parâmetros da avaliação
8 a 10 pontos	Indica que você enxerga seu accountability e assume as circunstâncias.
5 a 7 pontos	Sugere que você assume parcialmente as circunstâncias ou vacila entre assumi-las ou não.
1 a 4 pontos	Revela que você provavelmente está preso abaixo da linha e é incapaz ou não deseja enxergar seu accountability e assumir as circunstâncias.

©2003 Partners In Leadership, LLC. Todos os direitos reservados.

realmente é uma vítima das circunstâncias. Mesmo assim, você não quer permanecer no ciclo de vitimização. Uma pessoa que assume os fatos nunca permite que as ações dos outros a mantenha parada abaixo da linha. Em vez disso, a pessoa accountable aceita o modo como seu comportamento contribuiu para a situação e se dispõe a superar essas situações, não importando o grau de dificuldade.

Ao mesmo tempo, todos os dias, muita gente conta histórias comoventes e legítimas de como foram verdadeiramente vitimizadas sem qualquer oportunidade de alterar o resultado. São histórias de crimes violentos, desastres naturais ou crise econômica com demissão e desemprego prolongado. Essas pessoas de fato foram vítimas em situações além de seu controle. Entretanto, acreditamos que mesmo as verdadeiras vítimas não conseguem viver tempos melhores se não forem responsáveis por suas histórias a partir daqui.

Certa vez, ouvimos o caso de um casal na Flórida que teve a casa destruída por um furacão. Devastado pela perda dos pertences pessoais, mudou-se para a casa de verão em Kauai, no Havaí, para se recuperar e esperar a reconstrução da residência principal. Logo depois, um furacão atingiu o arquipélago do Havaí, demolindo também a casa de férias. É claro que essas pessoas foram duramente atingidas pelos desastres naturais e sofreram com a desgraça e a frustração, mas mesmo assim decidiram que as duas calamidades não acabariam com suas vidas. Reconheceram o fato de que construíram casas em locais vulneráveis a esse tipo de desastre e se comprometeram a escolher outras regiões com otimismo e fé. Afinal de contas, tinham sobrevivido a dois desastres e estavam sãos e salvos. Que bela lição para todos nós. Assumir o problema nos dá a força para superar a impotência que advém de ser uma vítima e permite que sigamos em frente para alcançar resultados mais satisfatórios na vida.

AS VANTAGENS DE ENCONTRAR O DESEJO PARA OWN IT®

No Japão, é possível ver atitudes Own It no sistema de transporte público. O *The Wall Street Journal* relatou:

> Na região de Tóquio, milhões de passageiros de trem contam em chegar ao seu destino praticamente no mesmo minuto todos os dias – e isso diz muito sobre os japoneses e seus trens. "São as pessoas que atrasam os trens", diz Shoji Yanagawa, porta-voz da Eidan, companhia de metrô de Tóquio. "Mas também são as pessoas que fazem os trens andarem no horário." O sistema é tão afinado, que eliminou praticamente todas as fontes de atraso em um nível em que a maior parte desse problema são os suicidas que se jogam das plataformas. Nas escolas de educação infantil, é ensinado o básico sobre como andar de trem. Nas estações, os passageiros são bombardeados com mensagens em vozes professorais: "É perigoso, então, não corra para entrar no trem." (Os apressados geralmente ficam presos nas portas que se fecham, o que atrasa a partida.) Para evitar que aqueles que viajam em pé fiquem amontoados na frente das portas, o operador do sistema os faz passarem vergonha. "Colocamos funcionários extras nas plataformas e eles ficam lá olhando com cara feia", diz o sr. Yanagawa. "Isso geralmente funciona." Pode ser rigoroso, mas a multidão na estação Otemachi é obediente.

Você pode achar que isso só funciona no Japão, mas o princípio de ownership ultrapassa barreiras culturais e empresariais: quando todos aceitam o problema ou a situação e tratam a questão como se lhes dissesse respeito, os resultados sempre melhoram.

Em outro exemplo, Josh Tanner fazia uma carreira meteórica em sua antiga empresa blue chip e era elogiado pela destreza analítica e inteligência política. Em apenas quatro anos, aprendera a trabalhar tão bem em uma estrutura organizacional grande e burocrática que quase todos o aclamavam como um funcionário de alto potencial, capaz de chegar ao topo. A reputação de Josh se estendia além da empresa e já chamava a atenção de headhunters, sempre de olho em novos talentos.

Não demorou muito para um recrutador de executivos conseguir atrair a atenção do profissional com uma oportunidade interessante para trabalhar em uma startup com enorme potencial. Em poucas semanas, Josh tinha deixado a estabilidade do emprego em uma grande companhia por um desafio mais arriscado em uma empresa pequena, onde ele sabia que poderia brilhar ainda mais. Gostava da ideia de trabalhar em um ambiente mais empreendedor e acelerado, onde testaria suas habilidades analíticas e políticas. De fato e praticamente sozinho, levou a startup a se tornar uma blue chip em alguns anos.

Pouco depois de transferir-se para a nova empresa, entretanto, recebeu uma enxurrada de feedbacks que o deixaram confuso. Com sua inteligência política, sabia escutar, mas não podia acreditar no que ouvia. Ninguém na nova empresa estava impressionado com a tendência analítica e burocrática de Josh. Durante semanas, ele negou o feedback: "Já realizei muito em minha carreira; eu era uma estrela na outra empresa; eles deviam se sentir sortudos de ter alguém com a minha experiência; desisti de muita coisa para vir para cá". Finalmente, Josh entendeu que não receberia a promoção a diretor de marketing prometida e, pior, se seu desempenho não melhorasse, seria demitido. O curso dos acontecimentos foi chocante para ele, que não podia acreditar nos acontecimentos. "É meu pior pesadelo!", resmungava. Logo passou a lamentar ter entrado em um beco sem saída.

Nesse ponto, os gestores da empresa nos pediram para trabalhar com Josh. Imediatamente após contatá-lo, começamos o coaching para levá-lo acima da linha. Não foi fácil, mas ele estava disposto a aceitar a realidade de que não era mais uma estrela como fora na outra companhia, mas alguém que precisava melhorar. Porém, continuava se sentindo vitimizado na nova função e pelos outros. Ele nos contou, de maneira muito convincente, um lado da história, movimentando-se pelo ciclo de vitimização com facilidade e familiaridade, identificando cada etapa e explicando, ansioso, como "eles" o tinham jogado abaixo da linha. Finalmente, explicou o que reconhecemos como uma atitude de esperar para ver: nutria a esperança de que o tempo provasse que seus novos associados estavam errados na avaliação inicial a seu respeito.

À medida que fomos trabalhando com Josh, ficou evidente que o maior desafio era relacionar seu comportamento com as percepções dos colegas. Ele compreendia tais percepções, mas a falta de vontade de aceitá-las como corretas o deixava incapaz de galgar o passo Own It. A essa altura, pedimos que recontasse sua história, desta vez focando nos fatos de accountability em lugar do ponto de vista da vítima. Aos poucos, ele começou a descrever como as pessoas podem ter interpretado mal algumas atitudes depois que ele entrou na empresa, e a cada fato ele comentava algo como "mas somente um idiota teria tirado esse tipo de conclusão". Continuamos a identificar como suas ações poderiam ter contribuído para a percepção dos outros, e ele, aos poucos, teve mais facilidade para reconhecer seu papel na situação atual. Assim, a raiva se amenizou. Explicamos a Josh que assumir as circunstâncias não significava aceitar as percepções de seus novos colegas como verdade absoluta, mas reconhecer a conexão entre seu comportamento e essas percepções.

Finalmente, quando perguntamos: "Que outros passos você poderia ter dado?", Josh refletiu sobre como poderia ter começado perguntando às pessoas que tipo de trabalho elas achavam que ele realizava. Reconhecer as diferenças entre o novo e o antigo ambiente e aceitar que havia ignorado a tendência da nova cultura de ir contra processos analíticos e burocráticos, ajudou-o a admitir que poderia ter sido mais cuidadoso, explicando aos outros os motivos e princípios motivadores de suas ações.

À medida que o senso de accountability de Josh aumentava, também se intensificava seu sentimento de libertação: "Eu devia ter trabalhado mais próximo das pessoas e da cultura da nova empresa para usar suas ideias e envolvê-los nos programas que estava tentando implementar. Poderia ter sido mais aberto a sugestões e ter me envolvido mais com seus planos, suas propostas e prioridades. Puxa, errei ao me recolher e me fechar quando os feedbacks negativos começaram a chegar!". Até aquele momento, Josh não tinha tratado do outro lado da história e assumido os fatos, especialmente aqueles que relacionavam seu comportamento com as circunstâncias. Ele não estava dizendo que deveria arcar 100% com a responsabilidade por tudo o que acontecera e nem afirmava que as pessoas na nova empresa tinham sido 100% justas na avaliação, mas admitiu o que ele próprio havia feito, ou deixado de fazer, para chegar àquele ponto. "Nossa!", disse durante a última sessão de coaching. "Ficar preso abaixo da linha é como estar trancado em uma sala sem portas ou janelas. Agora que as portas se abriram e vejo a história toda, posso começar a mudar minha situação. As coisas só podem melhorar!"

Josh passou a assumir as circunstâncias quando fez a conexão entre seu comportamento e as percepções dos colegas. Quando enxergou a realidade – que seu comportamento passado tinha contribuído para sua atual situação –, conseguiu entender que podia criar um futuro diferente e melhor. Essa compreensão instaurou o desejo de começar a trabalhar para mudar a visão de seus colegas e, logo a imagem de antipático mudou. Depois de cerca de três meses de comportamento acima da linha, modificara tanto a percepção que seus subordinados, pares e chefes tinham dele, que foi promovido a diretor de Marketing.

Os benefícios de assumir as circunstâncias mais do que compensam a dor do esforço envolvido. Quando você encontra esse desejo, automaticamente se compromete a superar a situação e mudá-la para melhor.

A PRÓXIMA FASE DO ACCOUNTABILITY

Como este capítulo mostrou, o Homem de Lata da Terra de Oz simboliza a segunda dimensão do accountability, a força de vontade para assumir as circunstâncias, o que ajuda a tornar mais claro o entendimento que Dorothy teve de que os resultados vêm de dentro de cada um. No próximo capítulo, o Espantalho mostrará como adquirir a sabedoria para encontrar a solução – Solve It® – e ensinará a trabalhar as habilidades See It e Own It em conjunto com a nova atitude Solve It para remover obstáculos do caminho e conquistar resultados.

Capítulo 6

O ESPANTALHO: SABEDORIA PARA ENCONTRAR A SOLUÇÃO – SOLVE IT®

– Quem é você? – o Espantalho perguntou depois de se espreguiçar e bocejar. – E aonde está indo?
– Meu nome é Dorothy – disse a garota – e estou indo para a Cidade das Esmeraldas pedir ao grande Oz para me mandar de volta ao Kansas.
– Onde fica a Cidade das Esmeraldas? – Ele quis saber. – E quem é Oz?
– Oras, você não sabe? – ela indagou surpresa.
– Não, na verdade não sei de nada. Veja, eu sou recheado de palha, então não tenho cérebro – ele respondeu tristemente.
– Ah! – exclamou Dorothy – Que pena.
– Você acha – ele prosseguiu – que se eu for para a Cidade das Esmeraldas com você, esse Oz poderia me dar um cérebro?
– Não sei dizer – ela respondeu –, mas você pode vir comigo se quiser. Se Oz não lhe der um cérebro, você não vai ficar pior do que está agora.

O Mágico de Oz,
L. Frank Baum

No início da década de 1990, a Toyota colocou sua força intelectual para resolver um problema que os concorrentes ainda não tinham visto ou se apropriado. O segundo maior fabricante de carros do mundo vinha expandindo sua capacidade e construindo novas fábricas apesar de um ambiente de excesso de capacidade produtiva global, vendas desanimadoras e plantas fechando em todo o mundo. Usando a cabeça, enquanto outros a estavam perdendo, a empresa de US$ 100 bilhões começou a repensar tudo. Um artigo da revista *Fortune* contou a história:

> "A Toyota é grande, famosa e imensamente bem-sucedida. Por que mexer em time que está ganhando? De fato, a empresa que o relatório 'A máquina que mudou o mundo', do MIT, chamou de a mais eficiente montadora do mundo, está repensando tudo o que faz. Transformando a desconcertante e teimosa crise econômica do Japão em oportunidade, está reorganizando as operações, introduzindo ainda mais tecnologia de ponta nas fábricas e retrabalhando o lendário sistema *lean production*. Mesmo que algumas medidas não surtam efeito, a Toyota deve se tornar um competidor global ainda mais vigoroso."

Sem reagir com exagero aos lucros em queda por dois anos consecutivos, a empresa continuou a trabalhar de olho no futuro. Enquanto algumas companhias europeias e americanas fechavam plantas, continuou abrindo novas fábricas e aumentou a capacidade produtiva para 1 milhão de veículos por ano. A empresa preferiu confiar no corte de custos para aumentar a eficiência. Como ótimo exemplo de empresa Solve It, ditou o ritmo para a concorrência. De acordo com a revista *Fortune*, "quando todo o mundo está começando a entrar na onda do sistema *lean production*, a Toyota está se adaptando para acomodar novos trabalhadores e tecnologia mais avançada". Sempre resolvendo problemas, a montadora japonesa prospera com os desafios, encontrando maneiras de fazer tudo melhor e se adaptando com rapidez a mudanças. Donald N. Smith, especialista em produção da escola de engenharia da University of Michigan que há muito tempo observa a montadora, avisa aos concorrentes da empresa japonesa que ela inovará constantemente no futuro. Pensar de maneira diferente é arriscado. Nós concordamos. A eterna e inabalável atitude Solve It da Toyota sem dúvida garantirá, por muitos anos, um desempenho de destaque entre as concorrentes mundiais.

Porém, aqui cabe um alerta: Solve It significa resolver problemas reais, e não lidar com questões imaginárias ou mudar por mudar. Em outro artigo da *Fortune*, conhecemos a saga das lojas Ann Taylor: "Nos anos 1980, Ann Taylor era o lugar onde as mulheres compravam roupas para trabalho elegantes e bem-feitas a um preço melhor do que nas lojas de departamento." Essa estratégia parecia sólida até os anos 1990, "quando Joseph Brooks, ex-diretor da Lord & Taylor e Merrill Lynch comprou a empresa da Campeau Corp. por US$ 430 milhões". Como CEO, Brooks começou a mudar as coisas apenas por mudar, substituindo mesclas de seda, linho e lã por tecidos sintéticos, e a pressionar os fornecedores. Um deles, Irving Benson, presidente da Cygne Design, lamentou a situação aos jornalistas da *Fortune*: "Não se consegue nada de graça. Quando Brooks me disse que queria pagar menos para fazer uma jaqueta, os cortes nos custos tinham de ser feitos no tecido ou nos aviamentos". Ao mesmo tempo, ele expandiu a operação de 139 para 200 lojas. Quando os clientes não vieram, o conselho o forçou a renunciar. A Ann Taylor perdeu US$ 15,8 milhões em vendas de US$ 438 milhões. Para direcionar os esforços e resolver os problemas da empresa, o conselho escolheu Frame Kasaks, que dirigira a Ann Taylor nos anos 1980, antes de ela sair para assumir a Talbots e, depois, a divisão especial da Abercrombie & Fitch. Frame Kasaks melhorou as roupas *private label* (terceirizadas) da empresa, aumentou o monitoramento das vendas, contratou experts em varejo especializado e desenvolveu linhas casuais e de lazer. Em poucos anos, a Ann Taylor reconquistou a glória e a lucratividade do passado. Não é preciso ser um gênio para resolver o tipo de problema que Kasaks herdou; mas é preciso trabalhar acima da linha, encontrando os problemas reais e propondo soluções adequadas.

Toda empresa enfrenta, de tempos em tempos, situações desagradáveis que se interpõem no caminho de ganhos significativos de desempenho. A divisão de cartão de crédito de um dos maiores bancos do mundo utilizou nossos serviços e implantou o Treinamento de Accountability de *O Princípio de Oz* para ajudar a criar maior accountability e propriedade em todos os níveis da empresa, em especial na linha de frente. Eles focaram no call center, onde a rotatividade de pessoal tinha sido muito alta e o tempo de atendimento precisava melhorar. O call center lidava com um volume muito grande de ligações de clientes atuais e potenciais. Grande parte das chamadas significava dinheiro: cada segundo de atendimento adicional representava, no fim do ano, uma redução milionária no lucro. Com esse pensamento em mente, o grupo de liderança do call center determinou que criariam accountability por reduzir o tempo médio de atendimento em 50%, o que não era pouco, já que há anos lutavam sem sucesso para fazer isso.

Fazer todo mundo comprar a ideia não foi uma tarefa tão trabalhosa como previsto. Porém, quando chegou a hora de fazer as mudanças, a situação ficou mais difícil. Entretanto, como todos os membros da equipe de gestão haviam se comprometido e estavam buscando meios de melhorar o desempenho, não demorou muito para conseguirem modificar a maneira como contratavam pessoas; além disso, implementaram novas soluções de informática. Também passaram a medir e a relatar o desempenho dia a dia. Também, introduziram um *balanced scorecard* e focaram o treinamento para impactar habilidades e comportamentos prioritários. A mentalidade Solve It floresceu. As ideias vinham de todos os cantos, e desde a alta gestão até a linha de frente todos aceitaram accountability para reduzir o tempo de atendimento das chamadas. Resultado: um aumento de US$ 143 milhões no lucro da empresa em um ano.

Infelizmente, muitas pessoas tentam resolver problemas sem enxergar ou assumir a realidade, o que torna todo o esforço sem sentido e mal-orientado, como foi o caso da luta da USAF – United States Air Force [a Força Aérea dos Estados Unidos] contra a redução da camada de ozônio. Um artigo sarcástico do *The Wall Street Journal* intitulado "Sobreviventes brilharão de felicidade sabendo que o mundo é um lugar mais seguro", fornece um bom exemplo:

> "Não temam: o governo dos Estados Unidos protegerá a camada de ozônio no caso de um holocausto nuclear. Para fazer a sua parte para salvar o planeta, a USAF planeja reformar seus mísseis nucleares com sistemas de refrigeração que não usem clorofluorcarbonetos, ou CFCs. Os CFCs prejudicam a camada de ozônio da atmosfera que filtra raios nocivos do Sol e, assim, protege as pessoas de câncer de pele,

glaucoma e de outras doenças. Não importa que cada míssil intercontinental contenha de três a dez bombas capazes de varrer cidades inteiras do mapa, fazendo do câncer de pele e do glaucoma preocupações menores."

Uma boa ação de relações públicas, mas uma solução tola. Reconhecer a realidade e aceitar seu papel em criar as próprias circunstâncias será pouco caso não se consiga lidar com problemas reais e remover os verdadeiros obstáculos do caminho. Para fazer isso, você deve exercitar a sabedoria.

GALGAR O TERCEIRO PASSO ACIMA DA LINHA

Chegar rapidamente ao passo Solve It pode fazer a diferença. Encontrar a solução para um problema começa antes mesmo de se atingir esse patamar. Veja a matéria da *CNN/Money* sobre os subempregados, "Tempos difíceis fizeram surgir uma nova classe de profissionais urbanos deprimidos". São pessoas que estavam em sua maioria envolvidas no setor de tecnologia, onde passaram de empregos bem-remunerados para salários baixos, somando milhões de pessoas subempregadas que desejam fazer mais, mas não conseguem encontrar trabalho. Infelizmente, elas não perderam só o salário, perderam também o estímulo de um emprego mais desafiador e interessante. O artigo diz: "De acordo com estatísticas do governo, 4,8 milhões de indivíduos estão subempregados. Isso se soma aos 4,2 milhões que não estão trabalhando e não se preocupam com isso". As pessoas que ficam desempregadas por algum tempo aceitam qualquer proposta, mesmo que seja de chapeiro em lanchonete. Com o salário menor, vêm a depressão e o desânimo, à medida que o tempo passa e o trabalho ideal não aparece. Embora em geral sejam temporárias, essas fases de subemprego podem se prolongar e, independentemente de quanto tempo durem, forçam uma mudança abrupta no estilo de vida.

O que Solve It pode representar para uma vítima de um setor de atividade difícil, em meio a depressão econômica e demissão em massa que atropela todo mundo? Primeiro, começa com a preparação, em especial se você trabalha em uma área propensa a variações no nível de emprego, tornando-o "profissionalmente ágil" e preparando-o para ter no mínimo três carreiras durante a vida, pois a mudança de emprego será a regra e não a exceção. Significa que você terá de manter atualizadas suas habilidades técnicas com educação contínua, fazer networking com pessoas fora de seu setor e garantir reservas para períodos de transição. A sabedoria para resolver os problemas inclui antecipar o que pode ocorrer e se preparar para o pior. Quando o pior acontece, mover-se rápido para o passo Solve It pode fazer uma grande diferença. Janet Crystal tinha 51 anos quando perdeu o emprego como desenvolvedora de novos produtos para empresas como a Lucent e disse que isso não trouxe grandes mudanças em seu estilo de vida. Primeiro, porque ela teve a sorte de ganhar dinheiro com ações e, segundo, porque essa moradora de Boston já tinha passado por demissões antes e era boa em economizar. Crystal disse que ela aprendera havia muito tempo a levar uma vida simples: gosta de jardinagem, bons livros e amizades.

A atitude e o comportamento Solve It nascem de se perguntar o tempo todo: "O que mais posso fazer?". Colocando-se essa pergunta de modo constante e rigoroso, você evita voltar ao ciclo de vitimização se acontecer algum evento que bloqueie o caminho para os resultados. Como soluções para problemas espinhosos em geral não se revelam de imediato, você deve buscá-las com assiduidade, mas cuidado para não perder tempo abaixo da linha porque isso apenas nublará os sentidos e desencorajará a imaginação para descobrir soluções criativas. Lembre-se que ficar acima da linha é um processo, e não um evento único, e que a estrada para os resultados é repleta de dificuldades e obstáculos que podem facilmente levar até pessoas com muito accountability para abaixo da linha – em especial se elas param de se fazer a pergunta principal: "O que mais posso fazer para superar as circunstâncias e alcançar os resultados que desejo?".

Em um artigo da *Harvard Business Review* intitulado "Empowerment or Else", o autor e empresário Roberto Frey descreve como conseguiu colocar sua companhia acima da linha para encontrar soluções. Ele conta como a situação ficou ruim depois que ele e o sócio compraram uma pequena empresa de Cincinnati. Fundada em 1902, Cin-Made era problemática. Fabricava latas mistas (feitas de papelão com pontas de metal) e tubos para envio de correspondência. Logo depois da aquisição, a empresa começou a decair. Contratos de trabalho mal-negociados elevaram os salários a níveis insustentáveis, a linha de produtos estava estagnada e não mudava havia 20 anos e a fábrica tinha equipamentos antigos – tudo conspirava para os lucros ficarem em míseros 2% das vendas – ou mesmo zero. A menos que algo fosse feito de imediato, a empresa iria por água abaixo.

Ficou claro para Frey, o novo presidente da Cin-Made, que a lucratividade dependia de tirar a Cin-Made do ciclo de vitimização, fazendo com que as pessoas passassem a agir com agilidade e sabedoria para resolver os problemas. Ocelia Williams, uma metalúrgica da antiga gestão que foi chamada de volta ao trabalho, lembra: "Quando comecei a trabalhar, o lugar era uma bagunça. Havia um intervalo de dez minutos a cada hora e as pessoas saíam da linha a qualquer momento para lanchar ou ir ao banheiro". Ninguém se responsabilizava por nada. Os funcionários não entendiam seu papel na situação da empresa nem a necessidade de revolucionar o modo como agiam.

Frey e seu sócio fizeram as mudanças necessárias para colocar a empresa acima da linha e resolver os problemas que enfrentava. Após algumas negociações difíceis e concessões ao sindicato, os funcionários começaram a entender a gravidade da situação. Em especial, apreciaram o fato de que executivos como Frey estavam começando, pela primeira vez, a compartilhar informações sobre o desempenho da companhia, até então sigilosas.

Mesmo progredindo no sentido de levar a empresa para acima da linha, Frey ainda lutava para que os funcionários enxergassem e assumissem os problemas. Somente eles, no fim das contas, poderiam tirar a Cin-Made do atoleiro. Ele recorda: "Queria que os funcionários se preocupassem. Será que algum deles perdera um minuto em um fim de semana pensando como a empresa estava indo, perguntando-se se havia tomado as decisões certas na semana que terminara? Talvez eu não estivesse sendo realista, mas queria aquele nível de envolvimento". Ele prossegue: "Depois de um início ruim, percebi que os funcionários sabiam mais sobre a empresa e as operações do que eu ou os novos gerentes que havia contratado. Estavam mais bem-qualificados para planejar a produção para os próximos dias, semanas e meses. Eles tinham mais conhecimento sobre os materiais, o volume de trabalho e os problemas da produção. Ocupavam as posições ideais para controlar custos e eliminar desperdícios. Mas como fazer com que se importassem?".

À medida que a empresa ia se movendo para acima da linha, as pessoas começaram a mudar o modo como viam seus papéis, especialmente em termos de responsabilidade e accountability. Não foi fácil, como o próprio Frey admite: "Mudanças de qualquer tipo são uma luta contra o medo, a ansiedade e a incerteza, uma guerra contra velhos hábitos, pensamentos escondidos e interesses enraizados. O ritmo das mudanças em uma empresa depende da velocidade de transformação da mente e do coração das pessoas...". Para que passassem a agir de maneira espontânea no modo Solve It, Frey implantou um plano de divisão de lucros inovador, estabelecendo um padrão de causa e efeito que conectou o que as pessoas faziam com o que recebiam.

Depois de perceber que os gerentes habitualmente respondiam a comandos e controles – a abordagem do tipo "diga-lhes o que fazer" –, ele descobriu que os funcionários também eram complacentes com essa atitude. "Os gerentes acreditavam que seu papel era administrar e que o papel dos horistas era fazer o que lhes fosse pedido. O problema é que a maioria dos trabalhadores estava feliz com aquele arranjo. Queriam salários e benefícios generosos, é claro, mas nada além do que fazer o trabalho como sempre fizeram." Esse comportamento, Frey sabia, só gerava reclamações sobre a empresa. Afinal, por que você vai arrumar o que não é seu? Ele também percebeu que essa cultura acabaria destruindo a Cin-Made.

Ele continua: "Já era bastante ruim obrigá-los a usar novos equipamentos, mas eu também os estava forçando a mudar a descrição das funções, transformar hábitos de trabalho, pensar de maneira diferente sobre si mesmos e a empresa. O que meus funcionários estavam me dizendo, tanto em ações quanto em palavras, era 'Nós não queremos mudanças e estamos velhos demais para isso. De qualquer forma, a gente não vem para o trabalho para pensar'". Ocelia Williams lembra-se de como o presidente do sindicato argumentava que o excesso de responsabilidades ia contra essa instituição. "Isso me incomodava", diz Williams. "Eu me perguntava se pertencia mesmo ao sindicato. Não conseguia entender como manteríamos nossos empregos se a empresa falisse. Não conseguia ver como a empresa funcionaria a menos que todos nós assumíssemos nossa parcela de responsabilidade. Muitas pessoas achavam que essas ideias eram difíceis demais de entender". Frey observa: "Mas quem deseja novas responsabilidades?". Relembrando as reações, eles comentam: "Eles nem sonhavam em quanta responsabilidade eu queria que assumissem, mas já não gostavam do pouco que eu propunha".

Orientar as pessoas para agir no modo Solve It requer paciência. Frey afirma: "Eu me reunia com os funcionários e em vez de dizer o que eles precisavam fazer, perguntava o que fazer. Eles resistiam. 'Como diminuir o refugo nesta linha?', eu perguntava. Ou 'Como vamos alocar as horas extras para atender esse pedido?'. 'Isso não é trabalho meu', diziam. 'Por que não?', eu insistia. 'Porque não é', replicavam. 'Como podemos ter uma gestão participativa se vocês não querem participar?' Eles respondiam: 'Não sei. Isso não é trabalho meu. É o seu trabalho'. E daí eu perdia a paciência. No começo, eu realmente perdia a paciência quando ouvia 'Não é trabalho meu'!".

Com esforço e persistência para superar a letargia e convencer as pessoas de que resolver problemas não é uma atividade extra, mas parte do trabalho, Frey começou a ver resultados. Ele recorda: "Aos poucos, os horistas passaram a assumir um pouco do trabalho de resolver problemas e cortar custos. Eu estimulei e incentivei as pessoas a solucionarem questões relacionadas a suas funções. Às vezes, me sentia como um tolo, mas um tolo muito satisfeito, quando me apresentavam soluções simples para problemas que eu e os gerentes não conseguíamos resolver".

Tendo levado a empresa para acima da linha e subido o passo Solve It, a Cin-Made encontrou o caminho para a prosperidade. Possui uma linha de produtos muito diferenciados que, segundo Frey, "vai bem em um mercado exigente e rende muito dinheiro". A entrega ao cliente dentro do prazo aumentou para 98%, o absenteísmo quase desapareceu, funcionários em período integral agora monitoram colaboradores temporários em um esforço para diminuir o refugo, a produtividade aumentou 30%, as reclamações caíram, a fidelidade à descrição do cargo ficou no passado e funcionários ganham mais do que os de outras empresas do mesmo setor.

Como a história da Cin-Made ilustra, galgar o passo Solve It requer o compromisso contínuo de se perguntar: "O que mais posso fazer?". Passar para acima da linha e adotar uma atitude Solve It pode fazer mais do que qualquer outra providência para ajudar empresas iniciantes ou com problemas a se tornarem fortes e prósperas.

A Nestlé Purina ilustra bem esse ponto. A empresa planejara introduzir uma lata com sistema abre fácil para a ração canina Alpo em abril de 2003, mas testes de mercado preliminares bem-sucedidos convenceram o departamento de marketing a acelerar o lançamento. Usando conceitos e princípios do Treinamento para Accountability de *O Princípio de Oz* – como sempre perguntar "O que mais podemos fazer para atingir os resultados que queremos?" –, a equipe responsável se pôs a trabalhar. Coordenando atividades em fábricas de três localidades diferentes – Weirton, em West Virginia, Allentown, na Pensilvânia, e Crete, em Nebraska –, o time treinou funcionários em diversas funções para realizar o impossível: reduzir o tempo de introdução no mercado em mais de um ano. Pelos esforços extraordinários, o grupo recebeu o reconhecido prêmio institucional Pillars of Excellence. A gerente de marketing Kristin Pontius expressou sua alegria com os resultados em uma carta de reconhecimento enviada a todos os envolvidos.

"Esta mensagem é uma breve nota de congratulações à equipe da Lata Abre Fácil Alpo. Na terça-feira desta semana, esse grupo recebeu o importante prêmio Pillars of Excellence da Nestlé Purina Petcare Company (NPPC) das mãos do CEO Pat McGinnis. O prêmio é muito merecido. Vocês trabalharam em um ritmo incrível, com grande dedicação para atingir o objetivo. As latas com sistema abre fácil começaram a ser despachadas com um ano e uma semana de antecedência em relação aos planos originais. Vocês não apenas cumpriram a meta, mas a superaram, pois as latas foram enviadas inclusive três semanas antes do esperado. E fizeram tudo isso ao mesmo tempo em que enfrentaram diversos desafios, como desenhar tampas especiais, fazer trabalhos manualmente até que o equipamento chegasse, e enfrentar um volume de produção excessivo sem deixar cair o padrão de qualidade, integrando tudo ao sistema de fornecimento da NPPC."

As equipes das fábricas de Allentown, Crete e Weirton se tornaram um exemplo notável para o restante da empresa. A resposta que deram a "O que mais posso fazer?" foi fazer o que parecia impossível!

Lembra-se de Mike Eagle? Como presidente da IVAC, um fabricante de tamanho médio de instrumentos médicos, ele também ajudou a equipe sênior e outros colaboradores da empresa a subir o passo Solve It e ficar acima da linha. A empresa desenvolvera um novo conjunto de equipamentos Modelo 570, composto de 70 peças diferentes, e prometeu ao Sparrow Hospital, em Lansing, Michigan, um dos primeiros clientes do novo produto, que o entregaria antes do Natal. Certo dia, já perto do deadline, Mike soube que a entrega não poderia ser feita no prazo prometido porque os instrumentos do novo Modelo 570 precisaram de alterações nas placas de circuito no último minuto. Determinado a manter o compromisso que a IVAC assumira e a resolver o problema, ele perguntou o que mais os funcionários podiam fazer para cumprir o prazo. Depois de intensa discussão, surgiu uma possível solução. O esforço concentrando de uma equipe de projeto montada especialmente para isso resolveria a questão? Alguém disse: "Talvez." Mike respondeu: "Sim!". De imediato, ele montou um grupo com representantes do departamento de desenvolvimento de produto, operações de instrumentos, engenharia, garantia da qualidade e logística, e pediu os integrantes pensassem de maneira exaustiva em como fazer as mudanças nas placas em uma semana.

Apenas uma semana depois, os instrumentos do Modelo 570 estavam prontos para expedição. Mas então surgiu um novo obstáculo: devido à grande quantidade de pedidos para o Natal, todas as transportadoras estavam sobrecarregadas. Mais uma vez, Mike perguntou: "O que mais podemos fazer?". A resposta apareceu: "Não há solução a não ser fretar um jatinho para entregar o produto a tempo". Mike não perdeu tempo. "Façamos isso!"

Atônitos com a atitude de "vamos fazer" de Mike, a equipe começou o trabalho com entusiasmo. O departamento de logística correu para fretar um jatinho e reconfigurou o interior para acomodar o Modelo 570. Então, no último minuto, descobriram que haviam calculado errado o tamanho do pedido. Mesmo com o interior reconfigurado, não caberiam todas as caixas. Não admitindo a derrota tão perto do final da partida, os empacotadores abriram as caixas e reembalaram diversos instrumentos. Finalmente, às 3 da tarde do dia 17 de dezembro, o jatinho partiu de San Diego, na Califórnia, para Lansing, em Michigan.

Para não haver mais problemas e decididos a fazer o que fosse preciso para cumprir o prazo, um gerente de produto da IVAC acompanhou o voo. Algumas horas depois, pousaram em Wichita, Kansas, para reabastecer. Enquanto taxiava para decolar, o piloto detectou um altímetro quebrado. Como era possível voar uma curta distância a baixa altitude, o piloto levou a aeronave até Lincoln, Nebraska, onde o gerente telefonou para o departamento de coordenação de tráfego da IVAC para descobrir onde era possível conseguir um altímetro para substituir a peça com defeito, o que não era uma tarefa rotineira para eles. Depois de cinco horas de intensa comunicação com companhias aéreas e fabricantes, a peça foi despachada e instalada no avião. Às 3h30 do dia 18 de dezembro, a aeronave decolou de Lincoln para Lansing, onde chegou às 5h45. Enquanto isso, o voo do pessoal de treinamento da IVAC, que deveria instruir a equipe do Sparrow Hospital a usar o novo equipamento, estava retido em Chicago por causa de uma nevasca. Eles viajaram a noite toda de carro para chegar ao hospital na manhã seguinte.

Às 7h30 do dia 18 de dezembro, a IVAC entregou os instrumentos do Modelo 570 no Sparrow Hospital no prazo combinado e iniciou a montagem e o treinamento.

Diferentemente dos funcionários da IVAC, da Cin-Made e da Nestlé Purina, em muitas empresas os profissionais não se perguntam: "O que mais podemos fazer para superar as circunstâncias e atingir os resultados desejados?". Isso, entre outros fatores, explica por que muitos problemas não são resolvidos.

POR QUE AS PESSOAS NÃO CONSEGUEM ENCONTRAR A SOLUÇÃO

Quando se começa a resolver problemas, quase sempre surgem obstáculos, alguns esperados outros nem tanto, que podem levar as pessoas para o ciclo de vitimização abaixo da linha. Para que isso não aconteça, é preciso se comprometer por inteiro a ficar acima da linha durante a resolução do problema, em especial quando acontece uma crise não prevista.

Um de nossos clientes desenvolveu uma habilidade incomum para lidar e derrotar a poderosa tentação de cair abaixo da linha. Para proteger a privacidade da empresa e dos indivíduos envolvidos, alteramos as circunstâncias e os detalhes da história, mas garantimos que é verdadeira.

Joe McGann, diretor de operações de uma rede de lojas de departamento de tamanho médio, havia tido um ano difícil, com as vendas no varejo despencando. Sem novas mercadorias ou programas de marketing nos três anos anteriores, Joe e os 84 gerentes de loja sentiam-se como se estivessem enfrentando uma batalha desarmados. Entretanto, à medida que alguns colaboradores passaram a reconhecer e a assumir as circunstâncias, um novo clima se espalhou pela empresa. Foi feita uma nova campanha comercial que injetou otimismo nos gerentes e uma atitude de "posso fazer". Até os vendedores gostaram. Porém, mesmo com as vendas crescendo e o moral subindo, a rede ainda precisava fazer muito para chegar perto do concorrente mais bem-sucedido. Sim, haviam progredido e, felizmente, as pessoas estavam tentando se manter acima da linha, com uma forte atitude de resolução de problemas, mas não era fácil, em especial para os gerentes de loja, que lutavam na linha de frente das vendas de varejo no dia a dia.

Certa noite, já tarde, em um hotel no aeroporto internacional de Dallas, Joe fez uma rápida reunião com os cinco gerentes regionais. Cada um supervisionava de 15 a 18 lojas. Todos estavam em trânsito para outras localidades e haviam combinado uma parada rápida para esse encontro. No início dele, todos queriam parecer responsáveis, desejando assumir a situação e comprometidos em trabalhar acima da linha, mas estavam tensos, pressionados pela gestão sênior que cobrava melhorias contínuas no desempenho. O pequeno efeito da última campanha comercial e o atraso nos incentivos prometidos na remuneração variável aumentavam a ansiedade.

Antes de a reunião ter início oficialmente, um dos gerentes regionais, hesitante, fez uma pergunta: "Antes de começar, podemos ir abaixo da linha por alguns minutos? Precisamos conversar sobre o que está acontecendo". Todos riram, mas colocaram para fora as angústias reprimidas, opinando sobre o que estava errado na empresa, quem merecia levar a culpa e por que a situação era injusta. Depois de cerca de 15 minutos, Joe fez um sinal com a mão: "OK, agora que abrimos o coração, vamos voltar para acima da linha para que determinar o que mais podemos fazer para alcançar os resultados". Depois de expor as frustrações, os gerentes regionais podiam afinal partir para a discussão produtiva do que podia ser feito para enfrentar as circunstâncias. Mesmo sabendo que ficar abaixo da linha não os levaria a lugar algum, entraram conscientemente no ciclo de vitimização por um momento para desabafar as frustrações. Se não estivessem cientes da inutilidade de permanecer abaixo da linha, Joe e sua equipe poderiam, sem querer, não ter conseguido ir acima da linha e solucionar os problemas. Sem a conscientização, é muito fácil sucumbir ao desejo de ficar abaixo da linha. O truque é dar apenas uma passada por lá e sair o mais rápido possível.

Quando as pessoas desistem de fazer as perguntas do Solve It, como Joe McGann e sua equipe se sentiram tentados a fazer, elas voltam para trás, para abaixo da linha e para dentro do ciclo de vitimização, onde nunca encontrarão as soluções criativas de que precisam para forjar um futuro melhor. Brian Dumaine, no artigo "Saindo cedo da competição" publicado pela revista *Fortune*, cita uma pesquisa do Roper (Roper Center for Public Opinion Research) na qual apenas 18% dos entrevistados (1.296 pessoas) sentiam que suas "carreiras eram recompensadoras sob os aspectos pessoal e financeiro". De acordo com a mesma fonte, a insatisfação com o emprego em período integral está crescendo, e cada vez mais os norte-americanos encontram-se sobrecarregados e estressados no trabalho. O texto apresentou um ponto intrigante e revelador, mas deixou de lado um aspecto ainda mais importante: 82% dos entrevistados estão presos abaixo da linha, vitimizados pelas circunstâncias, e poderiam, de fato, tornar seus trabalhos mais prazerosos se aceitassem accountability pelos resultados. O artigo comenta que pode-se conseguir mais satisfação pessoal e financeira ao se aposentar cedo, mas não explora a possibilidade de tornar o local de trabalho mais satisfatório. Em vez disso, reflete a ideia comum de que os funcionários não têm controle sobre as circunstâncias. Como peões e vítimas, sentem-se incapazes de fazer algo além de se virar com o que lhes é dado. Acredite quando afirmamos que qualquer um que enfrente a realidade e assuma a responsabilidade pelas circunstâncias que causam insatisfação no trabalho pode, de fato, desenvolver a sabedoria para encontrar soluções e remover os obstáculos que o impedem de obter o que deseja.

Qualquer um que escolha, como sugere o artigo, o caminho da aposentadoria precoce encontrará muitos obstáculos também. O texto diz que "cair fora, isto é, aposentar-se precocemente, requer planejamento e disciplina, mas não é tão difícil quanto se teme". Talvez isso seja verdade, mas não significa que você vai passear por uma alameda florida. Ainda precisará de sabedoria para resolver problemas. Quer você esteja empregado em tempo integral ou "caia fora", sempre haverá o risco de ir parar abaixo da linha. Pelo lado positivo, o texto da *Fortune* mostra o que alguém deve esperar se sair cedo do mercado de trabalho: "Parece ótimo, mas como você espera deixar seu emprego sem nenhuma renda e sobreviver? Planejadores financeiros recomendam uma abordagem de três pontos: primeiro, planeje cortar o orçamento de seu estilo de vida. Pode ser que você precise comprar uma casa menor em uma região do país com custo de vida mais baixo, ou dizer a seus filhos que não esperem ir para uma faculdade particular, ou ainda que passe a comprar carros usados em vez de novos. Em segundo lugar, é provável que tenha de trabalhar alguns meses no ano ou algumas horas por semana, talvez para seu antigo empregador ou para um novo (inclusive você mesmo). Terceiro, precisará economizar dinheiro suficiente para complementar sua aposentadoria". Em outras palavras, mesmo se você se aposentar cedo, é preciso se perguntar o que mais poderá fazer para atingir seus objetivos. Parar de trabalhar precocemente muda a paisagem, não a jornada. Ainda terá de ficar acima da linha, pois surgirão novos desafios. Se parecer que o processo para resolver seus problemas requer algum risco pessoal, é porque é isso mesmo! Só que permanecer abaixo da linha representa um risco ainda maior – o de nunca conseguir os resultados que você mais deseja.

Independentemente de sua escolha, seja ela ficar no emprego atual, seja mudar ou se aposentar, você não será bem-sucedido se não vencer a tentação de ficar abaixo da linha. De fato, é preciso concentrar esforços para remover as barreiras que existem entre você e aquilo que deseja. Como sempre, consequências infelizes aguardam aqueles que falham em vencer os desafios.

AS CONSEQUÊNCIAS DE NÃO ENCONTRAR A SOLUÇÃO

Um artigo do *The Wall Street Journal* diz que editoras de livros universitários podem perder seu mercado inteiro se não assumirem uma atitude Solve It:

"Uma revolução tecnológica está tomando conta da educação superior. Os calouros de algumas faculdades como a Drew University estão recebendo laptops e os docentes indicam sites em vez de livros. O professor Norman Lowrey foi um dos primeiros a ensinar composição musical usando um software que permitia que os alunos compusessem e tocassem no computador. Estudantes de veterinária na Cornell University trabalharam em simulações virtuais que permitiam examinar animais, inclusive ouvindo os batimentos cardíacos, antes de experimentar tratamentos reais. 'Eles ficam muito tristes se matam o cachorro Fofucho", diz Kathy Edmondson, administradora da universidade, "mesmo que seja apenas virtualmente.' Mas a maioria das empresas não está pronta para fazer a conversão para o meio tecnológico. Apesar de avanços como softwares interativos e outras mídias, os editores de um mercado que vale US$ 2,6 bilhões podem perder uma mina de ouro em vendas de novos produtos. Eles têm uma fortuna investida na produção e no marketing de livros defasados."

A maioria das editoras enxerga a realidade que está surgindo, e algumas até assumem a questão, mas poucas começaram a converter os problemas em oportunidades. Uma exceção é Robert Lynch, diretor do selo Primis da McGraw-Hill, que oferece um serviço de base de dados para que professores personalizem seus livros. Lynch diz: "Se fizermos as coisas do modo correto e desenvolvermos o potencial da publicação didática de alta tecnologia, esse pode ser um negócio de US$ 50 bilhões em vez de US$ 2,6 bilhões". Se os estudantes universitários vão baixar mais conteúdo em seus computadores do que comprar livros e livros personalizados por seus professores a partir de bases de dados, as editoras que anteverem essa revolução colherão os benefícios, mas somente se foram capazes de See It, Own It e Solve it.

O próximo exemplo demonstra que não é incomum conseguir subir os dois primeiros passos e depois tropeçar no terceiro. Na CreativeWare, nome fictício de uma empresa de software usado para proteger a privacidade de um de nossos clientes, quatro diretores da área de programação e desenvolvimento estavam no limite com seu chefe, o vice-presidente que supervisionava o departamento. Bob não cumpria prazos apertados e não atendia aos padrões de qualidade. Brilhante em outros sentidos, comprometia-se com um calendário impossível, e acabava lançando os produtos às pressas e sem qualidade.

Por sua vez, os quatro diretores, cada um responsável por um segmento diferente da operação de programação e desenvolvimento, viam a situação como era e enfrentavam os problemas, mas não podiam resolvê-los. Parados no passo Own It, eles reclamavam que "estamos tentando, mas nada funciona". Faltavam soluções criativas.

Com todos os quatro diretores manifestando os sinais familiares do ciclo de vitimização, o departamento continuou a definhar sob a má gestão do vice-presidente. Toda vez que o grupo ia acima da linha para resolver a questão, acabavam voltando para abaixo da linha, frustrados e desanimados. Por causa das atitudes do vice-presidente, sentiam-se impotentes para mudar as circunstâncias e incapazes de alterar o que precisava ser mudado. Sem novos produtos, a credibilidade da CreativeWare no mercado declinava, pois os revendedores, distribuidores e varejistas deixaram de acreditar nas promessas da empresa de entregar produtos no prazo e sem defeitos. Pagava-se um alto preço por não resolver os problemas.

Em um exemplo parecido, o comportamento abaixo da linha da General Electric e da Emerson Electric causou tragédias e provocou o sofrimento de milhares de pessoas. Em uma transmissão ao vivo da rede de TV ABC, Chris Wallace relatou como o mau funcionamento das cafeteiras da General Electric, produzidas com fusíveis da Emerson Electric, fez com que pegassem fogo, causando incêndios e destruindo centenas de lares. Os dois fabricantes sabiam sobre o problema e o ignoraram. De acordo com Wallace: "Nos últimos 12 anos, centenas de pessoas têm enfrentado problemas com as cafeteiras da GE. Aparelhos com defeito provocaram incêndios, causando ferimentos graves e até mortes. Durante anos a empresa negou a responsabilidade, contestando as ações contra as cafeteiras com todos os recursos que uma grande companhia pode empregar". Documentos da General Electric de dez anos antes do programa de televisão ir ao ar mostravam que a empresa esperava 168 queixas naquele ano e estimava uma taxa de 42% de "sem feridos" nessas queixas, o que prova que tinha conhecimento da realidade. Um ano depois, a GE fez o recall de 200 mil cafeteiras, reconhecendo o defeito.

Entretanto, os esforços da empresa para consertar o aparelho não impediram que mais incêndios acontecessem. Wallace relata: "A GE considerou acrescentar um segundo fusível, mas não o fez". Dois anos depois, vendeu a divisão de cafeteiras para a Black & Decker, que resolveu o problema acrescentando o segundo fusível. Durante o mesmo período, a GE entrou com uma ação contra a Emerson Electric pelos fusíveis defeituosos e venceu. Uma testemunha da GE disse que a empresa não estava satisfeita com os fusíveis havia anos. No entanto, antes de vender a divisão, a GE praticamente não agiu para resolver o problema.

Mesmo empresas que contam com talento coletivo, sabedoria, experiência e integridade, como a GE, precisam ficar em alerta constante, sob risco de perder tudo em uma viagem até abaixo da linha.

AS HABILIDADES SOLVE IT® E A AUTOAVALIAÇÃO

Há anos temos ajudado amigos e clientes a traduzir compreensão e propriedade em ações que resolvam os problemas usando uma lista de habilidades Solve it. Elas oferecem uma fundação sólida para uma avaliação da própria capacidade de passar de See It e Own It para Solve It.

HABILIDADES SOLVE IT®

1. Permaneça empenhado. Em geral, quando um problema persiste, as pessoas sentem-se inclinadas a desistir – esperam para ver se as coisas melhoraram sozinhas. Quando implantar o Solve It, evite essa armadilha mantendo-se firme no processo de encontrar soluções. Não foque no que não pode ser feito, pois isso o leva a parar de procurar e de pensar em alternativas criativas.
2. Persista. Faça constantemente a pergunta Solve It: "O que mais eu posso fazer?". Perguntar repetidas vezes ajuda a formular soluções

novas e criativas que tornam o progresso possível. Como um líder disse: "Aquilo em que persistimos se torna mais fácil; não que a natureza da situação mude, mas nosso poder de *fazer* aumenta".

3. Pense diferente. Albert Einstein afirmou: "Os problemas significativos que enfrentamos não podem ser resolvidos no mesmo nível de raciocínio que estávamos quando os criamos". Em outras palavras, o mesmo raciocínio que o colocou no problema não poderá tirá-lo. Busque e se esforce sempre para compreender outras perspectivas além da sua.

4. Crie novas conexões. Muitas soluções pedem abordagens inovadoras que canalizem formas criativas de pensar e agir. Em geral, essas abordagens envolvem a criação de novas relações e incluem outras pessoas que você pode não ter considerado antes como alguém que ofereceria soluções. Tais relações podem incluir concorrentes, fornecedores e vendedores, ou alguém em outro departamento. Crie novas conexões.

5. Tome a iniciativa. O passo Solve It requer que você assuma o accountability por descobrir soluções que por fim levarão aos resultados desejados. Tais soluções muitas vezes surgem quando se toma a iniciativa de explorar, pesquisar e perguntar mesmo depois de imaginar ter feito o possível. Se você entende que nem todos estão no mesmo nível de propriedade ou desejam atingir o seu objetivo, deve tomar a iniciativa de obter o resultado. Quem você prefere ser: alguém que faz as coisas acontecerem, alguém que as observa acontecendo, alguém que se pergunta o que aconteceu ou alguém que jamais se deu conta que aconteceu?

6. Permaneça consciente. Talvez isso soe estranho, mas garantimos que é um ponto fundamental. Manter-se consciente significa sair do piloto-automático e prestar atenção a tudo que pode estar relacionado a soluções em potencial, em especial aquilo que é dado como certo ou que é "o jeito que as coisas são por aqui". Conteste

Autoavaliação Solve It®

		Frequentemente	Às vezes	Nunca
um	Você se empenha em resolver problemas quando a situação fica difícil?	3	2	1
dois	Você sempre faz a pergunta Solve It: "O que mais posso fazer para alcançar os resultados desejados?"?	3	2	1
três	Você toma a iniciativa de explorar, pesquisar e questionar quando as soluções não surgem?	3	2	1
quatro	Você permanece consciente, desafiando as hipóteses e crenças atuais sobre como as coisas são feitas?	3	2	1
cinco	Você cria novas conexões para chegar a soluções inovadoras?	3	2	1
seis	Você tenta descobrir novas maneiras de pensar sobre o problema?	3	2	1

©2003 Partners In Leadership, LLC. Todos os direitos reservados.

suposições e crenças, tentando atingir um novo nível de raciocínio que o leve para fora da zona de conforto.

Para avaliar se, e até que ponto, você exerce essas seis habilidades, complete a Autoavaliação Solve It. Avalie cada uma das habilidades determinando se suas atitudes e seus comportamentos sempre, nunca ou às vezes ocorrem.

Circule a descrição ao lado de cada habilidade que melhor descreve suas atitudes e seus comportamentos:

Reserve alguns minutos para ponderar sobre as implicações de sua avaliação. Uma apreciação sincera de cada indicador Solve it revela áreas que você pode melhorar para encontrar soluções.

Ao subir o passo Solve It para ganhar maior accountability você aumenta a conscientização para resolver problemas e vencer os obstáculos que surgem enquanto avança na jornada acima da linha. Os benefícios serão excelentes.

Pontuação da Autoavaliação Solve It

Pontuação total	Parâmetros da avaliação
Frequentemente Entre 18 e 13 pontos	Indica que você enxerga seu accountability, assume os problemas e segue com rigor um plano de ação para resolvê-los. Parabéns!
Às vezes Entre 12 e 7 pontos	Mostra que você tem sentimentos contraditórios sobre a resolução de problemas. Coragem, desejo e sabedoria hesitantes só o colocarão em uma montanha-russa, acima da linha e abaixo da linha. É preciso trabalhar para resolver isso!
Nunca De 6 pontos a 1 ponto	Revela a necessidade de um esforço muito maior. Releia este capítulo!

©2003 Partners In Leadership, LLC. Todos os direitos reservados.

OS BENEFÍCIOS DE DESENVOLVER A SABEDORIA PARA SOLVE IT®

Os funcionários de uma das empresas petrolíferas norte-americanas conquistaram inúmeros benefícios ao subir o passo Solve It. Eles queriam melhorar a segurança, reduzir acidentes e baixar o índice OSHA (*Occupational Safety and Health Administration*) para zero acidentes. A meta era ambiciosa. Com um índice OSHA de 8, a fábrica tinha um longo caminho a percorrer até atingir a meta. Colocar todos os colaboradores acima da linha não era tarefa fácil porque acidentes, segundo a definição corrente, "não são culpa minha". Se ninguém se responsabilizava, como a companhia poderia mudar? Entretanto, quando os profissionais passaram a praticar *O Princípio de Oz*, o índice começou a cair. Em todas as reuniões, os colaboradores perguntavam: "O que mais podemos fazer para melhorar a segurança e acabar com os acidentes?". À medida que as discussões evoluíam, ninguém mais passava muito tempo abaixo da linha, pois todos buscavam soluções criativas. O resultado final foi um índice de segurança menor que 1, mísero 0,7%! Essa melhoria gigantesca em segurança trouxe outros benefícios, como redução de custos graças ao menor desperdício de tempo, energia e esforço, e a recursos que foram descobertos ao longo do caminho.

Embora a empresa ainda não tivesse atingido o índice zero, melhorara o desempenho de modo radical.

Anteriormente neste capítulo, os quatro diretores do departamento de programação e desenvolvimento da CreativeWare demonstraram consciência da realidade e assumiram os problemas, mas sentiam-se impotentes para resolvê-los. Depois de examinarem suas convicções e atitudes e debater ideias, decidiram superar o sentimento de impotência e subiram o passo Solve It fazendo a seguinte pergunta: "O que mais podemos fazer para superar as circunstâncias e obter os resultados desejados?". Para encontrar a resposta, abriram a questão em um encontro da empresa com discussões em grupo. Como você deve imaginar, *O Princípio de Oz* os ajudou a focar o momento exclusivamente em projeções para o desenvolvimento de novos produtos. Apenas três semanas antes da reunião, a CreativeWare apresentou à matriz uma estimativa de crescimento mostrando como a introdução de três novos produtos responderiam por 25% do lucro projetado. Entretanto, as datas estimadas para introdução dos produtos no mercado conforme aquele planejamento estavam atrasadas entre seis meses e um ano. O suspiro de desapontamento foi ouvido em toda a sala.

Depois de dois dias fazendo um exame minucioso do planejamento aparentemente tão fora da realidade, o presidente da CreativeWare reconheceu que a empresa não seria capaz de colocar novos produtos no mercado nos próximos 6 a 12 meses. Ele então estimulou os gestores seniores a fazer o mesmo. A partir daí, eles assumiram o problema e passaram a resolvê-lo, implementando uma série de ações em toda a empresa com ênfase no esforço coletivo de Solve It. Nos 18 meses seguintes, a CreativeWare introduziu no mercado com sucesso três novos produtos e reverteu a crise de credibilidade entre revendedores, distribuidores e varejistas.

Apesar da pressão para ter um bom desempenho no curto prazo, o presidente da CreativeWare e, por fim, seus colaboradores trabalharam com afinco nos passos See It e Own It antes de tentar resolver o desafio. A impaciência teria resultado apenas no tipo de erro de cronograma e defeitos de qualidade que vinham causando as dificuldades.

Depois que todos tinham enxergado e assumido o problema, poderiam passar a fazer a pergunta Solve It. Repetiram-na até que as soluções começaram a tomar forma. A insistência gerou soluções novas e criativas que de outro modo não teriam se materializado.

O sentimento de impotência impedira os quatro diretores de sair de uma rotina em que o problema parecia não ter solução. Embora o vice-presidente nunca tenha aceitado a situação – e por isso tenha perdido o emprego –, eles finalmente aceitaram o fato de que o poder para atingir os resultados que a empresa desejava estava com eles. Apesar de todos terem permanecido no emprego, nenhum chegou à vice-presidência. Cada um aprendeu uma lição valiosa, mas ainda precisavam de mais experiência com accountability antes de estar preparados para uma promoção.

Cada jornada acima da linha começa, e é alimentada por uma pergunta simples: "O que mais podemos fazer para alcançar o resultado?". A jornada não acaba até o problema ser resolvido. A CreativeWare pode não ter aperfeiçoado a entrega de novos produtos, mas fizera progressos consideráveis naquela direção; a jornada continuaria.

Como o caso da CreativeWare sugere, ir acima da linha para resolver problemas faz toda a diferença, não importa o tipo de desafio. Definhando abaixo da linha, você só pode esperar um desempenho sem graça.

O ESTÁGIO FINAL DO ACCOUNTABILITY

O Espantalho simboliza a sabedoria para resolver problemas, uma capacidade que, como foi demonstrado, ele já possuía. Desta vez, a própria Dorothy estava quase percebendo que os resultados que buscava também viriam de si mesma, mas ainda precisava encontrar mais uma dimensão do accountability antes de poder bater os calcanhares e retornar ao Kansas. Ela aprendera muito com seus companheiros em Oz e estava quase entendendo por completo o poder de viver acima da linha. No próximo e último capítulo da Parte 2, você descobrirá como Dorothy junta todos os quatro passos para o accountability para agir – Do It.

Capítulo 7

DOROTHY: OS MEIOS PARA DO IT®

Oz, quando ficou sozinho, sorriu ao pensar em como tinha conseguido dar ao Espantalho, ao Homem de Lata e ao Leão exatamente o que eles pensavam que queriam. "Como posso evitar ser uma farsa", ele disse, "quando todas essas pessoas me pedem para fazer aquilo que todo mundo sabe que não pode ser feito? É fácil deixar o Espantalho, o Leão e o Homem de Lata felizes, porque eles imaginavam que eu poderia fazer algo. Mas será necessário mais do que imaginação para levar Dorothy de volta ao Kansas, e tenho certeza de que eu não sei como fazer isso".

O Mágico de Oz,
L. Frank Baum

Ex-CEO e ex-membro do conselho de administração do Walmart, o atual proprietário e CEO do Kansas City Royals, time de beisebol profissional, David Glass foi apontado pela revista *Fortune* como o CEO mais admirado em sua pesquisa anual. O artigo intitulado "David Glass não se abate sob pressão", de 1993, explica por que esse executivo merece os elogios de seus pares: "Sam Walton teve de tentar várias vezes antes de persuadir Glass a se integrar à empresa como vice-presidente executivo em 1976 e deixar a rede Consumer Markets no seu estado natal, o Missouri. Walton sempre mexia nas posições de seus executivos. Em 1984, promoveu uma grande mudança de funções, nomeando Glass, então CFO, presidente e diretor-executivo, e fazendo com que o vice-presidente-executivo, Jack Shewmaker, trocasse as lojas pelas finanças. A mudança criou uma corrida pela sucessão que se tornou pública, com Glass na dianteira". Como CEO da potência de varejo de US$ 55 bilhões à época, Glass vivia mais nas lojas do que no escritório da matriz porque era onde estava a ação. O sucesso do Walmart dependia, ele dizia, de saber o que estava acontecendo nos corredores das lojas, com os concorrentes e no trabalho diário de cada funcionário. Com um notebook em mãos, Glass fazia um milhão de perguntas para cada uma que respondia. Seus questionamentos constantes e a busca por melhores maneiras de fazer personifica o executivo See It, Own It, Solve It e Do It, que trabalha acima da linha de maneira consistente. Os funcionários nunca temiam uma visita de Glass porque sabiam que ele compartilhava das mesmas esperanças e preocupações. Os executivos do Walmart o respeitavam também, cientes de que o seu estilo pé no chão não significava que tolerava mediocridade. Como um executivo sênior contou à *Fortune*: "Não há dúvida de que as expectativas dele são 110%. Ele nunca precisa pedir. Você sabe o que ele quer antes mesmo de falar com ele". Não é de se admirar que muitas empresas e executivos queiram aprender com Glass. Como o artigo da *Fortune* destacou: "Embora o estilo alegre do Walmart às vezes seja criticado por tipos mais sofisticados, há um fluxo constante de figurões corporativos para Bentonville querendo descobrir o que se passa por lá. O chefe da GE, Jack Welch, foi dos visitantes. Quando o ex-CEO da Procter & Gamble, John Smale, assumiu como presidente-executivo da General Motors, uma de suas primeiras ações foi levar o CEO Jack Smith e outros executivos da GM para a reunião de gestão do Walmart, provavelmente para aprenderem a tomar decisões sem usar o calendário. Executivos da IBM, Eastman Kodak, Southwest Airlines, Sara Lee, P&G e Anheuser Busch percorreram essa trilha". Apesar do crescimento e do sucesso impressionantes do Walmart, David Glass sempre acreditava que o melhor ainda estava por vir. Em outras palavras, você não apenas faz algo e deita em berço esplêndido – continua fazendo 24 horas por dia, sete dias por semana.

Um artigo da *BusinessWeek* sobre o Walmart e David Glass relatou mais a respeito: "Apenas três anos atrás, parecia que o Walmart chegara ao limite. O crescimento dos lucros estava diminuindo e os investidores fugiam. Mas David D. Glass, CEO do Walmart desde 1988, conseguiu incutir no gigante do varejo uma nova energia e direção muito bem-vindas. O seu maior sucesso: apostar no negócio de supermercados, com supercentros gigantes que vendem alimentos e mercadorias em geral. Agora, Glass, 63, também está testando mercados de alimentos menores. Isso está ajudando a revigorar o Walmart tanto nas lojas quanto na Bolsa de Valores". Seu segredo? O comprometimento inabalável em fazer as coisas acontecerem e transformar a rede em uma marca global. "Os ganhos do Walmart – e das ações – estão subindo. Após anos de altos investimentos, até as lojas internacionais estão dando lucro." H. Lee Scott Jr., seu substituto, presidente e CEO, vem do molde Walton-Glass.

Quando você combina os três primeiros passos do accountability com o quarto e último, Do It, então, e somente então, verá o grande poder de viver acima da linha e de obter os resultados que deseja. A regra do pôr do sol, criada por Sam Walton, ainda orienta os colaboradores do Walmart a realizar hoje em vez de esperar o amanhã: "Neste local movimentado, onde nossos empregos dependem um do outro, é padrão fazer tudo hoje, antes que o sol se ponha. Seja um pedido de uma loja do outro lado do país, seja um chamado no fim do corredor, toda solicitação é atendida no mesmo dia".

ALCANÇAR O QUARTO E ÚLTIMO PASSO DO ACCOUNTABILITY

Na essência, o accountability pessoal significa aceitar total responsabilidade por agir e atingir resultados. Se você não agir, nunca colherá os benefícios mais valiosos de accountability total: superar as circunstâncias e chegar aos objetivos que deseja. Apesar dos muitos benefícios que advêm de aplicar os três primeiros passos, os resultados só acontecem ao juntar todos os quatro e agir apaixonadamente, proativamente e persistentemente – então, Do It!

Para ilustrar o que significa Do It, a FedEx postou os seguintes relatos em seu site, abaixo da frase que define a filosofia da empresa: "Absolutamente, positivamente, custe o que custar". O motorista Buster Knull chegou em uma sede da Alcoa Company para pegar um carregamento de rodas que precisava sair naquela noite. A válvula da roda, uma peça essencial, tinha chegado tarde e ainda precisava ser instalada. Em vez de esperar e observar, Buster ajudou na instalação para que a expedição fosse feita a tempo. Há também o caso de Steven Schott: "Durante um de seus turnos, para conseguir completar as entregas, Steven precisou encher o radiador de sua van repetidas vezes. Ele voltou ao depósito e transferiu os pacotes para outro veículo, que também quebrou. Determinado, pediu emprestado a uma cliente a bicicleta que usava para ir trabalhar. Prendeu um engradado de entregas à sua mochila e colocou os pacotes dentro. Em um calor de mais de 30 graus, Steven pedalou 25 quilômetros subindo e descendo morros até terminar as entregas, correu mais de seis quilômetros para entregar outras encomendas e andou mais 3,5 quilômetros para pegar mais uma encomenda durante seu descanso. Steven terminou a rota a pé". Como podemos ver nos exemplos de Buster e Steven, o único modo de vencer a corrida por resultados é agindo.

O passo Do It torna o accountability possível, não apenas para atividades, circunstâncias ou sentimentos, mas para realizações futuras. Quando se combina o conceito de accountability com o objetivo de ter melhores resultados, tem-se um farol poderoso que vai guiá-lo tanto na vida pessoal quanto na profissional. Essa forma de accountability vem depois de galgar todos os quatro passos acima da linha. Se parar em algum antes de Do It, você pode, por algum tempo, ficar fora do ciclo de vitimização e do jogo de acusação, mas nunca alcançará uma posição acima da linha permanente. Qualquer esforço que não se concretize em ação indica falta de completa aceitação do accountability.

O Do It requer que se permaneça acima da linha, evitando circunstâncias e problemas diários que representem tentação para cair abaixo da linha. Como destacamos neste livro, o accountability é um processo, e pode-se cair no ciclo de vitimização estando no quarto passo tão facilmente quanto estando em qualquer outro. Permanecer acima da linha requer diligência, perseverança e vigilância. Também requer que você aceite riscos e dê o passo gigante necessário para conseguir o que deseja na vida ou na empresa em que trabalha. A aversão ao risco de fracassar pode ser tão debilitante para algumas pessoas que elas constroem muros entre Solve It e Do It. Mas é somente aceitando o risco que você pode derrubar essas barreiras e encontrar o sucesso.

Em última análise, Do It significa abraçar a responsabilidade integral pelos resultados e responder pelos atos que promovem o avanço na direção deles, independentemente de como ou por que você chegou à situação atual. Vejamos o exemplo de um motorista da American Van Lines que estabeleceu o accountability e permaneceu acima da linha, mesmo quando o processo ficou difícil. Tudo começou na Teradata Corporation, uma empresa fundada em uma garagem em Los Angeles e que entre 1991 e 2007 foi uma divisão da NCR. A Teradata lutava para preencher um nicho no mercado de banco de dados de informática que naquela época não era atendido por nenhuma grande companhia, como a IBM. Depois de dois anos de muito esforço, conseguiu vender o primeiro computador Teradata para uma companhia da *Fortune 500* com matriz na Costa Leste dos Estados Unidos. Tal feito foi motivo de comemoração pelos 55 funcionários, que tinham trabalhado juntos como uma verdadeira família por dois anos. Depois de todo o esforço, estava pronta para escrever uma nova página de sua história e despachar o primeiro produto.

Na manhã do sábado programado para o computador ser transportado, todos os funcionários e suas famílias se reuniram nas instalações da Teradata, um galpão reformado que substituíra a garagem na qual a empresa começara, para fazer do envio uma comemoração. Havia fitas coloridas e cartazes, e todos vestiam camisetas com os dizeres *The Big One*. Até o motorista da American Van Lines, contratada para fazer o transporte, foi contagiado pelo espírito festivo quando entrou na cabine do caminhão.

Quando ele saiu do estacionamento com o *Big One* na carreta, as famílias da Teradata formaram um corredor para saudar a partida.

Emocionado pelo momento, o motorista acenou e gritou, prometendo que não iria desapontá-los. De fato, ele sentiu-se parte da equipe da Teradata, mesmo que fosse apenas naquele frete, e incorporou um forte sentimento de propriedade e orgulho pelo papel que estava desempenhando na primeira grande realização do cliente.

Quase oito horas de viagem depois, o caminhão da American Van Lines passou pela primeira balança da estrada e o motorista descobriu que a carga estava 225 quilos acima do limite. Ele sabia que o excesso de peso o obrigaria a preencher mais documentos e conseguir autorizações, o que poderia atrasar em até um dia a data de entrega prometida. A essa altura, você pode imaginar como teria sido fácil para esse homem cair abaixo da linha e culpar a empresa pelo excesso de peso. Afinal, isso não era responsabilidade dele. Também pode imaginar que seria fácil para ele ir para um hotel e esperar instruções. Entretanto, ele ficou acima da linha e escolheu assumir o comando da situação. Somente ele poderia salvar o prazo de entrega. Aceitando a realidade e entendendo as circunstâncias, ele rapidamente passou ao Solve It. Em minutos, manobrou o caminhão, foi até o posto mais próximo, desmanchou o para-choque dianteiro do caminhão e removeu os reservatórios de água e o assento do passageiro. Escondeu tudo em uma vala atrás de alguns arbustos. Ele se lembra de pensar no risco de perder os itens escondidos; afinal, seria responsabilizado pela transportadora proprietária do caminhão, mas logo esses pensamentos se dissiparam. Ele encarou o risco sabendo que era a única maneira de fazer a entrega no prazo. Quando voltou à estação de pesagem, o caminhou estava 23 quilos abaixo do limite. Com um suspiro de alívio e grande orgulho e satisfação, ele seguiu até a Costa Leste, entregando *Big One* como combinado. Ele conseguira cumprir a promessa!

Ao ficar sabendo do feito do motorista, o pessoal da Teradata celebrou as atitudes See It, Own It, Solve It e Do It e, entre outras providências, incorporou a história ao programa de orientação a novos funcionários como uma parábola para reforçar o poder de trabalhar acima da linha.

Em outro exemplo de como identificar, assumir, solucionar e agir funcionam juntos para fazer o extraordinário acontecer, veja como um de nossos clientes usou *O Princípio de Oz* e nosso treinamento por mais de uma década para fazer a conexão entre esforço diário e resultados empresariais.

Lembra-se da Guidant, o fabricante de produtos médicos de US$ 3,5 bilhões? A divisão de CRM (Customer Relationship Management, gestão de relacionamento com o cliente) sempre deixa claro aos funcionários o objetivo de cada unidade de negócio. E como faz isso? Em uma reunião, por exemplo, pergunta-se a cada um deles: "O que você está preparado para fazer?". De acordo com a Guidant, "dessa forma, todos pensam como podem contribuir para o objetivo". Isso faz diferença? Com certeza. Cada novo funcionário de CRM passa por um treinamento cultural e de accountability no qual aprende a See It, Own It, Solve It, Do It e a fazer, o tempo todo, a pergunta "O que mais posso fazer para atingir o resultado?". À medida que a Guidant trabalha pelo objetivo de ser focada no cliente, os funcionários se tornam muito mais conscientes e comprometidos com tal objetivo e constantemente perguntam o que mais podem fazer. Os resultados são impressionantes. Em certa situação, um paciente que estava prestes a receber um implante de desfibrilador, mas havia um risco de interferência, pois ele já tinha outro equipamento implantado para estimular os nervos e aliviar dores nas costas. O médico não sabia se os dois aparelhos interagiriam bem e, quando não conseguiu contatar o fabricante do equipamento para os nervos, ligou para a Guidant. O funcionário da área técnica que recebeu a solicitação de imediato enviou para o representante comercial vários artigos sobre o equipamento da companhia e sobre como ele interagia com outros aparelhos. O representante os leu para o médico ao telefone. O médico por fim se sentiu seguro para fazer o implante. Depois da cirurgia, o representante da Guidant enviou a seguinte mensagem ao funcionário da área técnica: "Sem sua ajuda, o paciente não teria recebido o desfibrilador de que tanto precisava. Você foi ótimo!". Dale, o então gerente do grupo de atendimento técnico 24 horas, relatou que isso acontecia todos os dias. "Nem consigo contar quantas vezes os representantes de vendas ou os médicos nos elogiam por ter pessoal bem treinado disponível para responder suas dúvidas." A Guidant é reconhecida no mercado por oferecer suporte técnico graças a uma simples pergunta: "O que você está preparado para fazer?". É claro que é muito mais fácil perguntar do que responder.

POR QUE AS PESSOAS FALHAM NA ETAPA DO IT®

A maior parte das pessoas que falha na etapa Do It acha difícil resistir à força gravitacional do abaixo da linha, que tão facilmente pode levar de volta ao ciclo de vitimização, desperdiçando tempo, energia e recursos; ignorando e negando; dando desculpas; elaborando explicações; apontando culpados; ficando confuso; e esperando para ver se algum mago resolverá as dificuldades. Em nossa experiência, isso acontece com muita frequência devido a uma resistência natural aos riscos percebidos quando se assume total responsabilidade pelos resultados. O medo de falhar pode ser uma carga terrível que faz com que o passo final do accountability seja quase impossível. Parece muito mais fácil se esconder em uma falsa sensação de segurança, dando desculpas para evitar os perigos associados ao risco. Nada o manterá mais preso no ciclo de vitimização do que a falta de coragem para agir.

Nós vemos isso o tempo todo. Assim como a linha entre os passos para o accountability e o ciclo de vitimização separa empresas eficientes de ineficientes, a linha entre Solve It e Do It separa boas empresas de ótimas. Estas aceitam os riscos de agir, apesar do perigo.

Para conseguir que as pessoas se envolvam e se tornem responsáveis pelos resultados, muitas companhias criaram maneiras de empoderar os funcionários. Tais organizações aprenderam o que significa estimular um senso de urgência em fazer, a despeito das estruturas existentes ou das tradições. Um relato no jornal *USA Today* conta o que acontece quando um grupo de pessoas se envolve de fato:

> "A Chevrolet tinha um problema. O Camaro – um grande chamariz para jovens compradores e uma parte importante da imagem de performance da Chevy – tinha se tornado um calhambeque desengonçado. A revista *Consumer Reports* o condenou. Mesmo as publicações sobre automóveis mais favoráveis ao veículo não podiam ignorar as alavancas de câmbio soltas, os vidros com infiltrações e os painéis barulhentos. A Pontiac – divisão da General Motors que fazia a mesma categoria de carro – também estava sofrendo. O Firebird tinha o mesmo chassi e era montado ao lado do Camaro. A designação genérica da GM para esses veículos era 'carro F'. 'As vendas estavam caindo. Os índices de qualidades despencavam', disse o gerente de engenharia da linha F, Richard

DeVogelaere. 'Vazamentos, rangidos e ruídos, dirigibilidade ruim, problemas elétricos – provavelmente nenhum segredo para os proprietários do Camaro ou do Firebird. Não tínhamos prestado tanta atenção quanto deveríamos'."

Entretanto, a GM não deixou que a burocracia de uma grande empresa fosse obstáculo para melhorias, e permitiu que DeVogelaere e uma pequena equipe com orçamento limitado cuidasse dos problemas. Como resultado, conseguiu melhorar a qualidade e diminuir os defeitos de modo que em apenas dois anos as reclamações da garantia caíram pela metade. DeVogelaere descreveu a atitude de sua equipe: "O orçamento era muito, muito pequeno, mas era todo concedido de antemão, então não precisávamos justificar nada. Eles me deram o dinheiro e disseram 'Faça'. Isso realmente funcionou. Não precisávamos de muitas autorizações. Se você pedia, era feito. Era animador. Você ouve falar de dar responsabilidade a níveis hierárquicos mais baixos, onde as pessoas de fato sabem fazer. Foi assim". Por sua vez, algumas empresas fracassam em gerar esse tipo de accountability em seu pessoal porque não conseguem resistir ao impulso de dizer às pessoas o que fazer, em todos os níveis.

A era do financiamento de dívidas que assolou os Estados Unidos e contribuiu para levar muitas companhias à falência e colocar o país e o mundo em depressão econômica foi tentadora para muitas, exceto para o Morgan Stanley. Como relata a *Time*: "Durante o auge da aquisição de empréstimos e financiamento de títulos de alto risco, os investimentos distintos que o Morgan Stanley fazia eram risíveis. Enquanto companhias mais agressivas mergulhavam de cabeça usando novas técnicas arriscadas, o Morgan, apesar da liderança em aquisições, parecia preso em um entediante hábito de subscrever ações de empresas blue chip e vender títulos com grau de investimento. A nova geração estava apostando alto no banco imobiliário, dizia-se, enquanto os engravatados do Morgan Stanley estavam jogando trívia". O Morgan preferiu correr o risco de perder investidores com sua política conservadora, mas no longo prazo, e em retrospectiva, aquela estratégia provou ser a certa.

Ao aceitar completa responsabilidade pela consequência de suas ações, o Morgan viu a miopia da onda de títulos de alto risco e assumiu sua posição, apesar de ter sido ridicularizado e criticado. Resolveu os problemas diversificando os investimentos em vários campos, em vez de pular de um título arriscado para outro, e agiu decisivamente quando preferiu se manter fiel a valores bem estabelecidos de confiança e integridade. No fim, o que o Morgan Stanley fez foi se tornar uma das instituições bancárias mais lucrativas de Wall Street.

AS CONSEQUÊNCIAS DE NÃO SUBIR O PASSO DO IT®

Se falhar no Do It, você deixará de melhorar a situação ou de obter os resultados que deseja, e também entrará em um ciclo contínuo de desapontamento. A história da Strategic Associates demonstra isso.

Como muitos pequenos prestadores de serviços, a Strategic Associates (não é o nome real), um escritório de consultoria administrativa, estava com dificuldades em arcar com as despesas gerais e continuar crescendo. Havia aprendido a identificar o ponto de "baixa nas vendas" – um abismo – que em geral acontece de dois a quatro meses depois do início dos atuais trabalhos. Como as principais pessoas da empresa faziam tanto o trabalho de venda como o de consultoria, elas ficavam de olho nesse ponto de baixa e voltavam a atenção para as vendas quando chegavam perto dele.

Embora a cultura da SA fosse de evitar o tal abismo, a situação mudou quando a baixa se intensificou e se tornou mais ameaçadora. De fato, os funcionários não sabiam, mas o próprio presidente hipotecara a casa para cobrir a folha de pagamento de dois meses. Quando a informação vazou, os funcionários começaram a querer saber quão ruim era a situação e se haveria cortes.

Nesse clima de medo, a empresa caiu abaixo da linha e todos culparam uns aos outros, os programas internos e até eventos externos pelo fraco desempenho e pelos problemas que não paravam de aumentar. A gestão da SA fazia entrevistas pessoais objetivas com todos os funcionários para avaliar o desempenho, mas a maioria achava que estava sendo culpada injustamente por problemas além de seu controle. Depois de muitos desabafos emotivos em uma reunião semanal, a gerência e os funcionários decidiram que era hora de parar o jogo de acusação e reverter a situação.

Na sequência, a gerência investiu muito tempo entrevistando os funcionários para entender a natureza do problema. Então, em uma reunião histórica com todos os colaboradores, os executivos expuseram o que tinham descoberto, sem esconder nada. Mostraram tabelas e gráficos que resumiam os fatos, e houve uma discussão e um diálogo aberto, com o objetivo de resolver a questão das vendas. Não era difícil subir o passo See It porque o problema se infiltrara em todos os níveis. À medida que a reunião avançava de maneira tumultuada, ninguém se continha – afinal, qual seria a consequência de ser honesto àquela altura? Era certo que se a situação não mudasse nos dois meses seguintes, a SA teria de demitir. A reunião serviu como um alarme para que os funcionários entendessem a gravidade das circunstâncias e o fato de que estavam fazendo pouco para ajudar.

A gerência sênior certamente cometera sua parcela de erros, mas os funcionários haviam evitado o assunto porque não se sentiam responsáveis pela parte comercial. Mesmo os que tinham tentado vender não obtiveram bons resultados, e muitos outros sequer tentaram porque não recebiam incentivos para isso. Alguns culpavam a gestão por não ter dado treinamento adequado ou pela falta de comissões atrativas, mas outros começaram a enxergar as limitações da própria zona de conforto e da falta de vontade de desafiarem a si mesmos e assumirem a responsabilidade pelos problemas da SA. Todo mundo deixara o peso das vendas sobre os ombros da equipe executiva, em especial do presidente. Afinal, se esse grupo sempre tinha feito as vendas necessárias, por que mais alguém deveria se preocupar com isso? Naquele momento, com a existência da própria SA em risco, os funcionários compreenderam que todos deviam se preocupar.

Nessa reunião, a gerência também percebeu que não fornecera informações importantes sobre a realidade da empresa. Até então, os melhores vendedores tinham recebido todo reconhecimento, mas nunca compartilharam a glória e os ganhos com os demais. Por sorte, sempre levaram a SA para longe do abismo, mas, àquela altura, só sorte não seria suficiente. Enquanto a gerência sênior ouvia os funcionários, ficou claro que todas as histórias de vendas bem-sucedidas tinham o presidente e o diretor-executivo como estrelas. Na verdade, o diretor-executivo sempre tratava a venda de serviços intangíveis de consultoria com certa mística reservada somente para a elite dos consultores. Sempre que a SA estabelecia contatos promissores para novos negócios, colocava os melhores vendedores no negócio: o presidente e o diretor-executivo. Esse hábito nutriu a percepção de que as vendas eram um domínio das pessoas no topo.

O resultado da reunião foi que o que diretor-executivo e o presidente aprenderam que, embora soubessem vender, não se sentiam confiantes em treinar outras pessoas para isso. Esse sentimento vinha, em parte, da necessidade de receber elogios. Afinal, boas vendas garantiam sua posição de estrelas.

Quando eles assumiram os fatos sobre o problema da SA, perceberam que todos os funcionários precisavam ganhar confiança para poder ajudar na etapa Solve It. Se todos se identificassem como parte do problema, poderiam ajudar uns aos outros a se ver como parte da solução. Dada a gravidade das circunstâncias, cada um precisaria demonstrar 110% de ownership da situação, independentemente do tamanho de sua participação no problema. Caso contrário, a SA não conseguiria se reerguer.

Quando o presidente e o diretor-executivo compartilharam essa visão durante a reunião, cada vez mais pessoas começaram a falar que fariam o que fosse necessário para atingir os objetivos. A emoção aflorou. O entusiasmo contagiou. A confiança aumentou. De modo muito concreto, esses sentimentos geraram energia para conseguir resultados dez vezes maiores, pois todos desenvolveram um forte senso de propriedade.

Quando o presidente conduziu o grupo para a fase Solve It, ele perguntou: "O que mais podemos fazer para alcançar os resultados que queremos?". A discussão que se seguiu revelou um entusiasmo reprimido para resolver o problema comercial recorrente, não apenas no curto prazo, mas também no longo. O grupo elaborou um plano de vendas que incluía o envolvimento imediato de cada funcionário, descrevendo o que deveria ser feito para impedir a SA de cair no abismo. Pela primeira vez na história da companhia, cada um começou a pensar no que faria pessoalmente para aumentar os contatos de vendas e melhorar o desempenho geral. Alguns até citaram amigos e conhecidos com os quais poderiam entrar em contato.

Mais importante do que o esforço no curto prazo foi que eles conseguiram criar um plano de longo prazo e envolver todo o pessoal para evitar o fracasso. Esse plano se centrava em desenvolver as habilidades de vendas do time de consultores. Por fim, todos compraram a ideia da solução de longo prazo: categorizar os novos negócios em três diferentes grupos baseados no potencial de receita. Contatos de empresas com vendas anuais abaixo de US$ 250 milhões iriam para a categoria C, que qualquer consultor poderia atender sem o auxílio de um membro da equipe de executivos. Assim, a equipe de vendas aumentava de imediato, permitindo que mais pessoas ligassem para clientes em potencial sem o risco de perder as contas mais lucrativas. Ao longo do tempo, todos ganhariam experiência para atender clientes maiores.

A categoria B incluía clientes de US$ 250 milhões a US$ 1 bilhão em vendas anuais. Esses seriam contatados por qualquer consultor e um membro da equipe de executivos, exceto o presidente e o diretor-executivo. As empresas A, que apresentavam vendas anuais de US$ 1 bilhão, receberiam atenção direta do diretor-executivo ou do presidente, com um dos consultores que poderia fechar o contrato.

Para implantar esse programa, os consultores seniores elaboraram um processo de treinamento e certificação para cada categoria, e no final da reunião o grupo inteiro estava entusiasmado para enfrentar o desafio. Muitos acreditavam que poderiam ajudar tanto a si mesmos quanto à empresa com a nova abordagem comercial, e o próprio presidente considerava que o programa acabaria com os limites e as fronteiras para um futuro de sucesso. A solução aumentava imediatamente a força de vendas, e os funcionários da SA se desenvolveriam, criando uma máquina de fechar vendas que a manteria longe do abismo.

Depois da reunião, todos estavam prontos para o passo Do It, mas ele nunca aconteceu. Enquanto as pessoas se concentravam na necessidade de fazer vendas imediatas nas semanas que se seguiram à memorável reunião, o presidente negociou o maior contrato de sua história, trazendo enorme alívio, pois a SA resolvera a crise.

Praticamente da noite para o dia, a preocupação de longo prazo de evitar o abismo e sustentar o crescimento contínuo se tornou uma fraca memória, e todos os consultores voltaram a fazer o que sempre fizeram: realizar o trabalho vendido pelos superiores. O cenário era ótimo, pois a venda gigantesca somada às vendas anuais acumuladas até aquela data fariam com que a SA tivesse o melhor ano de sua história em termos de receita. O resultado foi que o diretor-executivo e o presidente perpetuaram o mito de que somente eles podiam matar os grandes leões, e deixaram o programa de treinamento e de certificação de lado. Embora um ou outro funcionário lamentasse de vez em quando o retorno ao modo antigo de operar, nenhum dos novos planos de desenvolvimento de vendas se materializou. Nem a gerência nem os consultores quiseram assumir os riscos da nova abordagem. Com isso, a SA logo voltou a abaixo da linha, esperando o próximo abismo surgir, torcendo para que não fosse tão profundo da próxima vez.

É claro que um ano mais tarde o abismo reapareceu e a SA voltou ao mesmo ponto. Mais uma vez, o diretor-executivo e o presidente chamaram a responsabilidade para si. Infelizmente, ao não subir do passo Solve It para o Do It, não conseguiria ficar acima da linha e obter os resultados de que precisava. Imagine o que poderia ter acontecido se a SA tivesse seguido o plano original.

AUTOAVALIAÇÃO DO IT®

Sua capacidade de agir vem da vontade de se responsabilizar pela situação e pelo avanço em direção aos resultados. O questionário a seguir o ajudará a determinar se você deseja correr os riscos associados à ação. Se estiver relutante ou hesitante em agir, revise os capítulos de 4 a 7 para renovar seu entendimento acerca dos passos para o accountability. Agora, pare por alguns minutos para considerar seus comportamentos e atitudes a respeito da etapa Do It.

Depois de completar a Autoavaliação Do It, some os pontos e consulte a tabela a seguir para ver orientações sobre como avaliar sua habilidade de ficar acima da linha e agir.

Frequentemente usamos esse questionário com clientes porque ele ajuda a gerar feedback. Embora se possa avançar por meio de uma autoavaliação sincera, você pode aprender ainda mais por meio de feedback franco de colegas, amigos e familiares.

Lembre-se: pessoas accountables buscam feedback, e feedback cria pessoas accountables.

Autoavaliação Do It®

		Nunca	Raramente	Às vezes	Frequentemente	Sempre
um	Você reconhece as forças, quando existentes, que podem puxá-lo para abaixo da linha.	0	1	3	5	7
dois	Você é eficiente ao evitar idas extras a abaixo da linha quando trabalha para implantar a etapa Do It!	0	1	3	5	7
três	Você conta com seu accountability, não importando os resultados.	0	1	3	5	7
quatro	Você toma a iniciativa de esclarecer suas responsabilidades e accountabilities.	0	1	3	5	7
cinco	Você encoraja outras pessoas a esclarecem as responsabilidades e accountabilities delas.	0	1	3	5	7
seis	Você está disposto a correr riscos para subir o passo Do It.	0	1	3	5	7
sete	Você não desiste facilmente e não se abate diante de obstáculos, persistindo na busca por fazer acontecer.	0	1	3	5	7
oito	Depois que objetivos pessoais e empresariais são estabelecidos, você mede o progresso em direção a eles.	0	1	3	5	7
nove	Mesmo que as circunstâncias mudem, seu comprometimento com os resultados não varia. Você permanece determinado a agir!	0	1	3	5	7
dez	Você sempre "identifica, assume, encontra a solução e age" até atingir os resultados desejados.	0	1	3	5	7

©2003 Partners In Leadership, LLC. Todos os direitos reservados.

Pontuação da Autoavaliação Do It®

Pontuação total	Parâmetros da avaliação
De 55 a 70 pontos	Mostra uma forte atitude Do It. Entretanto, você deveria evitar interferência daqueles que se sentem menos responsáveis para não perder sua capacidade de influenciar a jornada deles para acima da linha.
De 40 a 54 pontos	Indica atitudes e comportamentos Do It de razoáveis a bons, mas você pode melhorar.
De 25 a 39 pontos	Sugere aversão a correr os riscos associados ao passo Do It.
De 0 a 24 pontos	Revela sérios problemas abaixo da linha. Você deveria voltar ao capítulo 4 e começar a subir os passos para o accountability novamente.

©2003 Partners In Leadership, LLC. Todos os direitos reservados.

AS VANTAGENS DE EXERCITAR OS MEIOS PARA DO IT®

Sabemos por experiência própria que é muito mais fácil pregar o accountability do que praticá-lo. É por isso que apreciamos tanto encontrar indivíduos excepcionais que, independentemente do tamanho do obstáculo, recusam-se a ficar presos abaixo da linha. Essas pessoas lutam para melhorar sua situação e invariavelmente obtêm resultados surpreendentes para eles e para os outros. Karsten Solheim merece um reconhecimento especial nesse sentido.

Durante a Grande Depressão dos anos 1930, Karsten abandonou a faculdade para ganhar dinheiro para sobreviver, mas desejava voltar aos estudos algum dia. Ele trabalhou como sapateiro e depois como aprendiz de engenheiro na Ryan Aeronautical e na Convair, adquirindo um aprendizado valioso no trabalho, mas não conseguia economizar dinheiro suficiente para voltar à educação formal.

Karsten trocou a Ryan pela General Electric, onde ajudou a desenvolver o primeiro aparelho de televisão portátil. Logo depois, em seu tempo livre, criou as primeiras antenas "orelha de coelho" para televisores. Quando os executivos da GE descartaram a invenção, ele mostrou a ideia e o design para outra empresa, que ganhou uma fortuna com o aparelho. Infelizmente, Karsten não recebeu nenhuma remuneração pela invenção a não ser um par de antenas de ouro depois que ela alcançou a marca de 2 milhões de unidades vendidas. Em vez de ceder ao ressentimento, Karsten aprendeu com a experiência, encarou a realidade, assumiu a situação e prometeu a si mesmo, com uma genuína atitude Solve It: "Na próxima vez que eu inventar algo, vou fazer eu mesmo". Foi o que aconteceu.

Enquanto ainda trabalhava na GE, Karsten passava as noites e os fins de semana desenvolvendo, na garagem, tacos de golfe inovadores. Ninguém o levou a sério no início, como relatou um artigo da *Sports Illustrated*: "Karsten Solheim era considerado louco quando começou a aparecer em eventos nacionais por volta de 1960, mas ele foi esperto para ir direto ao *green* de treino. É onde fica quem se machuca nos torneios, gente sempre à espera de uma 'cura' milagrosa". Aprimorando suas invenções com os comentários dos jogadores de golfe profissionais, Karsten desenvolveu um *putter* que tinha um *sweet spot* maior, o que facilitava alinhar a bola com o buraco e funcionava muito bem em todos os tipos de grama. Conseguiu convencer alguns profissionais a usar o novo taco e ficou satisfeito ao vê-los ganhar alguns torneios. O boca a boca sobre o novo *putter* Ping se espalhou, aumentando a demanda não apenas para esse taco, mas também para outros, feitos de madeira e ferro.

Tendo aprendido com as experiências anteriores, Karsten sabia que ele mesmo deveria dirigir o desenvolvimento futuro do novo produto. Isso significava que ele teria de assumir riscos calculados, como deixar sua carreira de sucesso na GE. Ciente de que não conseguiria atingir os resultados desejados a menos que se arriscasse, não pensou duas vezes. Foi lá e fez. Depois de deixar o emprego na GE, Karsten montou uma linha de fabricação de tacos de golfe e, em apenas dois anos, fez o negócio crescer de US$ 50 mil para US$ 800 mil. Em 1992, Karsten era o líder desse setor de atividade. Ele se manteve sempre acima da linha, mesmo diante de adversidades. Quando soube que a United States Golf Association apontara que a distância entre as ranhuras do taco modelo Ping "Eye 2" não estavam em conformidade com a os padrões da USGA, Karsten contestou as alegações na justiça, ao mesmo tempo em que criava mais inovações em sua fábrica. Ele se recusou a abandonar o comprometimento com Do It e jamais foi a abaixo da linha. Solheim faleceu em 2000 aos 88 anos de idade, comovendo a comunidade mundial do esporte, o que evidenciou o respeito e admiração que conquistara. "Talvez nenhum indivíduo tenha tido um impacto tão profundo na indústria do golfe como Karsten Solheim", disse Ken Lindsay, presidente honorário da Professional Golfers Association of America. "No vasto mercado atual de equipamentos para golfe, o impacto da tecnologia na melhora do desempenho é um assunto recorrente. Devemos agradecer a esse ex-funcionário da GE os padrões que ele estabeleceu nessa área."

Em outro exemplo de accountability impressionante, nosso cliente Guidant CRM enfrentou uma situação ameaçadora: a fábrica de um fornecedor pegou fogo, deixando-a sem um componente crítico usado no desfibrilador ressincronizador cardíaco (CRT-D). Esse aparelho é um produto importante no tratamento de insuficiência cardíaca, e a Guidant foi a primeira a colocar essa tecnologia nos Estados Unidos. A empresa poderia perder mercado para um concorrente – um deles tinha um aparelho maior e usava tecnologia menos avançada –, e também quebrar a promessa de entregar produtos de ponta para tratamento de pacientes cardíacos.

Apesar do fato de que os ciclos de desenvolvimento de produto em geral levam meses, se não anos, a gerência sênior da Guidant CRM cobrou o grupo de engenharia de produto para ter accountability e colocar no mercado com rapidez outro equipamento para ajudar os pacientes e os clientes que confiavam na tecnologia deles. Historicamente, esse desenvolvimento não era feito pelo grupo de engenharia, então o processo mental usado para executar o projeto foi diferente do que o de uma equipe de P&D. O equipamento seria elaborado usando uma plataforma diferente para evitar questões de fabricação, que tinham quase parado a produção do atual CRT-D. Uma pequena equipe com autoridade para tomar decisões, formada por funcionários de vários departamentos, reuniu-se em 10 de junho de 2002, com regras definidas: uma hora, uma reunião, sair com um conceito. Sem tempo a perder, o grupo elaborou um conceito aprovado no dia seguinte, e o relógio começou a rodar.

O produto tinha um cronograma impossível – deveria ser submetido para aprovação do FDA em agosto – e não havia recursos provisionados. Kent Fox, o gerente do projeto CONTAK CD 2, como o projeto passou a se chamar, convocou uma reunião com os gerentes de equipe de todo o time de pesquisa e desenvolvimento e pediu a eles que cedessem os funcionários mais talentosos. Retirar pessoas importantes de outros projetos colocava em risco os prazos do departamento, mas Fox conseguiu assegurar um alto nível de ownership para o sucesso do CONTAK CD 2 e alocou rapidamente aqueles com as habilidades certas para atingir os objetivos.

No meio dessa crise, a empresa poderia ter caído abaixo da linha, escondendo-se do problema e de suas consequências, e aguardado o lançamento programado do próximo produto. Afinal, a Guidant nunca tinha feito um projeto em um prazo tão curto antes. Por que esperava e torcia para que os clientes e pacientes esperassem até o próximo lançamento, programado para fevereiro? Em vez disso, a gerência sênior optou por uma abordagem acima da linha; uma iniciativa que permitiria à Guidant permanecer líder no fornecimento de tecnologia para insuficiência cardíaca para seus clientes e pacientes. Um grupo ficou encarregado da etapa Solve It, pulando a fase paralisante de encontrar culpados e indo ao nível de accountability organizacional que permitiu a toda a empresa assumir a situação.

A equipe trabalhou incansavelmente na fase Do It, com Fox lembrando os envolvidos que cada dia era equivalente a cerca de 3% do prazo total do projeto. Eles conseguiram alavancar o hardware e o software existentes e incluíram um modelo de alta energia – o primeiro nesse setor de atividade nos Estados Unidos. O CONTAK CD 2 resultante era 38% menor do que o aparelho do concorrente e preenchia uma lacuna essencial na oferta de produtos da empresa. O grupo não apenas cumpriu o prazo de submissão à FDA, mas o antecipou em uma semana. Do desenvolvimento do conceito até a aprovação, foram quatro meses e meio. Em circunstâncias normais, só a aprovação da FDA levaria seis meses. O produto foi submetido e, graças ao completo trabalho técnico, uma série de negociações acima da linha em tempo recorde com a agência, e a compreensão da FDA da natureza crítica do produto para os pacientes, ele foi aprovado rapidamente. A Guidant fez o lançamento em dezembro e recebeu um retorno positivo de imediato, oferecendo um novo tratamento para salvar vidas.

A boa recepção dos consumidores ajudou a preparar o terreno para o lançamento bem-sucedido, em fevereiro, do equipamento de ponta, o CRT-D, que estava em desenvolvimento havia anos.

Sem dúvida, o projeto CONTAK CD 2 representou um episódio difícil na história da Guidant, mas a gerência sênior e todos os funcionários da empresa nunca esmoreceram no comprometimento de permanecer acima da linha. É certo que houve dúvidas e tensão ao longo do caminho. A Guidant poderia ter desperdiçado tempo, energia e recursos negando o problema, jogando a culpa no fornecedor do componente e defendendo seu *status quo*, mas ela fez o que muitas empresas não conseguem fazer: venceu a força gravitacional do ciclo de vitimização e foi do Solve It para o Do It, apesar dos riscos. As ações da Guidant compensaram, tanto em termos de satisfação do cliente e de vendas, como em estabelecer um novo paradigma para o desenvolvimento de produtos. Em 2003, uma linha inteira de foi atualizada para incluir o recurso de carga rápida desenvolvido durante esse projeto. Esse recurso é visto como sendo de muito valor por diversos médicos clientes da Guidant e contribuiu para aumentar o market share. Desde esse projeto, a nova estratégia de desenvolvimento conseguiu colocar outros produtos no mercado com rapidez. Além disso, foram implantadas medidas cautelares para evitar a futura dependência de uma única fonte de componentes essenciais.

A empresa aprendeu que obter o resultado certo, seja qual for o tipo de desafio, acontece somente quando todos assumem o ownership da reputação como líder. A companhia inteira encarará o futuro com mais confiança no processo de desenvolvimento de produto e com a cultura corporativa fortalecida, guiada primeiro e acima de tudo pelo sentido de completo accountability.

Nós também testemunhamos as vantagens de usar os meios para Do It quando observamos um jovem recém-formado que chamaremos de Terry. Ele acabara de sair da faculdade com um reluzente diploma de MBA e foi entrevistado pelo diretor de desenvolvimento de uma empresa de tamanho médio para assumir uma posição em desenvolvimento de produto. Durante as entrevistas, o diretor disse a Terry que a experiência dele na faculdade era o que procurava. Ele prometeu que ele lideraria uma equipe de desenvolvimento de produto com todo o orçamento e tempo necessários para concluí-lo. Nem é preciso dizer que ele aceitou o emprego muito entusiasmado e confiante. Sabia, pelas entrevistas, que tinha mais habilidades e conhecimento do que todos na empresa.

Os eventos aconteceram como o diretor descrevera. Ao começar a trabalhar, Terry recebeu um orçamento, uma equipe, um cronograma e toda a liberdade do mundo para tomar as decisões e colocar seus conhecimentos em prática. Embora tenha havido alguns rumores entre os funcionários sobre por que alguém recém-saído da faculdade merecia tal oportunidade, o diretor expressou em alto e bom som que confiava na capacidade de Terry.

Nos meses seguintes, a equipe dele trabalhou intensamente no desenvolvimento do produto. Descobriram que reunir os colaboradores de diferentes áreas funcionais na empresa em um único grupo, ajudava a manter o foco e a diminuir as distrações provocadas por outras questões diárias. Tudo ia muito bem e Terry se sentia no controle, ao ponto de que, quando as pessoas – inclusive o presidente – perguntavam como ia o projeto, ele respondia: "Espere até você ver o que estamos desenvolvendo: é tudo que você queria e um pouco mais".

Para cumprir uma etapa estabelecida pelo diretor, a equipe trabalhou sem parar. Eles até se revezavam para dormir no sofá de uma das salas de reunião. Nunca os funcionários haviam trabalhado com tanto entusiasmo e intensidade. Todos acreditavam que era isso que a empresa queria. À medida que o tempo passava, a necessidade do novo produto se tornara cada vez mais evidente, e todos esperavam ansiosamente a revelação.

Quando chegou a manhã do prazo estabelecido, a equipe estava pronta para revelar o resultado do trabalho. Todos estavam exaustos, mas o entusiasmo e a euforia de cumprir o prazo e de concluir o projeto com um resultado melhor do que o esperado os energizava. Reuniram-se com o diretor de desenvolvimento no escritório dele. Era uma manhã movimentada, e ele estava concentrado em seu trabalho quando a equipe chegou. Ele olhou no relógio e perguntou o que queriam. Eles responderam que haviam terminado o projeto e prepararam uma apresentação repleta de informações impressionantes. Para a surpresa de todos e desapontamento de Terry, o diretor baixou o olhar e disse: "Obrigado. Falo com vocês assim que puder. Precisam de mais alguma coisa?". Atordoados e confusos pela resposta do diretor, saíram abatidos do escritório. Para piorar, o diretor não mencionou nada sobre o projeto nos dias que se seguiram.

Uma semana depois, Terry perguntou ao diretor o que ele tinha achado do trabalho realizado. O diretor respondeu que ainda não tivera tempo de revisar o material e não sabia onde o tinha colocado. Ele precisava de outra cópia.

Terry não podia acreditar no que ouvia. Desapontado, contou à equipe o que acontecera. A indignação logo se transformou em motim. Começaram a falar em atualizar os currículos e procurar empregos melhores. O próprio Terry pensou que era o fim, que fora uma vítima, mas hesitava falar aos outros sobre isso. Quem acreditaria nele? Entretanto, não demorou muito para que os boatos se espalhassem de que o diretor estava insatisfeito com os esforços de Terry e de sua equipe. Terry não se lembrava de ter sido tratado de maneira tão injusta em toda a vida. Para piorar, outras pessoas pareciam acreditar no que o diretor dizia.

Como muitos estudantes de MBA recém-formados, Terry começou a analisar as opções, conversando com colegas sobre oportunidades de trabalho e tentando sentir como estava o mercado de trabalho. Um amigo lhe deu um exemplar de *O Princípio de Oz* e ele passou a analisar a situação sob uma perspectiva diferente. Se saísse como vítima, voltaria a erguer a cabeça? Sabiamente, ele resolver passar para acima da linha.

Ao subir o passo See It, ele passou a conversar com outras pessoas sobre o que acontecera. Ao pedir um feedback sincero, ficou sabendo de fatos interessantes. Primeiro, descobriu que a empresa estava à beira de um colapso, como resultado do fracasso do lançamento de outros produtos no mercado. Sua equipe, que se concentrara no novo projeto, estava alheia à gravidade da situação. Esmagado pela turbulência, o diretor de desenvolvimento colocara o projeto de Terry no fim da lista, o que o surpreendeu porque presumira que os esforços da equipe teriam chamado a atenção de todos na companhia. Afinal, a equipe considerava o projeto essencial para o futuro do negócio. Todo mundo no departamento de desenvolvimento estava trabalhando noite e dia para resolver os problemas urgentes de produto, mas Terry, que manteve a si e a sua equipe isolados, não entendera a magnitude das dificuldades.

Para piorar a situação, no dia em que Terry fez a apresentação, havia o boato de que a alta gestão dera a seu chefe, o diretor, seis meses para mudar a situação ou seria demitido. Ele acabara de comprar uma casa grande perto da matriz, e a perspectiva da hipoteca gigante e de perder o emprego com certeza eram grandes preocupações. Além disso, ouviu de mais de uma pessoa que muitos no departamento se ressentiam de sua equipe não falar sobre o trabalho ou pedir ajuda. As pessoas não gostavam de segredos, sobretudo em face da tradição de trabalho em equipe no departamento.

Depois de absorver o feedback, Terry lamentou o que havia feito. De alguma forma, ele se isolara do departamento, o que explicava porque ninguém nutria simpatia por ele ou por sua equipe, e por que ninguém nunca questionou as opiniões infundadas do diretor. Terry achava que ele poderia ter ajudado mais a equipe a entender melhor como poderiam ter agido de maneira diferente, mas também aceitou o fato de que ele e sua equipe haviam se isolado numa atitude míope. Talvez ele não fosse tão vítima assim.

Quando passou ao passo Own It, Terry passou a pensar melhor em tudo o que poderia ter feito diferente: compreender a cultura de trabalho em equipe do departamento, criar um canal de comunicação aberta com seus pares, pedir feedback ao longo do caminho e prestar mais atenção ao que mais estava acontecendo na área e na empresa como um todo. Quando ele percebeu que talvez tivesse accountability sobre tudo isso, passou a sentir que queria permanecer e mudar a situação. Depois de se reunir com o grupo e apresentar a nova perspectiva, ficou satisfeito de ver que todos listaram sem dificuldade o que poderiam ter feito para ter um resultado melhor. E as soluções começaram a aparecer.

Quando Terry subiu para o passo Solve It, decidiu provar ao departamento que era um membro do time interessado em muito mais do que o próprio sucesso. Sabia que isso iria demorar um pouco. Também exigiria que se sentasse com o diretor e discutisse o que acontecera e o que ele aprendera com a experiência.

Considerando as circunstâncias, Terry entendeu que passara para acima da linha galgando os passos See It, Own It e Solve It, dos passos para o accountability. O feedback e as opiniões dos outros o tinham deixado desconfortável e havia sido difícil de admitir, mas ele encontrara consolo no fato de que, embora tivesse contribuído para a situação, podia mudar o modo como as pessoas se sentiam sobre ele e a respeito do que tinha a oferecer. Tudo o que o aguardava agora era o Do It, o quarto e último passo. Ciente da grande diferença entre saber o que fazer e fazer de fato, fortaleceu seu desejo de aceitar os riscos e partir para ação.

Tendo passado para acima da linha, Terry deu alguns passos decisivos para mudar a maneira como as pessoas o viam. Ele amadureceu com a caminhada. Vendo sua experiência sob a perspectiva do accountability, foi capaz de superar as forças que, de outro modo, poderiam tê-lo arrastado para abaixo da linha, onde se sentiria vítima das circunstâncias. Com o tempo, focou o conhecimento e as ideias inovadoras do novo produto e se integrou à equipe maior. Por fim, tornou-se diretor de desenvolvimento, um trabalho que ele adora. Passa muitas horas como coach de novos funcionários para que eles também subam os passos See It, Own It, Solve It e, sobretudo, o Do It!

PREPARAÇÃO PARA APLICAR ACCOUNTABILITY EM TODA A EMPRESA

No fim, Dorothy exerceu os meios para agir. Somente quando reconheceu e utilizou as habilidades que possuía, pôde consolidar o próprio accountability pela sua situação e pelos resultados que desejava. Com determinação renovada, bateu os calcanhares e voltou ao Kansas. Mesmo tendo usado os sapatos mágicos durante toda a jornada, não tinha empregado seu poder até ter aprendido O Princípio de Oz: as pessoas possuem dentro de si mesmas o poder para superar os problemas e obter os resultados que desejam.

Pessoas accountables usam esses princípios há séculos. Por exemplo, a Bíblia diz, há mais de 2 mil anos, no Livro de Esdras 10:4: "Levanta-te, pois este assunto pertence a ti... Tenha coragem e aja!".

W. E. Henley, o poeta inglês, colocou o mesmo de outro modo. Durante um dos mais difíceis períodos de sua vida, tendo perdido a perna esquerda por causa de uma tuberculose e lutando para salvar a direita na Enfermaria Real, ele compôs aquele que se tornou um dos seus mais famosos poemas, "Invictus":

> Na noite escura que me envolve,
> Negra como um breu infindável
> Agradeço a mais de um deus
> Por minha alma indomável.
>
> Nas garras ferozes do destino
> Não estremeci nem chorei em voz contida
> Sob os duros golpes do acaso
> Minha cabeça sangra, mas segue erguida
>
> Além deste lugar de ira e lágrimas
> O horror das sombras será sentido
> E apesar da ameaça dos anos
> Estou – e permanecerei – destemido
>
> Não importa que a passagem seja estreita
> Que o futuro me castigue sem calma
> Sou o dono da minha sorte
> Sou o capitão da minha alma

De volta ao lar no Kansas, Dorothy nunca mais seria a mesma porque aprendera, em sua árdua jornada, que era dona do seu destino. Sem fôlego, relatou à família e aos amigos sobre as coisas maravilhosas que tinha vivido e aprendido na terra de Oz, uma história que você pode começar a contar assim que começar a aplicar *O Princípio de Oz* em sua empresa, o assunto da Parte 3.

Parte 3

RESULTADOS POR MEIO DO ACCOUNTABILITY COLETIVO: DESEMPENHO ACIMA DA LINHA

Para fazer com que a empresa fique acima da linha, é necessário que todos os funcionários aceitem tanto o accountability individual quanto o coletivo. O processo para chegar a esse ponto demanda liderança acima da linha. Na parte 3, usamos nossa experiência de mais de três décadas trabalhando com O Princípio de Oz para mostrar como incorporá-lo a sua liderança, implantá-lo e aplicá-lo às duras questões organizacionais e de gestão da atualidade. Acreditamos que você irá concordar conosco no fim: o accountability pelos resultados está no centro de todo negócio de sucesso.

Capítulo 8

GLINDA, A BRUXA BOA: LIDERANÇA ACIMA DA LINHA

Dorothy então deu a ela o Chapéu Dourado, e a Bruxa disse ao Espantalho:
– O que você fará quando Dorothy nos deixar?
– Voltarei à Cidade das Esmeraldas – ele respondeu –, pois Oz me fez governante e as pessoas gostam de mim. A única coisa que me preocupa é como cruzar a Colina dos Cabeças de Martelo.
– Pelo poder do Chapéu Dourado eu ordeno que os Macacos Alados o levem até os portões da Cidade das Esmeraldas – disse Glinda –, pois seria uma pena privar o povo de um governante tão maravilhoso.
– Sou realmente maravilhoso? – perguntou o Espantalho.
– Você é único – respondeu Glinda.

O Mágico de Oz,
L. Frank Baum

Quando os quatro personagens de Oz terminaram a jornada acima da linha, finalmente encontraram força, sabedoria, coragem e determinação para ajudar outros a chegar lá também. No caso deles, Glinda, a boa bruxa, foi a mentora dos companheiros de viagem, cuidando deles e ajudando-os a permanecer na estrada certa para ownership pessoal, accountability e resultados. Como qualquer bom líder, ela não fez todo o trabalho. Em vez disso, apontou a direção certa ao grupo e o orientou ao longo do caminho. Com a intervenção certa, no momento adequado, estimulou os viajantes a usar habilidades, vontade, coragem e sabedoria, o que os levou em segurança à terra de Oz e, por fim, para casa.

LIDERANÇA ACIMA DA LINHA

Até aqui descrevemos como você pode, pessoalmente, ir acima da linha. Agora, queremos mostrar como pode ajudar outras pessoas a descobrir o segredo de *O Princípio de Oz*, passar para acima da linha e obter os resultados que desejam. Líderes acima da linha apresentam uma série de características pessoais: embora possam ir às vezes para abaixo da linha, não ficam lá por muito tempo; dão e pedem feedback; mantêm-se no mesmo nível de accountability de todos; desejam ajudar os outros a seguir sua liderança.

Hoje em dia as empresas exigem o melhor de seus líderes. Não basta atingir as metas. Você deve fazer isso de maneira ética, honesta e que prove a sua preocupação por aqueles que estão ao seu redor. Em uma pesquisa conduzida com 726 diretores pela Korn-Ferry, os entrevistados responderam que seria mais provável demitir um CEO por problemas de liderança do que por resultados financeiros ruins. Essa ênfase crescente em liderança eficiente tem sido reforçada pela mudança em curso em muitas organizações nas quais os executivos seniores buscam estender a autoridade para a tomada de decisões até os níveis hierárquicos mais baixos. Como resultado, a liderança acima da linha aos poucos se tornará um requisito, e não uma mera vantagem.

Neste capítulo, queremos compartilhar nossa vasta experiência ajudando outras pessoas a se tornarem líderes acima da linha. Primeiro, é claro, precisamos nos sentir motivados a ser tal pessoa. Presumindo que você experimentou o poder e a liberdade que advêm de passar para acima da linha, agora precisa decidir se quer ou não ajudar os outros a conseguir o mesmo. Se, por um lado, você quer intimidá-los com seu novo conhecimento, competir com eles com seu accountability superior, controlá-los para seu benefício pessoal ou ridicularizá-los pelo comportamento abaixo da linha, este capítulo não irá interessá-lo. Se, por outro lado, quer ajudar outras pessoas a sair dos padrões de comportamento abaixo da linha, ele será útil.

RECONHECER QUANDO É HORA DE INTERVIR

Antes de tudo, líderes acima da linha reconhecem quando outras pessoas estão presas abaixo da linha, sem conseguir obter os resultados que desejam. A esta altura, você deve ter desenvolvido uma capacidade para identificar atitudes e comportamentos desse tipo em si mesmo e nos outros, e deve ter entendido como as pessoas elaboram explicações para tudo que acontece. Essas histórias de vítimas, que podem ser bastante convincentes, tornam difícil discernir o momento certo para intervir.

O magnata das comunicações Rupert Murdoch sempre foi louvado, criticado, ridicularizado e imitado por suas estratégias e práticas pouco ortodoxas. Com uma fortuna estimada de US$ 13,2 bilhões, transformou sua empresa, a News Corp, em uma das mais admiradas, estáveis e lucrativas gigantes de mídia do planeta. Como ele faz isso? Para ficarmos em um exemplo, ele nunca aceita histórias de vítimas. A revista *Fortune* o descreve como titã que "construiu o império global de redes de TV, jornais, revistas, livros e filmes desafiando convenções estabelecidas e correndo riscos. Ganhou reputação de apostador, cuja próxima aposta nunca pode ser prevista, pirata que joga segundo as próprias regras, e líder que se importa pouco com resultados de curto prazo". Na verdade, parece que Murdoch aprendeu a arte da liderança acima da linha, aproveitando as oportunidades e conseguindo resultados em quaisquer circunstâncias. Quando uma situação exige uma abordagem conservadora e cautelosa, ele escolhe essa opção. Quando exige uma atitude agressiva e arriscada, é o que faz. Como líder, Murdoch nunca permite que ele e seu time fiquem abaixo da linha por muito tempo. Já se definiu como um CEO que administra "um navio muito conservador... mantendo a cabeça abaixada e tocando os negócios". No entanto, ele não hesita em tomar ações radicais quando vê mudanças de poder acontecendo em seu setor de atividade, como quando se afastou dos programadores e se aproximou de *gatekeepers* como Comcast e Time Warner. Foi por isso que Murdoch quis adquirir uma plataforma de satélite como a DIRECTV e a EchoStar. De acordo com a *Fortune*, "com uma plataforma de satélite, Murdoch teria uma arma para proteger seu conjunto de redes a cabo, que incluem Fox News, Fox Sports, National Geographic e Speed Channel, que trata de automobilismo... Do jeito que o jogo é, as grandes operadoras de TV a cabo não bancarão as duronas com a News Corp se souberem que Murdoch controla a distribuição que querem para os próprios serviços de programação". Fica claro que Rupert Murdoch nunca se cansa de perguntar: "O que mais posso fazer para obter os resultados que desejo?". Nenhuma outra pergunta manterá uma empresa acima da linha de maneira consistente.

Líderes acima da linha arriscam o próprio conforto e a própria segurança indo além dos sintomas até chegar ao núcleo dos problemas que nascem da falta de accountability. Quando veem comportamentos abaixo da linha, rasgam os disfarces usados pelas autoproclamadas vítimas para revelar a verdade. Não estando dispostos a se deixarem enganar pelas máscaras que as pessoas usam para esconder a realidade de uma situação, buscam sem descanso determinar as verdadeiras razões para não obter resultados. Nem mesmo as histórias de vitimização mais elaboradas e criativas os conseguem enganar e fazer pensar que se outra pessoa tivesse feito a coisa certa, tudo estaria bem. Eles compreendem que a cura dos sintomas continua a esconder, e até mesmo a exacerbar o problema, e não a resolvê-lo. Nunca se tornam vítimas da síndrome de excesso de atividades; abrem a cortina de fumaça das soluções programáticas oferecidas por grupos de interesses especiais dentro da empresa, que desejam mascarar a falta de resultados; dispensam o coro de vozes que tentam convencê-los de que "se fizermos apenas isso ou aquilo", tudo vai ficar bem. Entendem que mudanças em estruturas e sistemas com frequência apenas escondem os problemas reais, problemas esses que implacavelmente lutam para revelar e resolver.

Quando líderes acima da linha ficam sabendo de um problema específico, como a baixa qualidade de um produto, não lamentam o fato, mas tentam descobrir de imediato como os colaboradores, em todos os níveis da organização, inclusive eles mesmos, falharam em assumir a responsabilidade pela qualidade das contribuições individuais. Esses líderes sabem que quando os resultados não acontecem, devem descortinar as desculpas e as acusações para revelar a verdadeira causa de as pessoas estarem trabalhando abaixo da linha. Quando detectam comportamento abaixo da linha, passam a orientar as pessoas para que saiam do ciclo de vitimização, processo que explicaremos adiante neste capítulo. Reconhecendo quando é a hora de intervir para ajudar os outros a sair do ciclo de vitimização, líderes acima da linha podem ajudar os indivíduos a focar nas questões certas da maneira correta. Então, e somente então, o grupo e a empresa podem começar a criar um futuro melhor.

APRENDER A NÃO LEVAR O ACCOUNTABILITY AO EXTREMO

Uma palavra de advertência: como tudo na vida, você pode levar seu desejo de detectar comportamentos abaixo da linha muito longe, transformando um ativo em passivo. Qualquer virtude ou força levada ao extremo pode eventualmente se tornar um vício e um obstáculo para se atingir o desempenho e os resultados desejados. Um líder comparou essa superpreocupação com tocar de maneira insistente a mesma tecla, irritando e desanimando a todos. Nesse caso, a eficiência do líder diminui, e perde-se a vantagem e a força que vem de usar uma vasta gama de recursos, habilidades e soluções. Se você define tudo que acontece como um problema de accountability, poderá deixar de ver o cenário completo. Entretanto, se deixar de discernir o fator accountability em todos os problemas, também cometerá um erro. A intervenção habilidosa requer um toque delicado, mas firme.

Ao longo dos anos, observamos pessoa levarem o accountability ao extremo, tentando forçar os outros a aceitá-lo por tudo que acontecia em suas vidas. Pode parecer estranho, mas esse extremismo chega ao ponto de discutir se, caso um pedestre que esteja andando na calçada for atropelado e morto por um carro desgovernado, pode ser culpado porque decidiu caminhar naquela rua naquele horário, em vez de escolher outro caminho. Isso é ridículo! Entretanto, defendemos que os familiares da vítima só poderão prosseguir com suas vidas se aceitarem a responsabilidade de superar o acidente.

Além disso, algumas pessoas vão tão longe, que chegam a culpar uma pessoa doente pela falta de accountability em trabalhar questões emocionais e o estresse da vida. Embora algumas doenças físicas possam ser resultado de ansiedade ou de problemas não resolvidos, trata-se de um erro grande e potencialmente prejudicial acreditar que todas as doenças, tragédias, desgraças ou calamidades ocorram pelo que uma pessoa fez ou deixou de fazer. *O Princípio de Oz* nos ensina que as situações que as pessoas vivem resultam não apenas do que elas fazem ou fizeram (embora devessem sempre identificar como suas ações ou inação contribuiu para as circunstâncias atuais), mas também de variáveis que não controlam. Em vez de continuar sofrendo como vítimas das circunstâncias, quem pratica *O Princípio de Oz* sabe como superar essas situações e chegar aos resultados desejados. Mesmo nos casos mais extremos, em que alguém foi vitimizado gravemente, é possível ter o accountability sobre como permitir que uma experiência traumática afete o resto de sua vida.

Também se pode levar o accountability ao extremo tentando controlar os outros. Agindo como autointitulada "patrulha do pensamento", os controladores tentam forçar outras pessoas a ir acima da linha até um mundo que criaram e que atende suas crenças e preconceitos. Uma matéria de capa da revista *Time* chamou esses extremistas superzelosos de *intrometidos*. Ninguém pode ou deve tentar forçar alguém a ser mais eficiente, correto, consciente, produtivo, amigo, corajoso, confiável e de alguma forma mais politicamente correto. Oriente-o, ensine-o, dê feedback, advirta-o, ame-o e lidere, mas não tente coagi-lo. No artigo, o autor John Elson conta a história de um segurança de Los Angeles que foi demitido por estar acima do peso: "Jesse Mercado foi mandado embora do emprego como segurança do *Los Angeles Times* apesar de um histórico excelente". Ninguém deveria ser demitido ou não contratado porque viola algum padrão extravagante e inescrupuloso. No caso de Mercado, a Justiça sustentou essa perspectiva: "Mercado entrou com uma ação, ganhou e recebeu mais de US$ 500 mil, além de ter sido readmitido em sua antiga posição".

RECONHECER QUE NÃO SE PODE CONTROLAR TUDO

Os líderes acima da linha sábios aplicam um toque delicado às situações que estão completa ou parcialmente além de seu controle, tanto na vida pessoal quanto na profissional. Essas situações ocorrem o tempo todo e são geradas por eventos climáticos, desastres naturais, decisões de outras pessoas, flutuações na economia global, limitações físicas, jogadas da concorrência, acidentes e intervenções governamentais. Ninguém controla variáveis como família, circunstâncias do nascimento, traços hereditários e aparência física. Entretanto, muitos líderes de hoje preocupam-se com elementos sobre os quais podem exercer pouco controle, como apontou uma pesquisa conduzida pelo *The Wall Street Journal* com CEOs, que revelou o que lhes tira o sono. Os cinco itens mais mencionados sobre "preocupação" receberam mais de 50% dos votos: funcionários, economia, concorrência, ambiente político e regulamentação governamental.

Os líderes sábios saberão separar esses fatores além de seu poder daqueles sobre os quais podem de fato agir. Por exemplo, já que não se pode controlar as condições econômicas do país, por que dedicar muito tempo a reclamar da economia? É em vão. Em vez disso, pode se ocupar no desenvolvimento de estratégias para vários cenários econômicos, um investimento que pode compensar.

Tente identificar todas as questões incontroláveis no momento, separando-as das que você pode controlar. Desse modo, evita-se cair abaixo da linha, reclamando ou se preocupando com aquilo que não pode intervir. Essa separação também o ajuda a resistir à tentação de ir demais acima da linha e tentar mudar tudo e todos a seu gosto.

Escreva no quadro a seguir algumas variáveis incontroláveis que estão recebendo muita atenção sua em casa ou no trabalho. Tente limitar a lista a características, peculiaridades, situações e eventos que são incontroláveis. Indique o grau de controle que você tem sobre os itens listados dando nota: 0 (sem controle), + (pouca ou nenhuma influência) ou ++ (algum controle). Criar essa lista irá ajudá-lo a isolar aspectos do trabalho e da vida pessoal com os quais você pode lidar. Quando pensar na lista, considere quanto tempo e energia pouparia se saísse da posição abaixo da linha de se preocupar com o que não pode ser alterado.

O que não posso controlar	
O que não posso controlar	Grau de controle

©2003 Partners In Leadership, LLC. Todos os direitos reservados.

Em um dos nossos workshops de treinamento de accountability, uma mulher relatou ao grupo sobre uma antiga experiência ao ouvir seu pai contar sobre o dia de trabalho dele à mesa do jantar. Com grande emoção, o pai descrevia todos os problemas do dia com ênfase especial nos "desvios de justiça" que tinham sido cometidos contra ele. Enquanto a família jantava, ele bombardeava a esposa e os filhos com histórias de como o seu chefe o tratava de maneira injusta. Ele era descrito sempre como ingrato, insensível e injusto. Quando chegava a sobremesa, todos tentavam fazê-lo se sentir melhor, confirmando suas percepções e concordando que ele era azarado. Essas expressões de compaixão e suporte ajudavam a família a passar às outras atividades da noite. Olhando para trás, a mulher percebeu que sua mãe e o restante da família não tinham feito a seu pai nenhum favor aceitando as reclamações abaixo da linha dele. Tampouco prestaram a si mesmos nenhuma ajuda. A infelicidade do pai e a ruptura na família reforçavam a noção de que não se pode mudar o que acontece na vida. Pode-se apenas reclamar. Ironicamente, muitos estudos indicam que as pessoas não podem controlar mais de 90% daquilo que as preocupa. É muita preocupação colocada no lugar errado! Imagine como teria sido bom para aquela mulher do nosso treinamento se a conversa na hora do jantar tivesse focado no que os membros da família, incluindo o pai, poderiam fazer para superar as coisas ruins que aconteciam.

Compreendido de maneira correta e aplicado de maneira adequada, o accountability empodera as pessoas com um novo senso de controle e de influência sobre as circunstâncias, para que possam alcançar os resultados que desejam. Ajudar as pessoas a ir acima da linha envolve ajudá-las a See It, Own It, Solve It e Do It, a despeito de todas as variáveis incontroláveis da vida.

SER UM MODELO PARA OS OUTROS

Se você espera criar accountability, deve servir de modelo para que os outros possam imitá-lo. Deve se responsabilizar pelas consequências de suas decisões e ações. Se oferece um modelo negativo, é provável que leve a si mesmo e a toda a empresa para abaixo da linha. Por exemplo, em um artigo do *The Wall Street Journal* intitulado "Chefes que não assumem a culpa colocam funcionários em situação difícil", Joann Lublin discute um modelo negativo: um chefe que joga nos funcionários a culpa dos próprios erros. Lublin diz: "De todos os chefes problemáticos, o 'acusador' está entre os mais difíceis de lidar. Limitar os danos causados por culpar a pessoa errada requer julgamentos delicados, instintos burocráticos aguçados e vários níveis de tolerância a riscos. Não é de se admirar que muitas pessoas acabem apenas rangendo os dentes." Trabalhamos com milhares de pessoas que consideram um chefe que joga a culpa nos outros como o pior tipo do mundo.

Chefes que lideram da posição abaixo da linha podem desfrutar de algumas vantagens de curto prazo, mas no longo prazo, seu comportamento somente destrói a confiança, a cooperação e o foco necessários para maximizar os resultados. Esse modelo de liderança acaba dando permissão para que as pessoas entrem no modo "proteger a própria retaguarda". Como Lublin observa, "a documentação por escrito também pode inocentar um subordinado acusado injustamente, em especial se o erro surgir mais tarde, durante uma avaliação de desempenho. O dr. Grothe, psicólogo em Boston, propõe que você faça um relato do incidente e comprove a data enviando a si mesmo uma correspondência registrada, mantendo o envelope lacrado ao recebê-lo. 'É uma forma de se proteger', ele diz." Quanto desperdício de tempo, recursos e energia! Seria muito melhor para todos os envolvidos se o chefe, em primeiro lugar, parasse de culpar os outros e se concentrasse em corrigir os erros ou as consequências.

Líderes acima da linha bem-sucedidos servem de modelo de accountability para todos em sua esfera de influência, permanecendo responsáveis por tudo que dizem ou fazem. Se um líder sabe quando intervir e quando se conter, evitará situações ruins em que outros possam se ressentir do incessante follow-up sobre suas atividades, em um esforço mal orientado para garantir que estão honrando o comprometimento com o accountability. Nesses casos, o líder se esqueceu de aderir a um modelo bem equilibrado. Tal comportamento em geral mina a confiança das pessoas e, às vezes, até as enraivece. Como dissemos antes, uma boa liderança demanda um toque decidido, mas delicado.

De todos os livros escritos sobre Jack Welch, inclusive *Jack*, a autobiografia de que narra sua experiência como CEO da General Electric, pensamos que *Controle seu Destino Antes que Alguém o Faça*, de Noel Tichy e Stratford Sherman, é o mais esclarecedor. Essa obra revela como Welch transformou a GE. Ele nos tocou porque a mensagem central promove o accountability. "A notável história da transformação da GE nos ensina uma lição essencial para o bem-estar tanto de gerentes quanto de leigos. Controlar seu destino é mais do que uma ideia gerencial. Para cada indivíduo, empresa e nação, é a essência da responsabilidade e o requisito mais básico para o sucesso. O mundo muda incessantemente, então devemos fazer o mesmo. O maior poder que temos é a habilidade de imaginar nosso próprio destino – e mudar a nós mesmos." Isso é liderança acima da linha. Welch empoderou seu pessoal com um objetivo primordial, com os valores de "autoconfiança, franqueza e um inabalável desejo de encarar a realidade, mesmo quando dolorosa". Foi fácil? Não mesmo.

Veja como ele mesmo descreveu as dificuldades: "Cometi minha cota de erros – muitos – mas meu maior erro, de longe, foi não ter agido rapidamente. Remover um curativo aos poucos dói mais do dar um puxão. É claro que você quer evitar rupturas ou forçar demais a empresa – mas, em geral, a natureza humana o detém. Você quer que as pessoas gostem de você, quer ser visto como razoável. Então não age com a velocidade que gostaria. Além de doer mais, também custa mais em termos de competitividade".

Ele prossegue, admitindo que poderia ter feito quase tudo em metade do tempo. "Quando você está administrando uma instituição como essa, sempre fica assustado no começo. Tem medo de prejudicá--la. As pessoas não pensam nos líderes dessa maneira, mas é verdade. Todo mundo que está gerenciando algo vai para casa todas as noites e luta contra o mesmo medo: será que vou arruinar esse lugar? Olhando para trás, fui muito cauteloso e tímido."

Líderes eficientes, como o lendário Jack Welch, lutam para se manter, e a suas empresas, galgando os passos para o accountability, aplicando um toque delicado, mas determinado, sempre que eles ou outros caem abaixo da linha em alguns momentos. A lista a seguir identifica maneiras como você pode aplicar o toque certo:

- Pergunte-se constantemente "O que mais posso fazer?" para alcançar o resultado que deseja.
- Estimule as pessoas a também fazer a mesma pergunta: "O que mais posso fazer?".
- Peça aos outros que lhe deem feedback quando está trabalhando acima da linha em uma questão específica.
- Ofereça feedback sincero, mas encorajador, quando outros caírem abaixo da linha.
- Observe com atenção as atividades e ofereça orientação em vez de esperar que os outros relatem o progresso deles em um dado projeto ou tarefa. Nunca adie relatar o andamento a seus superiores.
- Foque as discussões em aspectos que você e os outros podem controlar, em vez de se concentrar no que não podem. Reconheça quando cai abaixo da linha e não fique na defensiva quando receber feedback.

Quando você dominar essas características e pessoalmente tiver um comportamento acima da linha, poderá, com sucesso, orientar os outros a fazer o mesmo.

OFERECER COACHING PARA IR ACIMA DA LINHA

O processo de inspirar o accountability nas pessoas toma tempo. Não acontece como resultado de um único evento. Muitos líderes pensam que depois de expor e fazer seu pessoal entender o conceito de accountability, ninguém nunca mais irá abaixo da linha. Essa abordagem eventual do accountability, a noção de que acontece em um momento não identificado, não faz sentido para nós.

Líderes que cometem esse erro em geral usam o accountability como um martelo, massacrando as pessoas quando elas caem abaixo da linha em um interminável jogo de gato e rato. Essa atitude só levará as pessoas de volta para o ciclo de vitimização. Portanto, você deve ajudá-las a se sentirem fortalecidas pelo conceito de accountability, e não encurraladas nele. Embora não se deseje que as histórias e comportamentos das vítimas fiquem sem verificação, tenha em mente que o processo de orientar pessoas requer paciência, cuidado e follow-up adequados. Lembre-se de que as pessoas que você quer ajudar a subir os passos para o accountability têm opiniões arraigadas e personalidades que não podem ser descartadas rapidamente ou consideradas de um novo ponto de vista, em especial quando se sentem vigiadas o tempo todo. Uma mão pesada demais tende a gerar o sentimento de exclusão ("Estou certo, você está errado"), ao passo que um toque firme, mas delicado vai incluí-las no processo ("Temos um problema, vamos pensar em como resolvê-lo").

Um amigo nosso, Jim, nos contou como se sentiu traído em determinada situação no início da carreira. Trabalhando como contador em uma empresa regional bem conhecida em Boston, começou a procurar, como faz frequentemente quem trabalha em escritórios de contabilidade, oportunidades de mudar para a controladoria de um dos clientes da sua firma. Logo surgiu a chance de mudança para uma empresa que respeitava muito. O processo de entrevistas começou com o CFO que estava saindo e continuou com o que assumiria em alguns meses. As entrevistas foram bem e Jim conseguiu a posição. Empolgado com as novas responsabilidades como controller de um negócio de US$ 35 milhões, saboreou a autonomia inicial. Estava de fato gerindo a área financeira sozinho enquanto esperava a chegada do novo CFO. Sentia-se otimista em relação ao futuro. O céu era o limite.

Quando se aprofundou na nova função, revisando em detalhe os extratos financeiros, descobriu que havia muito trabalho pela frente, sobretudo por causa da falta de organização geral. Quando abordou Bob, o CFO que estava de partida, ele não deu atenção às preocupações de Jim, acenou com a mão e disse que as perguntas dele podiam esperar até a semana seguinte. "Isso não é grande coisa", ele disse. "Aproveite o tempo para entrar no ritmo."

Na segunda-feira seguinte, Bob se reuniu com ele de novo e revisaram rapidamente os livros. Bob pediu assinasse o cheque de seu último pagamento. Como o montante era de apenas uns poucos mil dólares e dada a posição de Bob como CFO, Jim não pensou duas vezes. Nas semanas seguintes, porém, soube que Bob persuadira outras três pessoas a assinarem seu "último" cheque de pagamento. Examinando em detalhe os livros nos dois meses seguintes, descobriu evidências de que Bob embolsara mais de US$ 1 milhão por meio de ordens de compra falsas.

Jim reuniu evidências dos delitos do antigo CFO e compartilhou-as com o novo CFO, Steve, que começara a vir ao escritório uma vez por semana enquanto finalizava as obrigações no antigo trabalho. Steve pediu que ele guardasse segredo e não falasse nada nem mesmo ao presidente até que tivessem evidências consistentes. Jim trabalhou até 14 horas por dia e nos fins de semana tentando desvendar o esquema e reunir as evidências necessárias contra o antigo CFO e seus colaboradores.

Quando o presidente parou para falar com Jim um dia, ele mencionou que suspeitava que o antigo CFO cometia desfalques, mas que não conseguia acreditar nisso. Para sua surpresa, ele elogiou Steve, o novo CFO, por descobrir a sujeira e quis saber por que Jim não se dera conta antes. Acusando o novo controller, disse: "Você está aqui há três meses. Como não viu isso?". Chocado pela revelação de que Steve levara o crédito pelo seu trabalho, jurou que nunca mais confiaria em seus superiores.

A história lhe parece familiar? Muitas pessoas são vítimas de algum chefe. Como um líder acima da linha, você não pode presumir que os profissionais sob sua responsabilidade confiarão automaticamente em seus esforços para orientá-las acima da linha. Pode ser que seu pessoal suspeite de motivos ocultos, em especial se você participou com eles, no passado, da elaboração de histórias de vitimização, ou se não costumava oferecer feedback de maneira habitual. Lembre-se disso na próxima vez que tentar orientar alguém a ir acima da linha.

Sempre que ouvir uma história de vítima ou uma desculpa abaixo da linha, tente usar um dos cinco passos seguintes para orientar a pessoa a parar de reagir e começar a aprender:

1. Ouça. Fique atento a sinais de vitimização, e, quando incentivar alguém a compartilhar uma história desse tipo (com o objetivo de orientá-lo) ou ouvir desculpas abaixo da linha, ouça o que ele tem a dizer.
2. Reconheça. Aceite os fatos que a pessoa apresenta e os obstáculos genuínos que acredita terem impedido a obtenção dos resultados desejados. Mostre que entende os sentimentos e sabe como é difícil superá-los. Concorde que os desafios são reais ou que coisas ruins acontecem a pessoas boas.
3. Pergunte. Se notar que alguém está muito preso a uma história de vitimização ou a uma desculpa abaixo da linha, direcione a conversa para a versão da história que mostra o lado do accountability. Pergunte: "O que mais você pode fazer para alcançar os resultados desejados ou superar a situação que o atormenta?".
4. Oriente. Use os passos para o accountability para ajudar a pessoa a identificar em que ponto ela se encontra e onde precisa ir para obter os resultados desejados. Reserve alguns minutos para explicar O Princípio de Oz usando o exemplo dela, mas compartilhe também alguma ocasião em que você esteve abaixo da linha. Enfatize que é natural cair lá de vez em quando, mas permanecer nunca gera resultados. Mostre como ir acima da linha produzirá efeitos positivos. Repasse os passos See It, Own It, Solve It e Do It. Finalmente, adapte cada um dos passos para o accountability para aquela situação específica.
5. Comprometa-se. Dedique-se a ajudar a pessoa a criar um plano de ação acima da linha e encoraje-a a contar sobre suas atividades e progresso. Não termine uma sessão de coaching sem estabelecer um prazo definido para o follow-up, dando tempo suficiente, nunca demais. Se ela não o procurar na data combinada, tome a iniciativa. Durantes essas sessões de follow-up,

continue a observar, ouvir, reconhecer, perguntar, orientar e comprometer-se. Ofereça feedback sincero e gentil sobre os avanços e parabenize-a.

Depois que começar a orientar os outros, rapidamente perceberá o valor de uma pessoa relatando seu progresso.

PRESTAR CONTAS DO PROGRESSO

Em um mundo ideal, não seria necessário que os líderes fizessem coaching sobre o accountability porque todos reconheceriam o seu nas diversas situações. Entretanto, como não estamos em um mundo ideal e como somos passíveis de falhas, os líderes devem fazer da orientação um hábito diário. Embora tenhamos enfatizado o coaching proativo, que foca no presente e no futuro, também vimos que há necessidade de revisar o passado, que chamamos de "prestando contas do progresso". Quando tratado de modo adequado, o relato de um fato passado pode ser uma oportunidade de medir o avanço em direção aos resultados, aprender com experiências anteriores, estabelecer um senso de realização e determinar o que mais pode ser feito para atingir o que se deseja.

A maioria dos líderes sabe intuitivamente o valor de estimular os outros a prestar contas de suas ações, mas com muita frequência falham nessa tarefa. Muitos líderes:

- Esperam que seus colaboradores façam a coisa certa. Em vez de pedir relatórios regulares, eles os deixam à vontade, esperando que as pessoas automaticamente avaliem o próprio progresso.
- Evitam confrontos desagradáveis que um relatório inaceitável pode gerar. Temem que esse confronto prejudique os relacionamentos.
- Permitem que fatos sejam escondidos, em vez de trazê-los à luz e encarar os problemas que são obstáculos para os resultados. Presumem que as pessoas não podem superar algumas questões e, portanto, preferem ignorá-las.
- Toleram desculpas como se fossem representações verdadeiras da realidade quando sabem, no fundo, que isso impede as pessoas de aceitar a realidade da situação. Esperam que o problema se resolva sozinho com o passar do tempo.

- Deixam outras responsabilidades consumir o tempo. Não fazem do relato regular uma prioridade. Esperam que os resultados falem por si mesmos.
- Não conseguem convencer as pessoas da importância de relatar o progresso. Sua falta de atenção faz com que elas se desinteressem pelo processo.
- Não esclarecem de maneira suficientemente clara as expectativas ou explicam de modo inadequado a finalidade do relato. Aceitam histórias vagas porque estabeleceram metas vagas.
- Não montam um cronograma para o relato. Deixam as pessoas decidirem quando e como relatarão o progresso.
- Não compreendem que tornar as pessoas accountables não precisa ser uma experiência negativa, preocupante, tensa, de quebrar a cabeça, de vida ou morte. Tornam as sessões tão sofridas que as pessoas passam a temê-las.

Se você superou esses erros comuns, conseguirá benefícios enormes ao dar às pessoas a oportunidade de relatar seu progresso, o que inclui destacar o que mais podem fazer para alcançar os resultados desejados, disseminar informação vital que pode ser usada para romper as barreiras que se interpõem aos resultados, identificar necessidades legítimas da empresa e ajudá-las a esperar ansiosamente as sessões de coaching como uma experiência positiva do ponto de vista pessoal e profissional.

Líderes acima da linha tanto oferecem como solicitam relatos acima da linha. Note as diferenças entre uma prestação de contas efetiva e uma que fica abaixo da linha:

Pessoas abaixo da linha:
- prestam contas apenas quando lhes é pedido;
- justificam ou explicam suas atividades;
- correm e se escondem quando é hora de prestar contas;
- culpam os outros pela falta de resultados;

Pessoas acima da linha:
- prestam contas de maneira regular e completa;
- analisam suas atividades para determinar o que mais podem fazer para alcançar os resultados;
- apresentam-se quando é hora de prestar contas;

- reagem defensivamente a sugestões de melhorias.
- assumem a situação;
- recebem bem o feedback.

Se você presta contas do progresso de uma posição abaixo da linha, dá permissão a outras pessoas para fazer o mesmo, mas se você invariavelmente presta contas acerca de seu avanço de uma posição acima da linha, a empresa o seguirá.

Checklist da liderança acima da linha

1	Sou um modelo de accountability e sirvo de exemplo. Não exijo que outros sejam responsáveis se eu mesmo não assumir a responsabilidade.
2	Permito que outras pessoas fiquem abaixo da linha às vezes para desabafar suas frustrações. Não permito que histórias de vitimização e desculpas abaixo da linha fiquem sem ser verificadas ou resolvidas.
3	Reconheço histórias de vitimização e desculpas abaixo da linha quando as escuto. Não evito minha responsabilidade de tornar os outros também responsáveis e espero comportamento acima da linha.
4	Uso o accountability para empoderar as pessoas na busca de resultados. Não uso o accountability para puni-las quando verifico que estão trabalhando abaixo da linha.
5	Espero que as pessoas me orientem para voltar a acima da linha quando necessário. Não espero que as pessoas me orientem se não estou buscando o feedback delas.
6	Faço o que digo. Não penso que o accountability é algo que apenas os outros deveriam estar praticando.
7	Evito focar somente no accountability e deixar tudo o mais de lado. Não exijo que todos sejam responsáveis o tempo todo. Compreendo os fatores que não podemos controlar.
8	Oriento pessoas a ir acima da linha perguntando, orientando e me comprometendo. Não vejo o accountability como um princípio que as pessoas devam entender de imediato.

©2003 Partners In Leadership, LLC. Todos os direitos reservados.

LIDERAR DA POSIÇÃO ACIMA DA LINHA

Para ajudar nossos clientes a dominar a arte da liderança responsável, elaboramos o checklist da página anterior, que cobre os pontos mais importantes no comportamento de liderança acima da linha. Revisar essa lista periodicamente deve ajudá-lo a se manter como bom modelo para seu pessoal.

Com habilidades de liderança acima da linha eficazes, você pode começar a levar toda a empresa para níveis mais altos de accountability. Antes de prosseguir, entretanto, pare por um instante e considere quanto tempo Dorothy e seus companheiros levaram para perceber que possuíam dentro de si a força de que precisavam para realizar o que queriam. A sábia Glinda ofereceu o tipo certo de coaching e de assistência ao longo da jornada. Como um líder acima da linha, você deve usar sua liderança para ajudar as pessoas e as equipes a progredirem. Servindo de modelo, reconhecendo quando intervir e quando aguardar, focando no que pode ser controlado, oferecendo coaching para levar as pessoas acima da linha, e prestando contas do progresso – tudo isso constitui um líder acima da linha.

Capítulo 9

A CIDADE DAS ESMERALDAS E ALÉM DELA: LEVAR TODA A EMPRESA PARA ACIMA DA LINHA

Virando-se para o Homem de Lata, ela [Glinda] perguntou:
– O que vai ser de você quando Dorothy partir?
Ele se apoiou em seu machado e pensou por um momento. Então, disse:
– Os Winkies foram tão gentis comigo e queriam que eu os governasse depois que a Bruxa Má morreu. Eu gosto dos Winkies e, se pudesse voltar ao país do Oeste, nada me faria mais feliz do que governá-los para sempre.
– Minha segunda ordem para os Macacos Alados – disse Glinda – é que eles o levem em segurança até a terra dos Winkies... E tenho certeza de que você governará os Winkies bem e sabiamente.

O Mágico de Oz,
L. Frank Baum

O Homem de Lata escolheu compartilhar seu novo poder com as pessoas. Essa escolha representa a aplicação máxima do accountability, ajudando outros na empresa a irem acima da linha. Independentemente da posição hierárquica, você pode começar a promover O Princípio de Oz, encorajando as pessoas a sair do ciclo de vitimização e a galgar os passos para o accountability. A organização inteira pode se beneficiar do que você aprendeu: superiores, subordinados, pares e acionistas, tanto interna quanto externamente.

Neste capítulo, resumimos cinco das atividades-chave que melhoram a de modo significativo a capacidade da empresa de criar e sustentar uma cultura de accountability. Com elas, você pode incutir o accountability dentro da essência da organização:

1. Treinar a todos, em todos os níveis.
2. Orientar para o accountability.
3. Fazer as perguntas acima da linha.
4. Recompensar o accountability.
5. Tornar as pessoas accountables.

Essas atividades são a base de qualquer esforço bem-sucedido para criar uma cultura de accountability. Neste capítulo, revisaremos algumas das melhores práticas implementadas nas últimas duas décadas que vão acelerar a transição para acima da linha.

TREINAR TODOS EM TODOS OS NÍVEIS

O primeiro desafio crucial para criar maior accountability é treinar a todos, desde o conselho de administração até o encarregado pela correspondência, para que entendam a relação crucial entre accountability e resultados. É provável que nem todos na empresa reconheçam conscientemente essa conexão. Entretanto, depois que o fizerem, é muito menos provável que caiam abaixo da linha e no ciclo de vitimização. Para realizar essa mudança de perspectiva, o treinamento deve incluir três passos essenciais: ajudar as pessoas a reconhecer pontos de vista abaixo da linha; auxiliá-las na transição para uma nova visão do accountability; e trabalhar para fixar as novas perspectivas.

PASSO 1. ENTENDER ACCOUNTABILITY NA EMPRESA

Antes que você possa implementar um programa de accountability, deve determinar como os profissionais definem e praticam o accountability atualmente. Precisa reconhecer que as pessoas veem o accountability de maneiras diferentes e, com frequência, não de modo positivo e útil. Alguns a temem, escondem-se dela ou acham que se aplica a todos menos a si mesmo. Sempre que se ouve a pergunta: "Quem é responsável por isso?", pode ter certeza que alguém está abaixo da linha. Considere os resultados de uma pesquisa informal que conduzimos para descobrir como as pessoas definem accountability:

"Accountability é algo que acontece a você quando as coisas dão errado!"
"Accountability é pagar o pato."
"Accountability é prestação de contas."
"Accountability é uma explicação de por que você fez o que fez."
"Accountability é algo que a gerência faz para você: é externa, não interna."
"Accountability é reportar sobre ações, não sobre resultados."
"Accountability é um conceito negativo para mim."
"Accountability é um fardo."
"Accountability é uma ferramenta que a gerência usa para pressionar as pessoas a desempenhar."
"Accountability é outro nome para punir pelo desempenho fraco."
"Accountability é algo que seu chefe coloca em suas costas. Provoca pressão, medo, arrependimento, culpa e ressentimento desnecessários."
"Accountability é algo que ninguém faz aqui."

A partir dessas descrições, você poderia deduzir que o accountability é uma doença que deve ser evitada a todo custo. Obviamente, essa visão negativa faz pouco para motivar o atingimento de resultados. Quando é essa a visão que existe, criar maior accountability deve começar no passo 1: tornar-se consciente de que há pontos de vista divergentes e negativos do que é o conceito e mostrar quanto tempo e energia são gastos trabalhando abaixo da linha. A Avaliação Empresarial de

Accountability a seguir pode ajudá-lo a determinar o status atual do accountability na organização. Sugerimos que você faça uma autoavaliação rápida antes de passar para os demais.

Para reconhecer os pontos de vista abaixo da linha, é necessário estar consciente sobre o que o accountability realmente significa e entender até que ponto as pessoas trabalham abaixo da linha. Somente assim você conseguirá acabar com opiniões negativas. Como até mesmo a organização mais responsável pode cair abaixo da linha às vezes, todos devem permanecer alerta para o aparecimento de comportamentos e atitudes desse tipo.

PASSO 2. INTRODUZIR UMA NOVA PERSPECTIVA DO ACCONTABILITY

Pode demorar para que as pessoas mudem de opinião e adotem novas atitudes e comportamentos. Abraçar uma nova perspectiva do accountability dentro da empresa a prepara para ir acima da linha. Somente quando todos aderem à mesma visão positiva é que se pode maximizar a eficiência para obter resultados. Tendo se conscientizado e reconhecido os pontos abaixo da linha no passo 1, você pode começar a construir atitudes acima da linha que melhorarão o desempenho. Sem esse consenso no modo de entender o accountability, entretanto, as atitudes e comportamentos abaixo da linha continuarão a formar uma força de resistência a um maior accountability e aos resultados.

- Elementos da nova perspectiva do accountability incluem:
- Compreender o ciclo de vitimização e seus efeitos prejudiciais.
- Reconhecer quando as pessoas caem abaixo da linha.
- Identificar quando ficaram presas no ciclo de vitimização.
- Aceitar a definição do accountability conforme *O Princípio de Oz* e a necessidade de galgar os passos para o accountability.
- Relacionar o aumento do accountability com os resultados organizacionais.
- Saber o que significa See It, Own It, Solve It e Do It.
- Compreender o que significar trabalhar acima da linha.
- Aceitar o accountability pelos resultados como uma expectativa da empresa.

Avaliação do accountability organizacional
Circule a resposta que melhor descreve sua situação.

um	Você sempre vê pessoas culpando os outros pelo que dá errado na empresa?	Nunca	Raramente	Às vezes	Frequentemente	Sempre
dois	Você sente que as pessoas não aceitam a responsabilidade pelo que fazem ou como fazem?	Nunca	Raramente	Às vezes	Frequentemente	Sempre
três	Você vê pessoas que não tomam iniciativa para relatar suas atividades e o progresso em direção aos resultados?	Nunca	Raramente	Às vezes	Frequentemente	Sempre
quatro	As pessoas não correm para "pegar a bola" quando ela cai?	Nunca	Raramente	Às vezes	Frequentemente	Sempre
cinco	As pessoas esperam para ver se as coisas vão melhorar quando há problemas sérios na empresa?	Nunca	Raramente	Às vezes	Frequentemente	Sempre
seis	Você escuta as pessoas falarem que acreditam que uma situação está fora de controle e que não há nada que possam fazer para resolvê-la?	Nunca	Raramente	Às vezes	Frequentemente	Sempre
sete	As pessoas gastam tempo "protegendo a retaguarda" caso algo dê errado?	Nunca	Raramente	Às vezes	Frequentemente	Sempre
oito	Parece que as pessoas se sentem mais responsáveis por suas atividades e pelo seu esforço do que pelos resultados?	Nunca	Raramente	Às vezes	Frequentemente	Sempre
nove	Você ouve pessoas dizendo "Isso não é trabalho meu" ou "Isso não é do meu departamento" e agindo como se esperassem que alguém resolvesse o problema?	Nunca	Raramente	Às vezes	Frequentemente	Sempre
dez	Você sente que as pessoas demonstram um baixo nível de ownership e envolvimento pessoal quando surgem problemas?	Nunca	Raramente	Às vezes	Frequentemente	Sempre

©2003 Partners In Leadership, LLC. Todos os direitos reservados.

Dê os seguintes pontos para cada resposta:
O tempo todo – 5
Frequentemente – 4
Às vezes – 3
Raramente – 2
Nunca – 1

Some os resultados e avalie sua empresa usando a tabela de pontuação a seguir.

Pontuação da avaliação de accountability organizacional

Pontuação total	Parâmetros da avaliação
De 40 a 50 pontos	A cultura da empresa funciona abaixo da linha. Foi adotado um padrão de autorreforço que se tornou o modo de fazer negócios. Alterar esse padrão exigirá um esforço ponderado e intencionado.
De 30 a 39 pontos	A empresa passa tempo suficiente abaixo da linha para que continue a comprometer os resultados organizacionais e a realização pessoal. Embora haja um lampejo de compreensão, será necessário um esforço concentrado para mudar para um padrão mais positivo.
De 11 a 29 pontos	A cultura empresarial opera normalmente acima da linha. Ganhos adicionais em produtividade virão quando você trabalhar para fixar uma definição positiva do accountability em toda a organização.
De 0 a 10 pontos	Sua empresa dominou a arte de viver acima da linha e a cultura deve continuar a permitir resultados surpreendentes contanto que as pessoas permaneçam alertas para ocasionais quedas abaixo da linha.

©2003 Partners In Leadership, LLC. Todos os direitos reservados.

Treinar todos os níveis hierárquicos para compreender o accountability criará massa crítica e a força necessária para influenciar resultados empresariais de maneira significativa. É necessário mais do que aceitar da boca para fora ou racionalmente; é preciso comprometimento emocional e psicológico. Se você duvida, lembre-se da última história de vitimização que ouviu e analise o estresse emocional e mental que a pessoa que fez o relato demonstrava. Antes que alguém possa mudar para uma nova perspectiva do accountability, é preciso experimentar, bem como compreender racionalmente, a diferença entre comportamentos e atitudes acima da linha e abaixo da linha. Treinamento adequado para ajudar as pessoas a sentir e aplicar o conceito do accountability, não apenas aprender sobre ele, é extremamente útil. Experiências diárias, incorporando o princípio do accountability em práticas reais, sempre oferecem o reforço correto ao treinamento, tornando a implementação e a execução uma tacada certa!

PASSO 3. TRANSFORMAR A NOVA PERSPECTIVA DO ACCONTABILITY EM UM MODO DE VIDA
Para dar esse passo, você deve encorajar constantemente o esforço para desempenhar de maneira diferente, substituindo atitudes abaixo da linha por permanente pensamento acima da linha. Esse comprometimento tende a acontecer somente depois de se fazer uma profunda reflexão pessoal e de receber muito feedback. A reflexão e o feedback devem ajudar a esclarecer e planejar as maneiras específicas para se pensar e agir de modo diferente.

Como o feedback, mais do que qualquer outro recurso, permitirá que os profissionais em sua empresa se comprometam a permanecer acima da linha, você deve aprender a dar e recebê-lo na hora certa e de maneira eficaz, uma habilidade que discutiremos na próxima seção, quando abordarmos o coaching. Antes de explorar esse tópico, entretanto, queremos enfatizar a importância de usar as imagens e a linguagem do ciclo de vitimização e os passos para o accountability para que as pessoas possam refletir a respeito da diferença entre os dois.

A maior parte dos indivíduos tem mais dificuldade em pensar em abstrações filosóficas do que em imagens concretas. Portanto, tente usar esse recurso e a linguagem de *O Princípio de Oz* para auxiliá-las a desenvolver uma referência comum e de fácil entendimento. A simples menção à expressão abaixo da linha pode comunicar de imediato que alguém caiu no ciclo de vitimização, enquanto a expressão acima da linha passa a mensagem que se quer focar em resultados. Termos como See It, Own It, Solve It e Do It indicam as atitudes e os comportamentos que produzem resultados. acima da linha pode ser um gatilho que sinaliza a todos que é hora de agir e fazer acontecer, apesar das circunstâncias desagradáveis.

Com as imagens concretas de *O Princípio de Oz*, você poderá ajudar as pessoas a buscar diariamente maneiras de entremear atitudes responsáveis nas operações: avaliações de desempenho, padrões para tomada de decisões, formulação de políticas, mentoria, comunicação verbal e escrita, procedimentos operacionais padronizados e todo e qualquer aspecto da vida diária da organização.

Reflexão pessoal e comprometimento, dar e receber feedback, usar a linguagem do accountability e busca constante por maneiras de injetar o accountability em cada canto garantirá que os indivíduos internalizem novas atitudes, crenças e comportamentos. Quando isso ocorrer, é mais provável que a empresa atinja os objetivos e melhore o desempenho geral.

COACHING PARA O ACCONTABILITY

Em nossa experiência, nenhuma organização pode trabalhar consistentemente acima da linha sem feedback contínuo. Ele deve se tornar parte viva da cultura de uma empresa responsável. Em todo este livro, enfatizamos a importância do conceito, mas agora queremos chamar a atenção de como você pode e deve incorporá-lo em um programa permanente de coaching.

Quando você decide construir uma cultura de accountability, deve criar primeiro um ambiente onde a equipe concorde em dar feedback sincero, respeitoso e na hora certa para ajudar a reconhecer quando se cai abaixo da linha, dar os passos necessários para assumir o accountability e rapidamente voltar para acima da linha. O feedback não precisa ser elaborado, mas deve ser claro, conciso e construtivo. Pense na diferença sutil (ou não tão sutil) entre acusar uma pessoa de cair abaixo da linha e ajudá-la a ver o valor de subir acima da linha.

Vejamos o caso de Bill Hansen, um funcionário fictício que representa o típico gerente. Ele vivenciou o processo de accountability e se sentiu inspirado a transformá-lo em um valor central da empresa. Certa manhã, em uma reunião gerencial, um de seus pares, Stan, estava apresentando o relatório sobre um dos projetos prioritários da equipe. Enquanto ouvia, Bill concluiu que Stan estava preso abaixo da linha porque culpava os outros pelo andamento ruim do projeto.

Bill passou a prestar atenção às demais pessoas na sala para observar as reações ao relatório. Ficou surpreso ao perceber que todo mundo acatava as explicações que Stan dava para o atraso no projeto. No passado, reconheceu, também teria aceitado as desculpas abaixo da linha, mas agora ele estava desconcertado. Será que deveria revelar seus sentimentos? Se não falasse, será que alguém questionaria o relatório de Stan? Se o fizesse, será que os outros gerentes achariam ofensivo? Bill ponderou o risco pessoal de falar e tentar puxar o grupo para acima da linha. Identificou sentimentos contraditórios: seu senso de accountability pedia que falasse; sua sensibilidade o advertia para silenciar.

De repente, entendeu. "Estou tão abaixo da linha quanto todo mundo nesta sala. A empresa precisa que eu fale e aceite o accountability por levar-nos acima da linha." Naquele momento, Bill começou a considerar como levantar a questão. Deveria dizer que Stan estava contando uma história de vítima? Talvez isso fizesse sentido, mas lembrou-se do treinamento para não usar o accountability de maneira punitiva. Continuou refletindo e se questionou, novamente, se mais alguém não veria o relatório de Stan da mesma forma que ele. Se houvesse, poderia haver uma discussão produtiva; se não, seria mais indicado orientar Stan em particular.

Nesse momento, outra colega, Julie, levantou a mão. "Estou ouvindo o que você diz, Stan", ela falou, "e sei que tem dado duro, mas não posso evitar de pensar no que mais você e o restante de nós pode fazer para dar certo". As observações coincidiam com o que Bill estava pensando. Ele não teria colocado tão bem e sentiu-se constrangido por não ter se manifestado antes. A sala começou a fervilhar com sugestões. Longe de atacar Stan, todos se ofereciam para dar uma mão e apresentavam soluções criativas. Para alívio e insatisfação de Bill, quase todo mundo identificara o mesmo problema, mas somente Julie teve coragem de se manifestar.

Antes que a reunião terminasse, o presidente da empresa a elogiou: "Julie mostrou o tipo de liderança de que precisamos muito por aqui".

Bill aprendeu uma lição valiosa: nunca mais hesitaria em expor seus pensamentos. A maioria das pessoas reage bem a um feedback sincero, especialmente quando vem de um coach e não de um acusador, que o oferece no contexto de resultados e é acompanhado de um convite para, de modo recíproco, dar feedback franco.

Quando orientar os outros de modo imediato e sincero, certifique-se de que está usando os passos para o accountability a seu favor. Bons orientadores sempre exigem de si os mesmo os padrões que cobram dos outros.

FAZER PERGUNTAS ACIMA DA LINHA

Ao longo deste livro, destacamos a importância de perguntar constantemente "O que mais posso fazer?". Agora, gostaríamos de acrescentar outras perguntas importantes que qualquer funcionário, supervisor, gerente, presidente ou equipe podem fazer a si mesmos, para servir de inspiração e levar a empresa a níveis mais elevados de accountability.

Perguntas acima da linha como as que veremos ajudam a esclarecer a situação. Você pode refiná-las e acrescentar outras dentro do arcabouço dos passos para o accountability, incorporando as nossas dez e as suas variações nos esforços contínuos para pensar, agir e trabalhar acima da linha.

Use a lista personalizada de perguntas acima da linha para revisar seu progresso e para ajudá-lo a resolver problemas persistentes. Fazer esse questionamento, individualmente ou em grupo o levará a se convencer a permanecer acima da linha.

Clint Lewis, um gerente distrital de vendas da Pfizer que trabalhava no Brooklyn, em Nova York, descobriu que sua equipe estava na última posição em sua divisão entre 57 distritos. Quando se reuniu com os representantes de vendas, ouviu comentários do tipo "Estou fazendo tudo que posso" e "Deve haver algo errado com os números". Ele também estava frustrado por não conseguir reverter a situação. Comprou um exemplar de *O Princípio de Oz* em uma livraria local e, enquanto lia, pensava: "Somente se pudermos analisar o que estamos fazendo teremos chance de mudar os números". O livro o ajudou a perceber que se você aceitar o accountability pelo sucesso, o sucesso virá. Logo em seguida, ele passou a usar os conceitos com sua equipe em reuniões e conversas individuais. Aos poucos, o grupo começou a mudar o *mindset* e a abordagem de negócios. "O que mais posso fazer?" se tornou um mantra.

Um ano depois, o distrito apresentara uma melhora notável nos números de vendas e nas estimativas! As reuniões se tornaram mais positivas e a equipe, mais otimista. A cada novo ano, o desempenho melhorava radicalmente, e por fim, culminou com o prêmio máximo da divisão. Nos anos seguintes, sempre ficou entre os dez melhores. Nesse período, Clint foi promovido a gerente regional de vendas e, finalmente, chegou a vice-presidente da área comercial. O que foi ainda mais especial para Clint foi o fato de que muitos dos representantes de vendas da sua equipe original foram promovidos para posições de grande responsabilidade e liderança na empresa. "O que mais posso fazer?" ainda é o cerne da cultura da distrital do Brooklyn até hoje.

Mais dez perguntas acima da linha

1	Que aspectos da situação mais provavelmente podem nos puxar para abaixo da linha no futuro?
2	O que podemos e o que não podemos controlar?
3	Caímos abaixo da linha?
4	O que fingimos não saber sobre nosso accountability?
5	Em que áreas do accountability conjunto pode haver lacunas onde a bola pode cair?
6	Se realmente "fôssemos donos" disso, o que faríamos diferente?
7	Dadas as recentes decisões, o que precisamos fazer para garantir que a empresa fique acima da linha?
8	Algum dos envolvidos na situação ainda não consegue "ser dono" das decisões que já tomamos?
9	Quem é responsável pelos resultados e em que prazo?
10	O que aprendemos com as experiências recentes e podemos aplicar em nossa caminhada?

©2003 Partners In Leadership, LLC. Todos os direitos reservados.

RECOMPENSAR O ACCONTABILITY

Winston Churchill disse certa vez: "Primeiro moldamos nossas estruturas, e depois nossas estruturas nos moldam". É exatamente assim que se cria e mantém maior accountability! Se você quer que o conceito seja uma parte duradoura e importante da cultura da sua empresa, você deve cuidar dela conscientemente em todos os trabalhos internos.

Mesmo em estruturas mais enxutas e dinâmicas, não é incomum ouvir alguém dizendo: "Você não pode ir contra o sistema", "Não tente mudar a situação", "Não adianta lutar contra quem tem o poder". Esses comentários refletem a visão de que a burocracia está tão enraizada que não há nada a fazer a não ser seguir o *status quo*. Entretanto, para criar accountability é preciso que você mude o sistema para que ele reforce o conceito. No entanto, é mais fácil falar do que fazer, já que a cultura de uma organização pode exercer forte influência no comportamento dos indivíduos. Se essa cultura aceita comportamentos abaixo da linha, eles não perderão a força.

Para iniciar bem um programa de accountability, você deve começar reconhecendo e premiando comportamentos, atitudes e práticas acima da linha que deseja perpetuar na organização. Mesmo que isso pareça básico, com frequência vemos empresas não prestarem atenção no enorme poder dessa prática de gestão para moldar a cultura.

É preciso garantir que as avaliações de desempenho e as promoções estejam alinhadas com premiação por comportamento acima da linha. Mais importante: você deve se esforçar todos os dias para reconhecer os passos de seus funcionários para ir e se manter acima da linha.

Um CEO que se aconselhou conosco passou a dedicar meia hora em todas as reuniões da equipe sênior às histórias de sucesso de seus diretores. Queria ouvir deles as experiências positivas que tiveram orientando outras pessoas a chegar acima da linha. O fato de que sempre dedicava tempo para destacar esses casos transmitiu a todos a mensagem de que a empresa valorizava o coaching e recompensava o accountability. O resultado foi que a equipe sênior aumentou o coaching. O CEO identificou e agarrou uma oportunidade de reforçar e recompensar o comportamento acima da linha.

Em outra organização onde trabalhamos muito tempo, a equipe sênior escolheu utilizar a reunião regular que costumavam ter para reconhecer e recompensar accountability. Toda sexta-feira de manhã, pessoas selecionadas em toda a empresa eram convidadas para relatar suas atividades. Antes de nosso treinamento, eles passavam um bom tempo preparando as apresentações para o encontro semanal e depois conversavam com os colegas sobre o evento (quem disse o quê, qual gerente atacou o convidado etc.). Mudar isso era um modo visível e dramático de provar que os altos executivos valorizavam o pensamento acima da linha.

A equipe sênior sabia que também deveria se preparar para a reunião. Seria necessário pouco esforço, mas, mesmo assim, isso representava uma mudança significativa na maneira de encarar esses momentos. Os integrantes não queriam apenas ouvir e criticar as apresentações – desejavam estar preparados para usar os passos para o accountability como uma ferramenta para enfatizar a responsabilidade conjunta, detectar atitudes abaixo da linha e recompensar realizações acima da linha.

Cada reunião trazia novas oportunidades de apontar os passos positivos e proativos dados para atingir os resultados, reforçando, assim, a necessidade de correr riscos, de coordenação efetiva entre as funções, de resolver problemas e de ter uma comunicação aberta e sincera.

As reuniões também ofereciam oportunidade para os altos executivos orientarem uns aos outros acima da linha. Certa vez, Joan, que estava fazendo a apresentação, levara vários membros de sua equipe para ajudar, pois na ocasião anterior ocorrera um debate acalorado. Como ela sabia que alguns membros do grupo sênior achavam que seu projeto estava com problemas, Joan organizou a reunião para transmitir a melhor impressão possível. Depois de resumir o status do projeto com muitas tabelas, gráficos e análises estatísticas, abriu para perguntas. Joan ficou surpresa quando um dos participantes, Anthony, imediatamente caiu abaixo da linha e começou a culpar três pessoas pela falta de progresso no projeto. Ficou aliviada quando outros integrantes da equipe sênior comentaram que Anthony caíra abaixo da linha e alegrou-se quando ele conseguiu voltar para acima da linha, focando no que mais as pessoas poderiam fazer para obter resultados, em vez de encontrar motivos para justificar por que não tinham feito isso ou aquilo. Durante a discussão que se seguiu, a equipe sênior enfatizou a importância do accountability conjunta e então usou os passos para o accountability para avaliar o status do projeto e orientar Joan e sua equipe a trabalhar alguns dos aspectos que atrapalhavam o andamento. O próprio Anthony citou o exemplo de como ele, também, ficara frustrado com obstáculos semelhantes e compartilhou sua experiência com mais detalhes depois do encontro.

Após as reuniões, as discussões continuaram em toda a empresa, mas com um tom ainda mais positivo. Ninguém mais falava sobre em que o apresentador errara, mas sim sobre o que todos haviam feito para ajudar a atingir resultados mais rápido. Também circulavam histórias sobre como os membros seniores mostravam accountability nas reuniões. No fim das contas, uma experiência que era potencialmente negativa acabou se tornando recompensadora.

Além de premiar comportamentos responsáveis, você pode usar seis ferramentas que ajudam a formar uma cultura inspiradora de accountability.

SEIS FERRAMENTAS FORMADORAS DE CULTURA

1. Use palavras-gatilho. Para quem está familiarizado com O Princípio de Oz, termos como acima da linha, abaixo da linha, See It, Own It, Solve It e Do It servem como pistas comportamentais. A linguagem associada aos passos para o accountability e ao ciclo de vitimização pode desencadear a reação certa. Um cliente usou os quatro personagens principais de Oz para criar, uma premiação que batizou de "Ozcars". Os funcionários que melhor exemplificavam os comportamentos See It recebiam leões em miniatura pela coragem; os que apresentavam o comportamento Own It ganhavam homens de lata pela determinação; espantalhos eram o prêmio para aqueles com comportamentos Solve It; e pequenas Dorothys serviam de modelo para Do It. A premiação se tornou um evento anual e todos esperavam por esse dia, sem contar que isso mantinha as palavras-gatilho de Oz vivas no dia a dia.

2. Conte histórias inspiradoras. Histórias de pessoas que caíram abaixo da linha e depois voltaram para acima da linha estimulam a imaginação das pessoas. Exemplos concretos e fatos curiosos

podem ajudar a memorizar algum ponto que se queira enfatizar muito melhor do que abstrações filosóficas. Você pode contar casos para esclarecer o que significa chegar e permanecer acima da linha e elogiar os que conseguiram fazer isso. Uma empresa de engenharia organizava lanches coletivos a cada duas semanas para tratar da aplicação de *O Princípio de Oz* em situações diárias do trabalho. A gerência começava cada encontro com a pergunta: "O que mais posso fazer?". Líderes e funcionários discutiam os problemas e contavam histórias de como aplicaram See It, Own It, Solve It e Do It com resultados.

3. Gerencie caminhando. As pessoas com responsabilidade de supervisão podem usar o método MBWA [*Management by Walking Around*] para aproveitar oportunidades de orientar as pessoas acima da linha. Outro cliente nosso organizava equipes SWAT [*Specialized Work Action Team*] com gerentes e supervisores que, aleatoriamente, visitavam funcionários para perguntar que resultados queriam atingir e como eles estavam agindo acima da linha para chegar lá. Dependendo da capacidade do funcionário de articular os resultados esperados da empresa e como suas atividades se relacionavam com eles, recebiam prêmios como aparelhos eletrônicos.

4. Enquadre. Em reuniões, conversas, memorandos, contato com clientes e na maior parte das atividades profissionais, você pode enfatizar a necessidade de incluir o accountability em seus pensamentos e ações. Um cliente desenvolveu planos SOSD (See It, Own It, Solve It, Do It) para solucionar alguns problemas. Eles abordavam questões do moral no escritório, comunicação interna entre departamentos concorrentes, orientação à carreira e outras questões semelhantes que não eram aparentes, mas que existiam e ameaçavam jogar as pessoas abaixo da linha. Reforçando os passos para o accountability, esses planos aplicavam *O Princípio de Oz* de maneira muito positiva.

5. Crie modelos. Como mencionado antes, você precisa ser uma referência de comportamento e atitudes responsáveis. Seja um exemplo

e elogie os que também são. Localize-os em todos os níveis hierárquicos e valorize-os. Uma organização criou um prêmio de reconhecimento para pessoas que atingiam resultados trabalhando em cada um dos passos acima da linha. Os premiados eram reconhecidos como exemplos de accountability em toda a empresa.

6. Crie experiências acima da linha. Procure oportunidades de proporcionar experiências acima da linha. Elas beneficiam em especial quem antecipa reações abaixo da linha de outros funcionários. Criar essas experiências sempre levará a operar em níveis mais altos de accountability. Uma companhia da área alimentícia dava notas a si mesma sobre como os funcionários praticavam comportamentos essenciais associados a cada passo acima da linha. Os gerentes dos restaurantes submetiam ao gerente regional, anonimamente, as notas tanto para sua unidade quanto para a empresa. Esses responsáveis regionais, agindo como facilitadores, revisavam com os gerentes dos restaurantes os obstáculos que as notas revelavam. O grupo discutia como superá-los. Como resultado do programa, houve ganhos significativos em produtividade. A iniciativa foi levada de região em região até que a empresa conseguiu estabelecer as melhores práticas em todos os locais onde operava. Ao avaliar o desempenho de maneira visível e aberta, a gerência criou a cultura de que o accountability se aplicava a todos.

Usadas em conjunto, essas ferramentas podem acelerar o progresso em direção a níveis mais altos de accountability e, é claro, a resultados mais satisfatórios.

TORNAR AS PESSOAS ACCOUNTABLES
Pense na definição de accountability conforme *O Princípio de Oz*:

Uma escolha pessoal para superar as circunstâncias e demonstrar o senso de propriedade necessário para alcançar os resultados desejados – para identificar (See It), assumir (Own It), encontrar a solução (Solve it) e agir (Do it).

O processo de criar, manter e aceitar a responsabilidade por compromissos pessoais é central para criar o accountability nas organizações. Os que honram seus compromissos ganham a admiração dos colegas; os que se esquivam ou não os cumprem obtêm desaprovação e ressentimento. Se muitos funcionários se encaixam na segunda categoria, os resultados serão frustrantes e haverá rodadas sem fim do jogo de acusação. Na empresa responsável, por outro lado, todo e qualquer indivíduo honra seu compromisso pessoal de maneira a garantir os melhores resultados.

Muitas organizações com as quais trabalhamos mantêm listas de projetos ativos que continuam a crescer, embora os recursos permaneçam constantes. Mesmo com novos projetos começando, parece que nada sai da lista. Por exemplo, uma delas tinha tantos projetos de novos produtos que não conseguia terminar nenhum. A lista inadministrável tinha, sem dúvida, arrastado a empresa a abaixo da linha. A enormidade da tarefa levou os funcionários a se esconderem. Comprometimento pessoal? Como você pode se comprometer com o impossível? O accountability parecia mais com suicídio do que com um bote salva-vidas. Quando contamos essa história à gerência em outro cliente, ouvimos aquela risada nervosa. Eles admitiram que poderiam estar no mesmo barco: tinham 140 projetos em andamento! Quando perguntamos por que deixaram isso acontecer, responderam que adicionavam projetos à lista esperando que as pessoas descobrissem as prioridades sozinhas. A cultura criara uma regra velada: "Eu apoio que você coloque mais projetos em andamento contanto que você não me cobre por eles." A conscientização da relação entre a lista de projetos e o comprometimento dos funcionários permitiu que as duas organizações saíssem do ciclo de vitimização com os passos para o accountability.

Quando começaram a incorporar o accountability, os profissionais passaram a finalizar seus compromissos pessoais e a lista de projetos inacabados encolheu.

É importante que os funcionários de empresas responsáveis relatem seu progresso. Como um líder comentou: "Quando se mede o progresso, o progresso melhora. Quando se mede e relata, o progresso acelera". Mas como fazer isso de maneira positiva e não punitiva? Desenvolvemos três diretrizes para tornar as pessoas accountables de

Tornar as pessoas accountables conforme *O Princípio de Oz*®

1 — Defina o resultado (O que faz o sino tocar?)

2 — Determine um prazo para relatar o progresso (Que progresso foi feito?)

3 — Dê os parabéns ou oriente (Muito bem! Ou: o que mais você pode fazer?)

um modo que não sejam punidas, mas motivadas a permanecer acima da linha. A figura a seguir resume essas diretrizes.

DIRETRIZ 1: DEFINA CLARAMENTE OS RESULTADOS ESPERADOS

Como já dissemos antes, não se pode criar accountability sem definir os objetivos. Não se consegue marcar um gol sem enxergar as traves. Nesse estágio, você deve falar em termos de resultados, não apenas de atividades. Os indivíduos confundem as duas coisas, em especial quando se trata de resultados desafiadores. Defina aquilo que deseja dizendo especificamente o que faz o sino tocar. Peça às pessoas que você lidera para enviarem uma nota de follow-up depois de qualquer conversa sobre o assunto, resumindo que resultados esperam obter.

DIRETRIZ 2: DETERMINE UM PRAZO, EM COMUM ACORDO, PARA O RELATÓRIO DE PROGRESSO

Quando fazemos follow-up com alguém, tiramos um pouco da responsabilidade dos ombros de nosso interlocutor. Em geral, é o líder que tem a responsabilidade por todo o sistema de relatórios, ou seja, eles acontecem graças ao esforço dele em solicitá-los. Entretanto, quando um líder encoraja as pessoas a sugerirem os prazos dos relatórios de progresso, fazer esse relatório passa a ser uma função de esforços e ações do funcionário responsável.

No típico ciclo de fazer e manter compromissos, costuma-se pensar no relatório principal como uma entrega depois que o compromisso foi cumprido. Porém, esse tipo posterior de registro não pode afetar de maneira positiva os resultados – ele apenas estimula uma recompensa ou uma punição. Você já designou uma tarefa a alguém e se perguntou "Vamos ver o que ele consegue fazer"? Se ele conseguir, você se sai bem; se não, é ele quem fica mal. É por isso que preferimos preparar as pessoas para terem sucesso fazendo com que sugiram e aceitem fazer relatórios intermediários que todos possam usar para influenciar o progresso em direção aos resultados. Quando elas conseguem, todos ganham.

DIRETRIZ 3: ELOGIE OU ORIENTE

Este passo é a oportunidade perfeita para elogiar o progresso feito e os resultados alcançados com um vigoroso "Muito bem!". Também é o momento de orientar se os resultados estiverem abaixo das expectativas. Durante os encontros de coaching, use o quadro passos para o accountability para que a conversa seja o mais concreta possível. **Cuidado!** Você precisa se especializar em fazer a pergunta "O que mais você pode fazer?" para avançar em direção ao resultado desejado. Quando os líderes começam a dar as próprias sugestões ou mesmo a resolver problemas, eles tiram o accountability daqueles a quem estão orientando. Evite essa tentação e ofereça, em vez disso, direcionamento e orientação que ajudarão as pessoas a descobrir o que mais *elas* podem fazer.

Gostaríamos de compartilhar um último exemplo de como tornar alguém responsável funciona muito bem. É um relato verdadeiro. Imagine o administrador de um hospital movimentado que é chefe de uma supervisora de enfermagem famosa por suas quedas abaixo da linha. Depois de participar de um treinamento de *O Princípio de Oz*, o administrador a desafiou a demonstrar uma nova atitude no trabalho. Eles combinaram que ela relataria tudo a ele no fim do turno. Este é o trecho real de um e-mail dela para o administrador:

"Em vez de concordar com o grupo e compartilhar pensamentos negativos, fiquei determinada a fazer perguntas para redirecionar o foco.

Uma nova funcionária afirmou no sábado às 11 da noite que tivera a pior noite de sua vida e não tinha preceptor (isto é, supervisor) naquele turno. Pensei em ir abaixo da linha e lembrá-la como o supervisor e eu interagimos com ela. Em vez disso, afastei-me por 20 minutos, esfriei a cabeça e voltei. Pedi que me contasse como tinha se sentido, por que aquela fora a pior noite de sua vida dela e por que achara que não havia um preceptor. Acabamos conversando por 20 minutos e ambas nos sentimos melhor.

Depois, perguntei a uma enfermeira: 'Como vai?'. Ela respondeu que estava cansada e que logo iria pedir demissão. Disse isso na frente de todo mundo. Eu não quis saber o que tinha acontecido. Depois de evitar falar com ela por algumas horas, voltei e disse: 'Parece que você está frustrada. Quer falar sobre isso?' Tivemos uma boa conversa e, aparentemente, ela estava com problemas familiares e não no trabalho ou comigo.

Sim, me vejo abaixo da linha em muitas ocasiões, agora que sei identificar o que estou fazendo. Por exemplo, eu costumava deixar alguns trabalhos burocráticos para o próximo turno fazer, mas agora estou assumindo o accountability sobre essas coisas e finalizando-as antes de sair.

Tarefas: consigo direcionar as conversas para a enfermeira da troca de turno quando o assunto é difícil, em vez de apenas escutar as reclamações.

Estava falando com um funcionário e ele criticava a mim e a minhas ações. Primeiro fiquei na defensiva, mas consegui ir acima da linha e passei a escutar ativamente, descobrindo qual era o problema e agindo para resolvê-lo. Admiti que havia um funcionário ocupado e que era um dia movimentado, entretanto, eu não oferecera ajuda àquele indivíduo. Refleti e fui acima da linha, dando permissão para o funcionário oferecer ajuda ao colega."

O poder transformador do accountability e de *O Princípio de* Oz nos ajuda a descobrir a capacidade de alcançar os resultados que queremos. O accountability, quando adequadamente administrado, pode levar as pessoas e toda a empresa a alturas inimagináveis.

Em toda organização, não faltam oportunidades de treinamento, coaching, fazer perguntas, recompensar comportamentos e tornar as pessoas accountables. Sugerimos que você escolha uma questão que incomoda sua empresa. Ao focar em apenas uma, você pode demonstrar o impacto que um maior accountability causa.

Primeiro, liste todas as questões que sua empresa tem enfrentado recentemente e que fizeram as pessoas caírem abaixo da linha. Pode ser a gestão da qualidade total, defeitos em produtos, insatisfação do cliente, reclamações dos consumidores, orçamentos, cotas de venda ou a imagem externa. Identifique grandes problemas que estejam relacionados a você ou sua equipe.

Em segundo lugar, escolha um item da lista e identifique onde, nos passos para o accountability ou no ciclo de vitimização, acha que você, sua equipe e a empresa estão. Comece a conversar com seus superiores, pares e subordinados a respeito de realidades que todos devem reconhecer (See It), o grau de propriedade a ser alcançado (Own It), possíveis soluções a implementar (Solve It) e que ações, exatamente, todos devem tomar (Do It).

Em terceiro, depois que você começou a criar certa conscientização da posição relativa da empresa naquele item específico, é preciso decidir a sequência certa e o mix das cinco atividades para mudar a cultura para aquele ponto.

A seguir, avalie a sucesso de seus esforços tanto em termos de resultados quanto de comportamentos e atitudes das pessoas. Após essa experiência, você encontra com mais frequência e em maior número pessoas pensando, agindo e trabalhando acima da linha?

Depois de terminar a avaliação, escolha outra questão ou passe para uma abordagem mais ampla para levar a organização acima da linha. Quaisquer que sejam os próximos passos, você deve ficar atento a oportunidades de expandir a busca pelo accountability.

Lembre-se da jornada pela estrada de tijolos amarelos. Depois que o Espantalho, o Homem de Lata e o Leão dominaram o accountability para eles mesmos, encontraram outros personagens ansiosos por se beneficiar dos ganhos pessoais deles. Da mesma forma, quando você trabalha para manter a si e aos outros acima da linha, sem dúvida encontra oportunidades de aplicar *O Princípio de Oz* nas questões mais difíceis, o assunto do capítulo final.

Capítulo 10

EM ALGUM LUGAR ALÉM DO ARCO-ÍRIS: COMO APLICAR OS PRINCÍPIOS DE OZ ÀS QUESTÕES MAIS DIFÍCEIS NOS NEGÓCIOS ATUAIS

Então a Bruxa olhou para o grande Leão desgrenhado e perguntou:
– Quando Dorothy voltar para casa, o que será de você?
– No alto da colina dos Cabeça de Machado – ele respondeu –, há uma grande floresta antiga e todas as feras que lá habitam me fizeram seu Rei. Se eu pudesse voltar à floresta, passaria minha vida feliz.
– Meu terceiro desejo aos Macacos Alados – disse Glinda – será que eles o carreguem até a floresta. Então, tendo usado todos os poderes do Chapéu Dourado, ao Rei dos Macacos o darei, e ele e seu bando serão livres para todo sempre.

O Mágico de Oz,
L. Frank Baum

O Leão simboliza a coragem e nada a testa mais do que o perigo. Para vencê-lo, é claro, você deve encontrar a coragem de correr risco, um risco calculado, certamente, mas que o faça deixar de lado o desejo natural por segurança ou conforto e a tendência de se tornar uma vítima do local de trabalho. No livro *Technological Risk* (*Risco tecnológico*), o professor da University of California e consultor de risco Harold W. Lewis expõe que passamos a temer o risco, e que o medo, mais do que tudo, impede uma nação ou uma sociedade de progredir. "Já atingimos o máximo de nosso desejo de correr risco, que é única razão pela qual chegamos onde estamos agora?", ele pergunta. Embora Lewis apresente seu argumento dentro do contexto da tecnologia, acreditamos que a mensagem também se aplica a questões que envolvem o mundo dos negócios.

Em nosso trabalho com centenas de empresas – de valentes pequenas startups a corporações globais gigantescas –, notamos que a maior parte delas irá, em ocasiões, esquivar-se do risco associado a resolver inúmeras questões recorrentes e caras. Pense por um momento nas maiores dificuldades não resolvidas em sua empresa. O que a lista incluiria? Há quanto tempo incomodam? O que você fez especificamente para tratá-las?

A expressão em latim *est factum vitae* significa "é um fato da vida". Em outras palavras, é assim que as coisas são e, já que não se pode mudá-las, deve-se aceitá-las. *Est factum vitae*: o inimigo da mudança, o adversário número um do accountability. Infelizmente, muitas empresas fizeram de *est factum vitae* seu mantra e a aplicam àqueles problemas que dão a impressão de que nunca ir embora. Somente lidando com essas questões e resolvendo-as é que se pode esperar aumentar os lucros, melhorar o desempenho, acelerar o crescimento, e, quem sabe, tornar a empresa um lugar vibrante e alegre para se trabalhar.

A nossa lista das dez questões não resolvidas que mais ameaçam as organizações inclui:

1. Comunicação ruim
2. Desenvolvimento pessoal
3. Empoderamento
4. Desalinhamento

5. Direitos
6. Desequilíbrio entre trabalho e vida pessoal
7. Desempenho fraco
8. Desenvolvimento da gerência sênior
9. Disputa entre departamentos
10. "Programite"

Essas questões não resolvidas afligem todo espectro de negócios, sejam usinas nucleares, instituições financeiras, lojas de varejo, companhias de seguro, empresas de planos de saúde, designers de moda, empreiteiros, fabricantes de computadores, joalherias, escolas, consultórios médicos, firmas de advocacia e escritórios de contabilidade. Em alguns casos, os indivíduos consideram esses temas como parte inevitável da vida empresarial moderna. Outros acreditam que o custo de permanecer abaixo da linha não tem maiores consequências. Em nossa opinião, entretanto, esses problemas estão prejudicando as organizações na busca por mais competitividade, lucratividade, sucesso em realizar os sonhos das pessoas e capacidade para atingir resultados excelentes.

Neste capítulo, analisaremos o assunto no contexto do accountability e de *O Princípio de Oz*. Nós podemos apenas esclarecê-los – cabe a você resolvê-los em sua organização.

QUESTÃO 1: COMUNICAÇÃO RUIM

A comunicação ruim sempre é um obstáculo aos resultados. Ela aparece no topo ou próxima do topo de todas as listas de "o que não está funcionando" nas grandes organizações com as quais trabalhamos nas últimas três décadas. Todos os dias, ouvimos as pessoas descreverem a falta de comunicação entre funcionários e gerente, entre uma função e outra, entre divisões, entre membros de uma mesma equipe, entre gerência sênior e gerência intermediária, como um problema contínuo que impede o progresso. De acordo com Patricia McLagan, autora de *On-the-Level: Performance Communication that Works* (*Sincero: a comunicação de desempenho que funciona*), a ênfase no accountability aumenta a importância da comunicação eficiente nas organizações. Como McLagan diz: "Quando você é responsável pelo trabalho que realiza com sua equipe, precisa manter todos os canais de comunicação abertos. Necessita o tempo todo de informações sobre o que está funcionando e o que não está." Caso contrário, sem boa comunicação, o accountability não pode florescer.

Dos arranha-céus em qualquer metrópole, onde as pessoas falam sobre problemas de comunicação entre o segundo e o décimo primeiro andar, até matrizes geograficamente separadas de fábricas, sempre que as pessoas não se conectam, sobram problemas de comunicação. Ouvimos indivíduos atribuírem essas dificuldades a condições físicas, como andares diferentes, lados opostos do mesmo prédio e até uma parede, mas, por trás das barreiras físicas, ouve-se o zumbido do ciclo de vitimização. Quanto mais se fala sobre os problemas de comunicação, mais claro fica que a maioria se sente vítima deles. Os funcionários dizem que ninguém os ouve ou concorda com eles e que nunca são chamados, preferindo dessa forma fazer o jogo da acusação; que outros não os compreendem, o que permite que fujam da responsabilidade. "Não sou responsável porque não sabia" ou "não me escutaram".

Ironicamente, na assim chamada era da comunicação, com internet banda larga, sistemas de telecomunicação sofisticados, e videoconferências, muitos aceitam a comunicação ruim como uma realidade empresarial e se sentem impotentes para mudá-la. Então, quando ouvimos as mesmas pessoas reclamarem do preço que pagam pela falta de comunicação, fica claro que devem arriscar algo para mudar a situação. Caso contrário, as empresas continuarão a sofrer as consequências de cronogramas não cumpridos, produtos atrasados, expedições erradas, projetos incorretos e vendas perdidas. Quando prestamos consultoria a uma empresa de vestuário bem conhecida, quase não conseguimos esclarecer esse ponto. Em vez de encarar o perigo, as pessoas prefeririam esperar para ver se a situação melhoraria com o tempo. Por fim, pedimos a um grupo de funcionários importantes para quantificar o custo da falta de comunicação, Eles concluíram que a economia teria sido de ao menos US$ 3 milhões nos seis meses anteriores. A cifra fez a mensagem ser ouvida. Agora que conseguiam ver – See It –, poderiam resolver o problema.

Esse grupo agiu, mas em muitos outros é surpreendente ver que há mais falação do que ação sobre os problemas de comunicação. Um CEO cliente nosso estava tão irritado de ouvir os gerentes reclamarem sobre isso que emitiu uma nota para que ninguém nunca mais pronunciasse a frase. É claro que isso não funcionou porque o silêncio não faria o problema desaparecer. Teria sido melhor estimular os funcionários a irem além de apontar para agir e resolver a questão. Falhas de comunicação podem ser inerentes às empresas modernas, mas isso não significa que não se possa atacar o problema e resolvê-lo. De fato, se fica sem solução, criará comportamentos abaixo da linha e funcionários que se sentem vitimizados, além de ser um obstáculo gigantesco à accountability.

Qual o valor de ir acima da linha e resolver esse problema? Quando a Pfizer comprou a Warner Lambert, enfrentou a dificuldade de fundir as operações das duas organizações. Na área de vendas, surgiram muitas perguntas: o que faço com o e-mail e a caixa de mensagens? Para quem entrego o relatório de despesas? Como recebo o reembolso? E os relatórios de vendas? O ambiente pós-fusão era ideal para comportamentos abaixo da linha. As queixas mais comuns incluíam: "Isso já deveria estar pronto", "Eles deveriam ter pensado nisso antes", "Isso não está funcionando" e "Meu gerente não sabe o que está acontecendo!". Todos os níveis – representantes, gerentes distritais e regionais – foram jogados em um campo de batalha de comunicação. Tendo adotado *O Princípio de Oz*, a equipe da Pfizer sabia que somente uma abordagem acima da linha faria com que todos tivessem o accountability sobre a comunicação. Quando as pessoas faziam perguntas após a fusão, tinham de fazer também outras duas: "O que mais eu posso fazer sobre isso?" e "Com quem mais eu posso entrar em contato para obter as informações de que preciso?". Transferindo o accountability para a pessoa que fazia as perguntas, os gerentes criaram uma empresa repleta de pessoas trabalhando para resolver o problema e não apenas reclamando sobre ele. O diálogo sobre como trabalhar no período após a fusão ajudou a reduzir a quantidade de mudanças que eram empurradas aos funcionários, já que eles mesmos sugeriam os próprios sistemas. Quando a organização de vendas da Pfizer adotou várias abordagens comerciais da Warner Lambert e vice-versa, os dois grupos se sentiram confortáveis com o resultado do conjunto de melhores práticas. Essa abordagem pode parecer simplista, mas já a vimos funcionar. Não é mágica, mas garantimos que produzirá uma faísca que pode provocar uma reação em cadeia à medida que mais gente se junta a você acima da linha.

QUESTÃO 2: DESENVOLVIMENTO PESSOAL

A maioria dos executivos concordará que as pessoas são o ativo mais importante de uma organização. Mas muitos ficariam surpresos ao saber que seus funcionários não acreditam nisso. Se os problemas de comunicação vêm em primeiro lugar na lista de impedimentos ao progresso, alocar recursos e tempo para desenvolvimento pessoal fica em segundo lugar. Se falhas de comunicação irritam, um desenvolvimento pessoal fraco enraivece.

Em vez de procurar o accountability dentro de si, os indivíduos culpam a empresa pelo fato de não progredirem na carreira porque ela não cria sistemas e programas de requisitos. Com frequência, detectam ausência de avaliações de desempenho abrangentes e oportunas. Veem falhas na inacessibilidade dos supervisores, acreditando que isso as impede de receber o feedback de que precisam para crescer. Anúncios de emprego inconsistentes e injustos e um departamento de recursos humanos ineficiente também fazem parte da longa lista de obstáculos ao desenvolvimento e ao avanço pessoal. Paralisados por sentimentos de impotência, muitos aguardam oportunidades futuras melhores e esperam, algum dia, ser recompensados com a promoção que acreditam merecer.

Por outro lado, vemos profissionais, em várias empresas, subirem acima da linha no que diz respeito ao próprio desenvolvimento. Um indivíduo, que chamaremos de Stuart, engenheiro industrial muito qualificado e competente, recebia elogios da direção por suas contribuições, mas não conseguia encontrar uma maneira de assumir um papel importante na direção da fábrica que conhecia tão bem. Depois de anos esperando um convite para a promoção, e se sentindo um pouco vitimizado porque isso não acontecia, Stuart decidiu subir acima da linha e trabalhar ativamente por essa oportunidade. Deixou claro aos superiores que queria mais responsabilidades e que tinha algumas ideias sobre como os supervisores poderiam fazer para elevar a qualidade, aumentar a eficiência e melhorar a capacidade de gestão deles. Depois de compartilhar suas ideias com o gerente de produção, passou a implementá-las. Mais tarde naquele ano, quando o gerente de produção aceitou uma transferência, a direção deu a Stuart o cargo que ele queria havia tanto tempo, mas só buscara recentemente. A diretoria disse a Stuart que não tinham conhecimento anterior acerca de seu desejo.

Embora as organizações tenham responsabilidade pelo desenvolvimento pessoal e sempre se beneficiem de entender as aspirações profissionais de seus funcionários, indivíduos que se deixam vitimizar por um processo falho raramente crescerão. Para eles, ficar presos abaixo da linha no que diz respeito ao crescimento profissional resulta em oportunidades perdidas de avanço, progresso e desenvolvimento. Mesmo em empresas que têm uma gestão de pessoal fraca, os profissionais talentosos e responsáveis conseguem ser promovidos quando assumem o accountability pelo próprio progresso.

Sem dúvida, acreditamos que deve haver accountability conjunta entre os funcionários e a organização no que diz respeito ao desenvolvimento pessoal, mas também cremos que os indivíduos em todos os níveis hierárquicos deveriam assumir a própria evolução. Agindo acima da linha, procuram ativamente o que mais podem fazer para criar oportunidades de crescimento. Frequentam cursos e treinamentos que os preparam para crescer ou aumentar a eficiência nas funções atuais, encontram um mentor para aconselhá-los na construção da carreira de longo prazo, pedem feedback sobre desempenho para medir o progresso e perguntam a si mesmos o que mais podem fazer para obter os resultados que querem para suas carreiras. Olhando o cenário de maneira ampla, também podem trabalhar para que a organização instale os sistemas corretos para o desenvolvimento pessoal. Se esse tipo de atitude começar de baixo, torna-se tão penetrante que ajuda toda a empresa a ficar acima da linha e assumir a responsabilidade de superar a letargia ou a inércia que impede o investimento no desenvolvimento do ativo mais importante.

QUESTÃO 3: EMPODERAMENTO

O conceito de empoderamento dos funcionários tem recebido muita atenção. Embora o assunto seja bastante debatido, sempre ouvimos pessoas colocarem a culpa dos resultados ruins na ausência de empoderamento. Por exemplo, duas perguntas que ouvimos dos gerentes seniores são: "Por que os diretores não administram?" e "Por que não tomam decisões, assumem suas áreas e obtêm resultados?" Por outro lado, ouvimos diretores, gerentes e funcionários questionando por que a gerência sênior não escuta o que dizem, não confia neles para tomar decisões e não os empodera para obter resultados; falam de ter a responsabilidade para atingir certos objetivos, mas não a autoridade necessária para fazê-lo. No centro do debate sobre empoderamento, ainda há muita confusão. "Exatamente o que significa ser empoderado?", pergunta um CEO. "Estou cansado de ouvir as pessoas reclamando que não estão empoderadas. O que mais querem? Todo mundo quer isso, parece que ninguém sabe o que significa, e ninguém se sente nessa posição. Se acham que não tem o que é preciso para fazer acontecer, então por que não vão atrás? Se você precisa esperar que alguém o empodere, então como espera 'ser' empoderado?" Muitos gerentes e líderes relatam a mesma frustração.

Por outro lado, funcionários se ressentem do que percebem como uma atitude orgulhosa e desdenhosa dos gerentes e acham que os gestores deveriam perceber que com frequência nega a eles a autoridade para direcionar recursos, o que, no fundo, os impede de se tornar empoderados. A confusão aumenta quando as empresas debatem se o empoderamento requer um convite ou se é obtido por iniciativa própria. Enquanto a discussão cresce, as organizações ficam presas abaixo da linha, os funcionários agem como vítimas dos gerentes, estes se comportam de maneira correspondente e os resultados ficam reféns da indecisão e da inação.

O diretor de uma empresa de alta tecnologia de tamanho médio que chamaremos de Mark estava encarregado do desenvolvimento de um novo produto importante. Conseguira o emprego porque a diretoria valorizava sua capacidade de fazer acontecer e era disso que o novo produto precisava. Muitas pessoas na empresa viram na mudança uma oportunidade incrível para a carreira de Mark e acreditavam que logo ele seria vice-presidente.

Entretanto, quando Mark iniciou a tarefa, que demandava muita cooperação de todos os funcionários, ficou frustrado com a impossibilidade de progredir com rapidez. Em pouco tempo, sua reputação entre os colegas piorou porque começaram a percebê-lo como alguém que exigia que as coisas fossem feitas à sua maneira. Para ele, empoderamento significava fazer o que achasse necessário, não importando as circunstâncias. Tornou-se um ditador. Como a empresa lhe dera mais autoridade, recursos e autonomia do que a qualquer outro líder de projeto em toda sua história, Mark se sentia no direito de dizer: "Se vocês não terminarem isso até sexta, não serei responsável pelo resultado". O ditador, entretanto, também fugia da responsabilidade. Desobrigava-se do accountability sempre que designava uma tarefa a outra pessoa. Com essa atitude, a empresa se tornou refém da definição limitada de empoderamento de um profissional. Por fim, ele saiu da empresa frustrado, e o produto que deixou para trás chegou ao mercado com dois anos de atraso.

Em nossa forma de pensar, ser empoderado para obter resultados e ser responsável por eles são dois lados da mesma moeda, mas a confusão sobre o significado do conceito às vezes bloqueia o caminho para se chegar acima da linha. Empoderamento acabou sendo visto como algo que é dado. Por que não simplesmente tirar a palavra "empoderamento" de seu vocabulário e substituí-la por: "O que mais posso fazer para obter o resultado?". Sim, a gerência deveria ter a responsabilidade de empoderar as pessoas em toda a empresa, mas em algum ponto é preciso notar que, no fim das contas, você deve empoderar a si mesmo. Em vez de focar no que alguém *deveria* lhe dar, foque mais no que você *deve* fazer por si mesmo. Em vez de gritar "Empoderem-me!", apenas pergunte: "O que mais posso fazer para alcançar o resultado?" e então suba os passos See It, Own It, Solve It e Do It.

Essas etapas, se replicadas na organização toda, rendem enormes benefícios em termos de resultados; no fim, a consequência será uma empresa e um local de trabalho empoderado. Como a felicidade, empoderamento é mais um resultado do que uma atividade. Surge de pessoas accountables. Você pode tanto ficar perdido no debate sobre o que ele significa ou assumir o accountability e agir para fazer acontecer.

QUESTÃO 4: DESALINHAMENTO

Toda empresa precisa de um foco claro, uma estratégia que direcione suas ações no mercado. Entretanto, em quase todas as companhias com as quais trabalhamos em mais de três décadas, observamos que pessoas diferentes, sobretudo a equipe sênior, têm visões diferentes acerca do direcionamento da empresa, um desalinhamento de perspectivas que permeia todos os níveis da organização. Muitas companhias passam horas discutindo questões estratégicas como "Em que mercado atuamos?" e "Aonde vamos?" sem chegar a uma resposta clara. Sem responder tais perguntas, profissionais importantes e suas equipes dançam conforme a própria música, desalinhados em uma pista de dança onde o sucesso depende de todos fazerem a mesma coreografia. O resultado é que os grupos trabalham de maneira hesitante e nunca forjam o ownership necessário para concluir satisfatoriamente os projetos. No fim, depois de muitas falhas, o desalinhamento cresce e joga os funcionários abaixo da linha.

Uma divisão regional da Johnson Controls sofreu com esse tipo de desalinhamento quando a organização decidiu implantar *O Princípio de Oz*. Embora todas as funções e todos os departamentos estivessem focados em cumprir os próprios objetivos, os resultados gerais não estavam sendo atingidos. Quando a empresa apresentou algumas propostas para concorrer a importantes projetos de controle ambiental em grandes edifícios, o mesmo problema aconteceu: cada departamento e cada função preparou sua parte da proposta, depois juntaram tudo e a apresentaram, mas a empresa continuava perdendo para os concorrentes. Conforme relata o gerente de área Allen Martin: "Éramos tão orientados aos processos que funcionávamos no modo padrão, fazendo sempre as mesmas coisas. Mas as diferentes partes da empresa não queriam mudar". O market share caiu, o crescimento estagnou, o moral despencou e os clientes estavam cada vez mais insatisfeitos com o desempenho da Johnson Controls. Martin continua: "As pessoas de departamentos diferentes estavam tão preocupadas em se proteger e documentar tudo que tinham feito para provar seu valor que isso impedia a organização de ser inovadora e estratégica, e ninguém trabalhava junto pelo negócio." Foi então que *O Princípio de Oz* entrou na jogada. Depois de vários meses construindo maior accountability pelos três pontos estratégicos – crescer 15%, tornar-se a número um no mercado e mudar a proposta de valor do negócio – tudo começou a melhorar. "15, 1 e mudança" tornou-se o mantra de todos os departamentos. Vendas, operações, instalação e serviços passaram a trabalhar em harmonia. "As pessoas começaram a repensar seus papéis e responsabilidades, passaram a se comunicar e se alinharam", Martin conta. "Depois que todos fizeram o treinamento, disseram 'ok, precisamos fazer diferente'." As peças do quebra-cabeça agora se encaixavam perfeitamente, pois as pessoas se tornaram mais flexíveis em termos operacionais e começou a haver mais confiança entre os departamentos. A ênfase mudou, substituindo desculpas e acusações e pela pergunta "O que mais podemos fazer para obter os resultados que queremos?". "Tivemos de colocar em prática o que aprendemos no treinamento de Oz", Martin disse. "Primeiro, passamos pela etapa See It, ver quais eram as questões, o que estava impedindo nossa capacidade de agir. Tivemos de olhar a nossa situação a partir de cada um dos passos – See It, Own It, Solve It e Do It. Foi então que o plano de accountability começou a ganhar corpo. Parece que todos reconheceram que esse era o único jeito de virar o jogo – colocar a empresa acima da linha juntos". Três anos depois que a Johnson Controls implantou o treinamento de Oz, as vendas da divisão em questão mais do que dobraram, a lucratividade triplicou, a satisfação do cliente disparou e a rotatividade caiu ao menor nível em anos. Agora o mantra da empresa é "25, 1 e mudança!".

Todos se beneficiam com um direcionamento bem focado e esforço concentrado para atingir o objetivo comum, mas fazer o alinhamento não deve ser apenas responsabilidade da cúpula. Os desafios se estendem para todos os segmentos de uma operação. Diretores e gerentes abaixo da direção podem ver com clareza os efeitos do desalinhamento. Em geral se queixam parecem trabalhar em desacordo com seus pares e citam vários exemplos de mensagens confusas que chegam de seus superiores sobre a direção a tomar em dada situação. A confusão criada pelo desalinhamento goteja até os níveis mais baixos. Esse tipo de confusão sempre sinaliza atitudes abaixo da linha. Servindo de exemplo, gerentes desalinhados dão licença para que todos abaixo deles façam o mesmo. Ao permitir que a confusão dite os rumos, estará instaurada a falta de respeito pela liderança sênior, isso sem mencionar a necessidade de dizer às pessoas o que precisam fazer a cada passo do caminho. No fim, isso cria vítimas. Avaliações posteriores de falências sempre apontam um problema de alinhamento no topo que acaba infestando todas as partes. Um amigo próximo trabalhava para a International Harvester antes da falência. Ele ainda se lembra como o desalinhamento entre os membros da direção cresceu nos anos que precederam a quebra, indo de um apoio sem muita empolgação e críticas veladas às políticas da empresa até uma insatisfação crescente que acabou tomando conta de toda a empresa, levando ao "Capítulo 11"*.

Mesmo quando a gerência faz o alinhamento, muitos líderes de equipe não conseguem comunicar a mensagem a seu pessoal, presumindo que os indivíduos compreenderão intuitivamente e aceitarão as decisões importantes que tomarem. Assim, mesmo quando existe alinhamento, os gerentes esperavam para ver se a implementação efetiva e consistente da direção desejada ocorreria.

Todos devem aceitar o accountability por criar e manter o alinhamento dentro de suas organizações, reconhecendo, em primeiro lugar, que não fazer isso as manterá abaixo da linha, criando ineficiência, moral baixo, estresse, acusações e confusão. Para chegar acima da linha, você deve considerar as ramificações de cada decisão e incluir os envolvidos em uma discussão antes de finalizar o que foi decidido. Ao aceitar diversas opiniões, sugestões e perspectivas, utilizando um processo aberto de tomada de decisões para determinar o curso das ações, ao comunicar com clareza a mensagem alinhada ao restante da empresa, ao promover ativamente as diretrizes como um esforço coletivo, e ao afastar o que está desalinhado, você garante ações mais coerentes e coesas em toda a organização.

QUESTÃO 5: DIREITOS

Com o tempo, e com bastante naturalidade, alguns indivíduos se acostumaram aos sistemas de recompensas, benefícios e tradições de uma empresa. Do bônus anual às celebrações periódicas de sucesso, as pessoas tendem a aguardar que certos acontecimentos continuem, uma expectativa que pode transformar eventos ocasionais em direitos ou em exercícios do direito que os profissionais acham que merecem, não importa o que seja.

---

* "Capítulo 11", previsto no código de falência dos Estados Unidos, trata da reestruturação financeira de uma empresa em estado falimentar, equivalente à recuperação judicial no Brasil. (N. T.)

Em algum lugar além do arco-íris: como aplicar os Princípios de
Oz às questões mais difíceis nos negócios atuais | 227

Como as empresas buscam se tornar mais competitivas mudando a maneira como fazem negócios, e como se esforçam para se aproximar dos clientes, ganhar eficiência, produtividade e lucratividade, acham que certos direitos culturais podem ser mais prejudiciais do que benéficos. Direito a um bônus anual, aumento de salário todos os anos, horário de trabalho das oito às cinco, celebrações regulares de reconhecimento, segurança no emprego independente do desempenho e outras tradições e práticas há tempos estabelecidas podem ter servido no passado, mas acabam minando o futuro se as pessoas esperam que prossigam independente da performance e da capacidade de obter resultados. Com o tempo, todas as organizações chegam a um ponto em que devem reconsiderar o que conferem como direito. Infelizmente, quando fazem isso, os funcionários tendem a cair abaixo da linha, se sentindo vitimizados a tal ponto que o moral evapora e todos passam a questionar por que trabalham lá.

Observamos uma empresa com rápido crescimento, relativamente nova à época em que trabalhamos lá, que deparou com as pressões normais da concorrência, o que desacelerou a taxa de crescimento e enfraqueceu o panorama dos lucros. Nos primeiros anos, a companhia, vamos chamá-la de Nu Tech Inc., havia disparado. Seu produto conquistara a primeira posição no mercado, e as margens de lucro excediam as da concorrência. Para os funcionários, a Nu Tech era o paraíso. Operava com os melhores equipamentos, tinha os computadores mais modernos, oferecia ótimos benefícios, dava festas e, em geral, passava uma imagem de riqueza. Quando os executivos viajavam, hospedavam-se em hotéis de luxo e jantavam nos melhores restaurantes. As histórias de bonança na Nu Tech atraíam os melhores e mais talentosos profissionais do setor a buscar emprego lá.

Entretanto, quando o ambiente ficou mais competitivo, a Nu Tech começou a implementar mudanças de largo alcance que reverteram muito do que os funcionários achavam que fosse seu direito. Isso levou a empresa muito rapidamente para abaixo da linha. Cada vez que a diretoria questionava ou retirava um direito, surgiam novas vítimas reclamando que haviam sido privadas de algo que mereciam. Ninguém jamais se importara em correlacionar benefícios a desempenho quando o resultado vinha fácil. Assim, a ênfase em desempenho bateu de frente com a cultura estabelecida até então. Por fim, o pessoal na Nu Tech encarou a realidade de que não mereciam nada que não pudessem produzir, mas não antes de uma demissão em massa forçada pela perda de market share.

É fácil encontrar todos os dias na imprensa especializada exemplos de organizações que eram conhecidas por suas políticas de reter funcionários por muito tempo, como Eastman Kodak, IBM ou AT&T, e que acabaram demitindo por causa de desempenho fraco. Para indivíduos acostumados a pensar que seus empregos eram um direito garantido para a vida toda, a ideia de que dependem da capacidade da empresa de pagar por eles não é aceita facilmente. Para ajudá-los a mudar, cada vez mais as organizações estão tentando construir ownership como cultura empresarial. Se os funcionários são donos dos problemas, trabalham mais dispostos a resolvê-los e, assim, garantir o próprio emprego. No ambiente implacável que vivemos hoje em dia, as empresas devem aprender a gerenciar processos organizacionais de maneira a não desconectar o accountability individual dos resultados gerais. Devem compreender que quase tudo que oferecem aos colaboradores em qualquer nível (com exceção dos valores fundamentais, como justiça, honestidade e respeito) tem relação direta com o desempenho individual e organizacional.

Os funcionários devem evitar se sentir como vítimas da perda de direitos enxergando práticas, recompensas e benefícios como privilégios que vêm como consequência do excelente desempenho, em vez de direitos que adquirem automaticamente no dia em que são contratados. Esforçando-se para garantir que sua performance lhes dará as recompensas que desejam, e trabalhando para fazer a empresa ser o mais produtiva possível para criar esses benefícios, você passará acima da linha. Parafraseando o comercial da Smith Barney, corretora de varejo que em 2009 fez uma joint venture com o Morgan Stanley, "Ganho meus benefícios à moda antiga. Trabalho por eles".

QUESTÃO 6: DESEQUILÍBRIO ENTRE TRABALHO E VIDA PESSOAL
Nosso trabalho com centenas de empresas nos convenceu de que a maior parte delas luta com prioridades conflitantes. Esses embates incluem: focar na quantidade ao mesmo tempo em que entregam

um produto de alta qualidade; atingir metas de curto prazo, e, ao mesmo tempo, pensar em estratégias de longo prazo; e sacrificar todo tempo e energia para ter sucesso nos negócios e ao mesmo tempo nutrir relações familiares. Acreditamos que o sucesso, no futuro, virá para aqueles que aprenderem a dominar prioridades conflitantes. Para isso, é preciso aprender a ver esses aparentes embates não como mensagens confusas, mas como desafios de equilíbrio, realização e crescimento. Talvez o mais difícil de todos seja equilibrar trabalho e vida pessoal.

A Organização Mundial da Saúde já classificou o estresse no trabalho como epidemia mundial. O equilíbrio trabalho-vida pessoal se tornou um assunto em voga em muitas empresas, e as novas gerações, que ingressam no mercado de trabalho claramente preferem mais equilíbrio a melhores salários. Ainda assim, muitos ainda têm precisam lidar com a ameaça de esgotar-se por conta do desequilíbrio trabalho-vida pessoal. Nos sites Monster.com e MSN Careers, Bill Delano, fundador de um serviço de internet que oferece conselhos aconselhamento individual e confidencial a pessoas estressadas pelo trabalho, dá algumas sugestões que se encaixam à perfeição com *O Princípio de Oz*.

See It. O que, exatamente, está estressando sua vida? É o trabalho? É a vida em casa? Os relacionamentos? Sem saber a raiz do problema, não se pode esperar resolvê-lo. Se você acha difícil apontar a causa do seu estresse, busque ajuda profissional.

Own It. Tente não levar críticas para o lado pessoal. Veja os comentários negativos como uma ajuda construtiva que permitem melhorar no trabalho. Se, no entanto, a crítica for verbalmente abusiva (por exemplo, se seu chefe grita com você ou usa linguagem vulgar), converse sobre isso com ele ou procure o departamento de recursos humanos.

Solve It. Reconheça a diferença entre os elementos, no trabalho e em casa, que você pode e não pode controlar. Faça uma lista com as duas categorias. A partir de hoje, prometa a si mesmo parar de se estressar com aquilo que não pode mudar no trabalho. Delegue ou compartilhe serviços sempre que possível. Não caia na armadilha de pensar que é a única pessoa que pode fazer bem-feito. Colegas e chefe acabam acreditando nisso também.

Do It. Anote todos os bons trabalhos que fizer e dê a si mesmo crédito por eles. Estabeleça objetivos de curto prazo e uma recompensa quando alcançá-los. Saiba que, mesmo querendo aprender a lidar com um trabalho estressante, às vezes faz mais sentido pedir demissão. Como determinar quando chegou a hora desistir? Simples:

- Você tentou todos os canais e métodos apropriados para resolver a situação e não conseguiu (ou esses canais apropriados nem existem).
- Seu chefe o trata de maneira intimidadora, desrespeitosa ou humilhante.
- Você se sente tão entediado no trabalho que chega em casa exausto no fim do dia. Se não consegue ver um caminho para crescer na carreira que o desafie a evoluir como profissional, provavelmente deveria procurar uma posição mais interessante.

Como cada vez mais empresas embarcam em programas de downsizing (diminuição dos níveis intermediários ou alternativas para aumentar a produtividade e a lucratividade), os funcionários que sobrevivem à reengenharia profissional sofrem ainda mais pressão para fazer mais com menos. Em muitos casos, isso equivale a estresse. Prestando consultoria a organizações que passaram por esse tipo de situação, ouvimos muito sobre o tremendo estresse que as mudanças causam, com grande parte da preocupação centrada no dilema de equilibrar uma carreira de sucesso e uma vida pessoal plena. John Sculley, ex-CEO da Apple Computer, relatou ao *USA Today*: "Uma boa noite de sono é resquício das eras agrária e industrial. A era da informação, com comunicação fácil ao redor do globo e constante acesso a dados que mudam a toda hora, uma boa noite de sono está virando coisa do passado. É um dia [de trabalho] de 24 horas." O repórter da *USA Today*, Kevin Maney, continua: "Alguns executivos compartilham da ideia de manter os olhos abertos. O presidente Bill Clinton em geral dorme apenas duas horas por noite. David Johnson, CEO da Campbell Soup, trabalha 24 horas por dia para acompanhar as operações mundiais". Nesse mesmo artigo, Maney pergunta: "A rotina de Sculley é o modelo para o executivo do novo milênio ou é apenas estranha? Mesmo que ele seja um exemplo extremo, há uma tendência de se trabalhar mais horas e ter menos tempo de lazer. Se sua empresa passou por downsizing ou achatamento para economizar recursos, você pode esperar trabalhar mais, aumentar a carga média de trabalho e ficar com menos tempo para família, amigos e diversão."

A vida profissional pode prejudicar de tal modo sua vida familiar e a pessoal que você pode começar a achar que estão tirando vantagem de sua pessoa ou se sentir traído pela empresa com a qual se comprometeu de corpo e alma. Cresce o número de corporações que esperam dos funcionários dedicação de cada vez mais tempo ao trabalho, deixando menos horas para o lar e os entes queridos. Aprender a equilibrar os dois lados exige tanto tempo e esforço como resolver problemas importantes nos negócios.

Um de nossos clientes enfrentou uma questão desse tipo. A diretoria da empresa compreendia as pressões que os funcionários enfrentavam no trabalho para colocar novos produtos no mercado. Em vez de apenas esperar a situação mudar, decidiu-se fazer algo a respeito. Cientes de que seu pessoal estava sacrificando a qualidade de vida pessoal, a diretoria pediu feedback sincero para entender exatamente como os funcionários se sentiam. Então, reuniu-se e conversou bastante a respeito da maneira como a pressão sobre os funcionários havia aumentado. Depois de algumas deliberações duras, concordou-se em fazer do equilíbrio entre vida pessoal e profissional um dos seis pilares norteadores da cultura da empresa. Como resultado, qualquer funcionário poderia dizer que não iria comparecer a uma reunião tarde da noite sem medo de retaliações. Se alguém receasse não ficar na reunião porque pareceria deslealdade, um gerente mandava a pessoa ir para casa com um tapinha nas costas. De fato, a organização prometeu auxiliar seus profissionais se eles assumissem o accountability pelo que decidiam fazer ou não. Admiramos a maneira como trataram do assunto. Com funcionários jovens, cheios de aspirações, que queriam fazer a diferença e ter sucesso, conseguiu apresentar crescimento e lucros incríveis, ao mesmo tempo em que nutriu uma cultura imbuída de accountability pelos objetivos empresariais e pessoais.

A limitação de recursos continuará a mandar na vida corporativa. Poucas organizações escapam da realidade de um mundo onde se deve fazer mais com menos. Para evitar cair abaixo da linha nesse quesito, gestores devem reconhecer o preço pessoal exigido de seus funcionários e então encontrar maneiras de ajudá-los a corrigir qualquer desequilíbrio.

Na mesma medida, os profissionais devem ir acima da linha e assumir as circunstâncias. A tempestade de mudanças não se acalmará. A jornada de trabalho aumentará. Será exigido mais de cada um. Compreender essa realidade o ajudará a se adaptar, escolhendo os compromissos pessoais e profissionais que melhor funcionam para você.

QUESTÃO 7: DESEMPENHO FRACO

Ao longo deste livro falamos sobre o papel fundamental que o feedback tem em estabelecer níveis mais altos de accountability. Ainda assim, ficamos surpresos como poucas organizações criam um ambiente favorável ao livre fluxo dessa prática. Nesses casos, não se pode esperar que se confronte habilmente um desempenho fraco ou que se faça um coaching eficiente. Ao não fazê-lo, as empresas alimentam sem querer sentimentos de vitimização entre os funcionários que têm desempenho ruim mas não sabem disso e, por essa razão, não conseguem melhorar, bem como entre as pessoas que seguram as pontas por causa da performance ruim de outros. Desempenho fraco leva a resultados fracos e resultados fracos mantêm a empresa inteira abaixo da linha.

Quando pedimos a executivos, gerentes e supervisores para confrontar esse problema, eles costumam citar várias razões para não lidar com questões de desempenho: ações trabalhistas de funcionários com mau desempenho que alegam terem sido demitidos injustamente, relutância em ferir o sentimento dos outros, dificuldade em estabelecer um processo de avaliação justo e eficiente, tendência de evitar a burocracia e o tempo envolvidos, e um medo geral dos riscos envolvidos em confrontar performance insatisfatória. Outros citam lealdade a colegas como um código de conduta transcendente – uma aplicação distorcida da regra de ouro (seja bom para eles e eles serão bons para você), e outros ainda apontam a falta de treinamento para lidar com essas questões, em especial entre aqueles que odeiam confrontos. Ao menos algumas empresas ainda alegam ter recursos humanos suficientes para aguentar os funcionários com desempenho fraco cujos esforços nem atrapalham nem ajudam muito, mas mesmo essas acabam arcando com as consequências.

Todos já ouviram histórias de pessoas que sofreram um grande trauma ao serem demitidas, mas após meses de procura, encontraram outro emprego, às vezes até melhor. Um caso desses aconteceu com um jovem que acabara de terminar o MBA, que chamaremos de Ted. Ele era muito agressivo e desejava uma posição no departamento de marketing, que esperava conseguir em relativamente pouco tempo. Ele aceitava todo e qualquer projeto com entusiasmo e atravessava noites e fins de semana para fazer tudo melhor e mais rápido do que já tinha sido feito antes. Para isso, Ted colocava muita pressão nos colegas de trabalho e logo desenvolveu um estilo irritante que parecia dar resultados. Em especial, ele isolava suas equipes de trabalho e não deixava chegarem demandas e necessidades de outras partes da empresa para, desse modo, garantir o cumprimento dos objetivos. Seus projetos recebiam muitos elogios porque eram realizados no prazo e abaixo do orçamento, e a aparente habilidade de Ted em obter resultados logo o destacou como melhor gerente de projetos na história da organização.

Entretanto, no meio de toda essa glória, os chefes de Ted e vários outros gerentes seniores ficaram preocupados com seu desempenho. Eles acreditavam que o modo como ele ignorava brutalmente as pessoas e destruía relacionamentos acabaria por minar sua eficiência. Em vez de confrontá-lo sobre esse assunto, decidiram deixar que entendesse a lição da maneira difícil (além disso, se mexessem com ele naquele momento poderiam interferir nos resultados que estava entregando). Evitaram a perspectiva desagradável de confrontar Ted sobre seu estilo e de orientá-lo para melhorar, esperando que aprendesse com os próprios erros.

Com o tempo, contudo, o comportamento de Ted piorou e ele continuava acabando com os relacionamentos para forçar resultados. Por fim, o chefe do departamento procurou, em particular, a chefe de Ted e exigiu que ela tomasse uma providência sobre o estilo rude dele. Quando ela finalmente o procurou para conversar e dar feedback, ele explodiu: "Pensei que resultados fossem a única coisa que interessava por aqui!". Ted se sentiu traído e confuso. "Por que não falaram antes?", ele questionou. Achou que o feedback chegara tarde demais e concluiu que não poderia mais ser feliz ali. Ele se demitiu, mas, em compensação, ganhou consciência sobre si mesmo e, no emprego seguinte, após alguns anos de trabalho, conquistou a reputação de ser uma pessoa que não apenas conseguia resultados, mas que também era um colega respeitoso. Ted ficou bem, mas a primeira empresa arcou com as consequências de perder o investimento que fizera no treinamento de seu funcionário. Se as questões de desempenho tivessem sido tratadas de maneira adequada e no tempo certo, teria economizado mais do que dinheiro.

Acreditamos que os gestores devem aprender a confrontar o desempenho fraco de maneira precisa, construtiva e acolhedora. Lidando de frente com esse problema universal, você certamente passará a acima da linha, melhorando os resultados e, ao mesmo tempo, fazendo as pessoas mais felizes. De maneira muito simples: você deve tratar do desempenho fraco quando o vir acontecendo, deve aceitar feedback construtivo quando o receber e deve encorajar esse comportamento nos outros. Se você finge que o problema não existe ou espera que se resolva sozinho, pare agora mesmo. Torne o combate ao desempenho fraco um hábito diário. Não deixe que o problema cresça e passe de uma geração de gerentes para outra.

QUESTÃO 8: DESENVOLVIMENTO DA GERÊNCIA SÊNIOR

Quem dirá ao rei que ele está nu? Muitos CEOS e gerentes seniores que conhecemos lamentam a solidão da liderança, e a maioria concordaria que recebe muito pouco feedback sobre sua eficiência, estilo ou impacto geral na empresa. Se um gerente sênior pensa que não pode afetar o fluxo do feedback, essa opinião reflete uma atitude abaixo da linha. Escutamos líderes em todos os tipos de organização dizer: "Por mais que eu peça feedback ao meu pessoal, não consigo fazer com que as pessoas tenham coragem de me falar diretamente". Como os funcionários tendem a agir abaixo da linha nesse assunto, acreditando que orientar a gerência sênior significa suicídio profissional, os gerentes fariam bem em dar o primeiro passo e se abrir para esse coaching. Se não aprenderem a fazer isso nesses tempos perigosos, podem colocar a perder tudo o que se esforçaram para conquistar. Aconteceu com Steve

Jobs duas vezes. Há muitos anos, o *The Wall Street Journal* relatou: "Sua empresa de computadores, a NeXT Inc., parou de fazer computadores. Em março (de 1993), o presidente e o CFO saíram. Então, vários fabricantes – alguns dos quais ele esperava que viessem a usar seu software – formaram uma aliança que excluiu a NeXT." Assim como aconteceu com a Apple Computer, a empresa que ele fundou e depois perdeu para John Sculley, a falta de vontade de Steve Jobs de receber feedback o colocou na mesma situação. "A insistência dele por completo controle em um projeto com a IBM, por exemplo, acabou com um acordo de 1989 que a teria feito apoiar o software da NeXT. Ele perdeu tempo precioso no passado (1992) quando ignorou os avisos dos conselheiros de que a NeXT não poderia competir em hardware e deveria se tornar uma empresa de software". O resultado da incapacidade de Steve Jobs de receber orientação "equivale à queda de um penhasco". Ainda de acordo com o artigo, "a próxima workstation da NeXT parece destinada a virar relíquia de museu de tecnologia. Ele mesmo está lutando para mostrar que ainda conta na indústria dos computadores". Segundo Richard Shaffer, editor da *Computer Letter*: "As pessoas pararam de prestar atenção nele. É triste".

Mas a história não termina aí. Alan Deutschman corrige os fatos em seu livro *A Segunda Vinda de Steve Jobs* (Editora Globo, 2001). Dois anos após o epitáfio prematuro no *The Wall Street Journal*, ele se levantou "triunfante, vingado e mais rico do que antes." Aprendera a aceitar críticas e a crescer com elas. "Sua surpreendente redenção veio de uma fonte inesperada: ele tinha outra empresa, a Pixar, que lutava havia uma década. Em novembro de 1995, lançou o filme de animação *Toy Story*." Suas ações na empresa foram avaliadas em mais de US$ 1 bilhão. Um ano depois, voltou à Apple. Então, "no verão de 1997, assumiu o cargo de CEO interino e se tornou o salvador inesperado da empresa. Ele elevou o preço da ação de US$ 13 para US$ 118". A experiência de Steve Jobs deveria convencer a todos, em especial àqueles no topo, do valor do feedback sincero.

Tanto funcionários quanto diretores devem aceitar o fato de que feedback cria accountability. Toda a ação de um integrante da diretoria afeta a organização e, em se tratando de seres humanos, eles possuem forças e fraquezas. Nenhuma empresa pode crescer a menos que os gestores cresçam. O CEO não está imune; deve crescer também. Se não for assim, a organização tropeçará ou os engolirá. Os melhores gestores não apenas buscam maneiras de melhorar seu desempenho, mas encorajam os que estão a seu redor a lhes dizer a verdade, não importa quão dolorosa.

A maioria dos líderes quer receber feedback de seu pessoal. Vejamos o caso de Ginger Graham, então presidente e CEO da Advanced Cardiovascular Systems, que começou sua gestão pedindo feedback franco de todos os níveis sobre como ela e a empresa cresceriam no futuro. Pessoas que de outra maneira teriam evitado o perigo de dar feedback a um novo CEO correram o risco com entusiasmo. Graham fez o possível para dar follow-up a os feedbacks, para que as pessoas soubessem o quanto ela valorizava o que estava sendo feito e para descrever exatamente como os usaria para desenvolver a si mesma e à ACS. Assim foi. De fato, em um artigo que Ginger escreveu para a *Harvard Business Review* intitulado "Se quer sinceridade, quebre algumas regras", ela descreveu o processo de feedback no qual ajudamos sua equipe. Um a um, cada integrante sentava-se em um banco e recebia tanto feedback apreciativo quando construtivo sobre o desempenho, mas só podia escutar. Ginger recorda: "O exercício do banco parece cruel, mas é o contrário. É provavelmente a ferramenta mais poderosa que já vi para construir accountability e comunicação sincera. Quando ocupei o banco, descobri o quanto os gerentes se importavam comigo e queriam que eu desse certo." Ginger recebe feedback porque assume a responsabilidade de pedi-lo e de fornecê-lo.

Incentivamos CEOs a seguir o exemplo dela e a assumir o accountability pessoal por obter feedback e deixar claro que isso é desejável e valorizado. Agradecer abertamente aqueles que dão feedback "duro" incentivará outros a fazer o mesmo. Por sua vez, os funcionários devem superar o medo de correr riscos e dizer aos gestores com franqueza o que eles precisam escutar.

QUESTÃO 9: DISPUTA ENTRE DEPARTAMENTOS
Marketing *versus* produção, produção *versus* pesquisa e desenvolvimento, P&D *versus* vendas, e vendas *versus* o mundo. Soa familiar? Disputas entre departamentos – vemos isso em toda parte.. De fato, essas batalhas se tornaram quase uma tradição na vida empresarial, mesmo

representando uma das mais absurdas ocorrências abaixo da linha nas empresas hoje em dia. Por que os departamentos não podem ficar acima da linha e reconhecer, adaptando a citação do personagem dos quadrinhos Pogo, que "encontramos o inimigo e o inimigo *não* somos nós"?

Uma organização com a qual tralhamos quase parou porque os departamentos de pesquisa e desenvolvimento e marketing entraram em uma briga que fez os Hatfields e os McCoys* parecerem crianças brincando no parquinho. Cada lado trabalhava como se o outro fosse inimigo. Os vice-presidentes de cada área se odiavam e expressavam a suas equipes o desdém pelo estilo e competência do outro. Como resultado, a empresa, que já fora líder em inovação de produtos em seu setor de atividade, não conseguia fazer nenhum lançamento importante havia um ano. E os que chegavam ao mercado tinham atrasado muito e ficado muito acima do orçamento. Era claro que o futuro dependia de os dois departamentos conseguirem passar para acima da linha e acabar com o jogo de acusações. Demorou um ano, mas a aplicação vigorosa de *O Princípio de Oz* resultou (depois de muita tensão) em um novo senso de cooperação e camaradagem. "Estávamos loucos", um dos vice-presidentes disse mais tarde. "Estávamos no mesmo barco, mas fazíamos de tudo para jogar o outro ao mar. Ainda disputamos as prioridades, mas agora pelo menos remamos na mesma direção."

O cenário se repete a cada minuto de cada dia de trabalho em milhares de empresas. Entretanto, você pode eliminar a disputa entre departamentos mais facilmente do que imagina. Tudo o que é preciso é lembrar-se que o verdadeiro inimigo não são o Joe e a Sally no final do corredor, mas é a suposição errada de que eles não estão no seu time. A liderança acima da linha necessita que as pessoas e os departamentos entendam que o mercado não perdoará os danos causados por disputas entre departamentos. As pessoas e os departamentos devem dar um ao outro o benefício da dúvida e o feedback essencial para as melhorias de desempenho adequadas e necessárias. Devem sair de seus quartéis e fazer um esforço conjunto entre departamentos baseados em uma atitude produtiva de dar e receber que guie um esforço

---

* Hatfield e McCoy foram duas famílias norte-americanas que estiveram em guerra entre 1863 e 1891. (N. da T.)

concentrado em produzir o que é melhor para a empresa. Como Pogo diria: "Encontramos o inimigo, e o inimigo é nossa própria divisão." A ALARIS Medical Systems tinha uma rotatividade terrível, Havia um acúmulo de 9.000 instrumentos, com pedidos de 5.000 peças de reposição e taxa de conclusão abaixo de 85%, e receitas em queda. Uma série de sessões de feedback com os departamentos de operações, vendas, atendimento ao cliente, qualidade e serviços foi fundamental para inverter o desempenho ruim, eliminar o atraso na expedição, melhorar radicalmente a qualidade do produto e manter a taxa de expedição em 24 horas em 99,8%. Cada grupo foi confrontado com fatos duros de ouvir. Desse modo, todos passaram a enxergar os problemas e a cooperar mais entre si. Sally Grigoriev, uma das vice-presidentes da ALARIS, disse: "As sessões foram como se colocar no lugar do outro!". A relação antagônica entre operações e atendimento ao cliente desapareceu. Ela descreve: "Agora, quando surge um problema, as pessoas conversam. Antes, não se falavam porque não se conheciam. Desde aquela reunião, o pessoal de atendimento faz excursões à fábrica, algo que nunca ocorrera antes. Agora, entendem os processos, percebem como as coisas funcionam, se conhecem em pessoa." A empresa passou a analisar a saída de pedidos diariamente e todos recebiam esses relatórios. A análise mostrava o desempenho durante as 24 horas precedentes. Todos podiam ver. No passado, centenas de pedidos atrasados todos os dias não eram vistos. Desde que começaram as reuniões entre departamentos, apenas um pedido atrasado faz as pessoas saírem correndo para coordenar a solução do problema entre diferentes departamentos. Sobre isso, Sally afirmou: "É a transformação mais incrível que já vimos".

Quando as pessoas vencem os obstáculos naturais das especificidades e das preferências de cada departamento e se alinham pelo bem comum, forças poderosas trabalham juntas e afetam o desempenho de maneiras extremas. Ir acima da linha para capturar essas vantagens deveria ser prioridade para líderes e equipes.

QUESTÃO 10: "PROGRAMITE"
Uma doença que se espalhou pelas empresas norte-americanas é o que chamamos de "programite". Os sintomas incluem querer usar os novos programas ou modismos que surgem no mercado. Uma lista completa

de todos os modismos de gestão que surgiram nos últimos 30 anos ficaria do tamanho da lista telefônica de Manhattan. Uma breve relação, com os mais populares, inclui: planejamento estratégico, gestão da qualidade total, manufatura just-in-time, inovação revolucionária, satisfação total do cliente, *learning organization*, *core competence*, reengenharia, orçamento base zero, organização horizontal, autogestão, equipes autogerenciáveis, liderança humilde, destruição criativa. Em um artigo clássico da *Sloan Magagement Review* intitulado "Consultoria: a solução se tornou parte do problema?", os autores Shapiro, Eccles e Soske fazem a seguinte observação: "Surfar o modismo – ir na onda da mais nova panaceia e depois ter de remar para cair fora a tempo de pegar a próxima – tem sido um grande negócio nos últimos 20 anos. (...) Cada um desses conceitos vem com uma caixa de ferramentas, muitas das quais já existiam e foram reembaladas e vendidas como 'A Resposta' para a competitividade". Ao longo dos anos, vimos muitos modismos surgirem e desaparecerem, tendo o efeito de uma marola. A AT&T, por exemplo, demitiu mil de seus 6.600 funcionários em uma fábrica que ganhou o Prêmio Nacional de Qualidade Malcolm Baldrige. A planta, que produz equipamentos para sistemas de transmissão, inclusive o hardware usado por companhias de telefonia e TV a cabo, culpou as vendas fracas e os avanços tecnológicos pelas demissões. A Wallace Company, outra vencedora do mesmo prêmio, pediu falência apenas dois anos depois após recebê-lo! Não importa como você enxergue essa situação, é óbvio que a gestão da qualidade total sozinha não impede mil pessoas de perder o emprego, nem enfrenta a queda nas vendas de uma fábrica ou lida com o lado humano do avanço tecnológico.

No passado, quando as empresas norte-americanas imitavam as japonesas, o *The Wall Street Journal* noticiou: "Algumas fábricas estão descartando bilhões de dólares em investimento feito nos anos 1980 para adotar ideias de produção japonesas. Não é que esses sistemas não funcionem. É que perceberam que alguns deles, embora tenham sido úteis para aumentar a produtividade no Japão, não fizeram muito por aqui." Então, se o modismo japonês não agregou valor para as fábricas norte-americanas, para onde nos voltamos? O artigo continua: "A Federal-Mogul Corp., vendo que a automação fora longe demais, removeu boa parte do equipamento extravagante em uma fábrica de peças para automóveis, e a General Motors agora está contando mais com a 'força humana'. A Whirpool Corp. azedou com o estilo japonês de 'círculos de qualidade' como forma de encorajar as ideias dos funcionários, e a General Electric e a Corning recorreram a outras maneiras de estimular a criatividade dos colaboradores. Em algumas empresas o sistema just-in-time de minimizar o inventário fazendo com que os fornecedores entreguem as peças somente na medida do necessário está perdendo terreno".

No campo da informática, onde as mudanças acontecem na velocidade da luz, o downsizing foi um dos modismos. De acordo com William Zachman, colunista e estudioso desse setor que cunhou o termo em um artigo do *The Wall Street Journal*: "As pessoas embarcaram no conceito. É como se elas, quando ouviram falar sobre a eletricidade, enfiassem o dedo na tomada para ver como é. É um modismo estúpido". Mesmo empresas com muita experiência em gerenciar tecnologia cometeram alguns erros tolos ao buscar programas para downsizing e rightsizing que acabaram gerando mais confusão do que resultados. O problema, de nosso ponto de vista, é que um dado número de filosofias e técnicas de gestão produzem resultados, mas muitas organizações procuram a mágica no último modismo, quando, de fato, os resultados somente aparecem com o senso unificado de accountability em toda a empresa. Acreditamos que devem buscar uma cura para a "programite", parte da qual envolve prestar atenção ao fato básico de que quase tudo funciona se você estiver acima da linha e usar a cabeça. Aja com coragem, mantenha a determinação e o foco no objetivo principal, quer você deseje "voltar para o Kansas", colocar produtos no mercado mais rápido ou atender as verdadeiras necessidades de seus clientes. Os benefícios serão mais do que agradáveis.

COLHER OS BENEFÍCIOS ACIMA DA LINHA

Ao concluir esta jornada, queremos mostrar alguns exemplos finais de clientes que obtiveram enormes benefícios ao ir acima da linha e permanecer lá. Precor, um dos maiores fabricantes de equipamentos para fitness dos Estados Unidos, construiu uma reputação mundial de inovação e excelência pela qualidade de seus produtos e pelo atendimento ao cliente. Apesar de uma história de empreendedorismo de sucesso, nunca se sentiram satisfeitos em permanecer nessa posição.

Esforçaram-se constantemente para subir para o próximo nível e conseguir resultados ainda melhores, transformando a cultura empresarial em conduta de accountability e focando ainda mais em inovação. Na reunião inicial com os funcionários em 2003, o então presidente da Precor, Paul J. Byrne, afirmou: "O mundo está uma bagunça, a economia está devagar e o tempo está ruim (a sede da empresa fica próxima de Seattle, em Washington, noroeste dos Estados Unidos). Não vamos aceitar mais essas velhas desculpas".

Após 15 meses de esforço concentrado para transformar a cultura da empresa, imbuir accountability em todos e melhorar as operações, a Precor teve o seu melhor ano até então: aumento de receita de 13% e lucratividade de 66%, além de crescimento substancial nos índices de serviços. Os avanços no desempenho aconteceram porque uma organização eficiente sabe que sempre pode realizar mais aplicando com rigor *O Princípio de Oz*.

A Eli Lilly & Company, com sede em Indiana, lutava com a percepção pública de que não fazia negócios com empresas de propriedade de minorias em seu estado natal. Durante anos, os porta-vozes da empresa afirmaram: "Tentamos fazer negócios com as minorias, enviamos propostas, esperamos com os contratos prontos, queremos e teremos prazer em trabalhar com quem venha e aceite o trabalho". Então, dedicando-se para abordar a questão acima da linha, a organização decidiu parar de esperar e fazer acontecer. Membros da equipe de engenharia de projetos de longo prazo da Lilly reuniram-se com um fornecedor antigo, Jacobs Engineering, para planejar como poderiam criar um negócio de propriedade de minorias. Eles concluíram que uma startup poderia crescer rapidamente e vir a ser uma empresa com uma linha completa que atenderia não apenas a Lilly, mas outras empresas também. O CEO da Jacobs Engineering deu aos engenheiros de projetos de longo prazo da Lilly apoio total, afirmando que forneceria os processos e procedimentos de trabalho e ajudariam a buscar investidores em Indianápolis para começar a empresa do zero. De sua parte, a Lilly se comprometeu que pagaria à nova empresa em 15 dias em vez dos 35 habituais. Em pouco tempo, conseguiram os investidores para começar um pequeno negócio de propriedade de minorias. Durante o primeiro ano, a empresa faturou mais de US$ 3,5 milhões em serviços de engenharia na região de Indianápolis.

De novo vemos uma empresa de alta performance se beneficiar com um maior accountability, indo além do esperado e tendo resultados inesperados. Trabalhar acima da linha abre portas e faz acontecer o que nunca teria acontecido abaixo da linha.

Um último exemplo vem da AmerisourceBergen, um distribuidor farmacêutico e de produtos e serviços para saúde. Algum tempo atrás, ela enfrentou uma situação que não é incomum no mundo dos negócios: a perda de uma conta nacional significativa. Todos na empresa se viram lutando com um dilema com o qual o leitor deste livro se depara diariamente de uma maneira ou outra: você cai abaixo da linha e justifica o contratempo ignorando, negando, culpando e acusando; ou você vai acima da linha, analisa a realidade e encontra uma maneira de obter resultados apesar dos percalços. Mobilizando a empresa por meio de propriedade e accountability, os gestores da AmerisourceBergen ajudaram a inspirar a mentalidade Solve It dentro da organização. Funcionários de todos os níveis, por mais distantes que suas funções estivessem do departamento comercial, começaram a perguntar o que mais poderiam fazer para garantir os resultados. Com essa mentalidade, surgiram ideias para reduzir despesas e aumentar a receita.

De maneira impressionante, a AmerisourceBergen conseguiu substituir o negócio que perderiam antes mesmo do fato se concretizar. Com o foco em "o que mais podemos fazer?", acrescentaram, em apenas três meses antes da perda do grande cliente, 67 novos clientes e recuperaram cerca de 70% da perda prevista. O accountability começa com resultados definidos com clareza, pessoas comprometidas em trabalhar acima da linha e líderes que reforcem essa cultura de maneira incansável. Embora cada uma dessas histórias reflita resultados e circunstâncias variados, elas têm uma moral em comum: pessoas accountables trabalhando juntas podem alcançar quase tudo.

A JORNADA SEM FIM

Chegamos ao fim do livro. O Leão encontrou coragem; o Homem de Lata, coração; o Espantalho, cérebro; e Dorothy despertou sã e salva em casa com tia Em. Se cumprimos nossa missão nestas páginas, você está no caminho do accountability, aplicando *O Princípio de Oz* em todos os aspectos de sua vida e de seu trabalho.

Lembre-se: somente quando assumir total responsabilidade por seus pensamentos, sentimentos, ações e resultados é que poderá comandar seu destino; caso contrário, alguém ou algo o fará.

Como observação final, transcrevemos as palavras do editor da Del Rey Books: "Quando mencionamos Oz para alguém que não conhece este livro, eles concordam, falam sobre Judy Garland e pensam que sabem tudo que há para saber sobre Oz. Como estão errados!" Ressoamos esse sentimento ao escrever o fim de nosso livro. Há muito a aprender em Oz. Aproveite a jornada sem fim.

O COMEÇO...

ÍNDICE REMISSIVO

abaixo da linha: evitar a ação, 156-60; mindset, 13-4; não apresentar ownership das circunstâncias, 99-105, 108-12; negação, 78-87; problemas não resolvidos, 126, 134-40; vitimização, 12-6, 22-46; *Veja também* problemas organizacionais

Abercrombie and Fitch, 125

acima da linha: accountability, 16-9, 48-71; liderança, 176-92; orientação à ação (Do It), 148-71; ownership das circunstâncias (Own It), 98-121; questões relacionadas a, 202-3; realidade, reconhecimento da, 77-94; resolução de problemas (Solve It), 124-45

accountability, 16-9, 48-71, accountability conjunto, 54-61; coaching para accountability, 186-214; como modo de vida, 199-200; exemplos positivos de, 8, 11, 58-9, 63-4, 66-8, 70; extremos, evitar, 179-80, 186; falta de, exemplos, 6-7, 9, 30-1, 48-52, 65-6; foco de, 61, 71; instrumentos para criação de cultura, 206-8; líder como modelo, 184-5; mindset relacionado a, 52-3, 71; poder transformador, 16-9, 61-4, 66; Princípio de Oz, definição, 52-3, 196, 208; recompensando, 204-6; relação com vitimização, 25-6, 64, 66, 102-5; passos para o accountability, 16; tornar as pessoas responsáveis, orientações para, 208-14; visão negativa, 49-54, 195

accountability organizacional, avaliação, 197

Advanced Cardiovascular Systems, 236

AES, 11

Akers, John F., 84-5

ALARIS Medical Systems, 98-9, 238

Alcoa Company, 150

Alexandre, o Grande, 42

Alpo, lata abre fácil, 132

American Van Lines, 151-2

AmerisourceBergen, 242

Ameritech, 107

Anheuser Busch, 149

Ann Taylor, lojas, 125

Antinori, Dennis, 63-4
aposentadoria precoce, 136
Apple Computer, 84-5, 230, 235
Arthur Andersen, 8, 77
AT&T, 78, 228, 239

Babka, Janet, 69
Baum, L. Frank, 5, 21, 47, 75, 97, 123, 147, 175, 193, 215
Bell, Michael, 78
Benson, Irving, 125
Bingham, Betty, 90
Black & Decker, 140
Bradco, 112-3
Bradshaw, John, 79
Brooks, Joseph, 125
Burroughs, 84
Byrne, Paul J., 241

camada de ozônio, esgotamento, 126
Camaro, automóvel, 154
Campbell Soup, 230
CEOs, questão do desenvolvimento da gerência, 234-6
CET, 82-3
Challenger, 15, 112
Chambers Development Company, 30-1
Chase, Richard B., 109
Chevrolet, 154-5
Churchill, Winston, 204
Cidade das Esmeraldas, 5-6, 21, 46, 123, 175, 193
Cin-Made, 128, 130-1
Cisco Systems, 15
Citigroup, 48

Clark, Kim, 58
Clinton, Bill, 230
coaching para accountability, 186-214; definindo resultados, 210; escolhendo a questão como base de, 213; feedback em, 200-1; lidando com vítimas, 188-90; questões relacionadas a accountability, 202-3; recompensando a accountability, 204-6, 211; relatórios de progresso, 211; seis ferramentas para criar cultura, 206-8; tornando as pessoas responsáveis, 189-91, 208-14
codependência, e ciclo de vitimização, 35
Collins, Jim, 7, 19
Columbia, 111-2
comando e controle, modelo, 35
Comcast, 178
Compaq, 85
confusão, e vitimização, 34-5
conselhos de administração, 82
Consumer Markets, 148
controle: motivação dos controllers, 181; o que não se pode controlar, 181, 183
Copeland, Jim, 77-8
coragem. *Veja* realidade, reconhecimento da (See It)
Corning Inc., 240
correr riscos, medo de falhar, 154
Covey, Stephen R., 60
CreativeWare, 138-9, 144-5
criatividade, e resolução de problemas, 140

Crystal, Jane, 128
culpa. *Veja* vitimização
Cygne Design, 125

Del Mauro, Ronald, 110
Delano, Bill, 229
Deloitte & Touche, reconhecimento da realidade, 77-8
Deming, W. Edwards, 53
DePree, Max, 32
depressão, e baby boomers, 110
desalinhamento, correção, 223, 225-6
Deutschman, Alan, 235
DeVogelaere, Richard, 154
Digital Equipment, 84
DIRECTV, 178
direitos, como problema organizacional, 226, 228
disputa entre departamentos, 236, 238
Do It (faça): significado de, 16; *Veja também* orientação à ação (Do It)
doenças físicas, 180
Domino's Pizza, 109
Dorothy, 5-6, 19, 21, 46, 94-5, 121, 123, 145, 147, 170-1, 242; *Veja também* accountability
Dowling, Andy, 100, 103-5
downsizing, indústria de tecnologia, 127, 240
Dreyfous, Leslie, 110
Drucker, Peter, 19
Dumaine, Brian, 136

Eagle, Mike, 38-40, 42-3, 132-3
Eastman Kodak, 82, 149, 228

Ebert, Larry, 79
EchoStar, 178
Edmondson, Kathy, 138
Eli Lilly & Company, 241
elogiar, 208, 211
Elson, John, 180
Emerson Electric, 139
empoderamento: como problema organizacional, 221-3; definição conforme O Princípio de Oz, 223
Enron, 8, 30, 48, 77
Ernst & Young, 79
Esalen, 110
escritórios remotos, 78
Espantalho, 5, 20-1, 47, 121, 123, 145, 147, 175, 242; *Veja também* resolução de problemas (Solve It)
estabelecimento de metas, definindo resultados, 210
estados do ego infantil, 35
estrada de tijolos amarelos, 6, 20-1, 46, 94
estresse: desequilíbrio trabalho-vida pessoal, 228-9; dicas para lidar com, 229-30

família: desequilíbrio trabalho-vida pessoal, 228-30, 232; disfuncional, 79, 183
Faulkner Hospital, 110
Federal Express, 109, 150
Federal-Mogul Corp., 239
feedback: e desenvolvimento de lideranças, 236; e reconhecimento da realidade, 89-92; no programa de coaching, 200-1

felicidade, e baby boomers, 110
Fox, Kent, 164
fracasso: medo de, 154-5; dos negócios. *Veja* abaixo da linha; problemas organizacionais
Frey, Robert, 128
funcionários temporários, 106

General Electric (GE), 23-4, 139-40, 162-3, 184-5, 240
General Motors (GM), 148, 154, 240
Gerstner, Louis V., Jr., 86
gestão: falta de e falha, 7, 76; *Management by Walking Around* (MBWA), 207
Gingrich, Newt, 80
Glass, David D., 148-9
Glinda, 47, 175-6, 192-3, 215; *Veja também* líderes
Global Crossing, 8
golfe, indústria, 164
Graf, Jay, 67
Graham, Ginger, 236
Grigoriev, Sally, 238
Grothe, dr., 183
Grove, Andy, 8, 77
Grubman, Jack, 48
Guidant Cardiac Rhythm Management (CRM), 67-8, 70, 153, 164-5

Haas, Robert, 107
Hartmarx Corporation, 81
Henley, W.E., 170
Herman Miller, 32-3
Hewlett Packard, 85

Home Mortgage Service, 108
Homem de Lata, 20, 47, 95, 97, 121, 147, 193-4, 242; *Veja também* ownership das circunstâncias (Own It)
Hougham, Dale, 69
House Bank, 80

Iacocca, Lee, 108
IBM, 84-6, 149, 228
imagens concretas, 199-200, 206
IMED, 98
iniciativa, e resolução de problemas, 141
Intel, 8, 77
interdependência, accountability conjunto, 54-61
International Harvester, 225
IVAC, 63, 98, 132-4

Jack in the Box, 51
Jacobs Engineering, 241
Japão, sistema de transporte público, 117-8
Jobs, Steve, 234-5
Johnson Controls, 224
Johnson, David, 230

Kasaks, Frame, 125
Keenan, David, 37
Kmart, 8
Knull, Buster, 150
Kogan, Richard, 76

Langley, Tim, 82
Leão, 20-1, 47, 94, 147, 215-6,

242; *Veja também* realidade, reconhecimento da (See it)
Levi Strauss Associates, 107
Lewis, Clint, 202
Lewis, Harold W., 216
líderes, 176-92; accountability extremo, evitando, 179-80, 186; checklist de liderança, 191; coaching accountability, 186-214; como modelo, 183-5; e controle x o que não se pode controlar, 181, 183; culpando os subordinados, 183-4; desenvolvimento da gerência sênior, 234-6; intervenção pelo líder, 177-9, 185; não merecedores de confiança, 187-8; prestando contas do progresso, 189-90; e treinamento, 194-200
Lindsay, Ken, 164
local de trabalho, mudanças no, 105, 107
Lowrey, Norman, 137
L-triptofano, ação judicial, 65-6
Lublin, Joann, 183
Lucent Technologies, 7
Lynch, Robert, 138

Mágico, 5-6, 147
Malcolm Baldrige, Prêmio Nacional de Qualidade, 239
Maney, Kevin, 230
Manpower, Inc., 106
Martin, Allen, 224
Mauthe, Cheryl, 66
McCracken, Douglas, 78

McGann, Joe, 134, 136
McGinn, Rich, 7
McGinnis, Pat, 132
McGraw-Hill, Primis, 138
McLagan, Patricia, 217
McManus, Carrie, 66
migração de colaboradores, 167
Millerhagen, Jay, 69
modelos: líder como, 183-5; reconhecimento/recompensa por, 208
Monster.com, 229
Moore, Gordon, 8
Morgan Stanley, 155-6
Mortgage Bankers of America, 108
Mrazek, Robert, 80
MSN Careers, 229
mudança: e tecnologia, 138; relacionada ao local de trabalho, 105, 107
Mulcahy, Anne, 7
Murdoch, Rupert, 177-8

NASA, 15, 111-2
negação, 78-87; causas da, 78-9, 81-2; e ciclo de vitimização, 28-9, 31, 77, 80; consequências da, 82-6; superação. *Veja* realidade, reconhecimento da
Nestlé Purina, 131-2
News Corp., 177
NeXT Inc., 235
Nortel Networks, 7

Oakar, Mary Rose, 80
orientação à ação (Do It), 148-71;

autoavaliação, 160-1; benefícios de, 162-70, 185; exemplos de, 149-55, 162-70; falta de, exemplos de, 156-60; importância de, 150-1
Own It (aproprie-se): significado de, 16; *Veja também* ownership das circunstâncias
ownership das circunstâncias (Own It), 98-121; autoavaliação, 114, 116-7; benefícios da, 117-21; exemplos, 98-9, 109-10, 112-3, 117-21; falta de ownership, exemplos, 99-105, 111-2; importância da, 100, 111-3; e mudanças no local de trabalho, 105, 107; e ponto de vista, 102-5, 108, 168-70; razões para falta de, 108-11

palavras-gatilho, 206
Park Ridge Hospital, 110
Parrett, William, 78
Partners in Leadership, 10
passos para o accountability: Do It (Faça), 14, 16, 148-71; Own It (Aproprie-se), 14, 16, 98-112; See It (Veja), 14, 16, 77-94; Solve It (Solucione), 14, 16, 124-45; *Veja também* acima da linha
Penny, Tim, 80
persistência, e resolução de problemas, 140
Pfizer, 202, 219
Pillars of Excellence, prêmio, 132
Pixar, 235
Plourde, Connie, 78
Polaroid, 8

Pontiac, 154
Pontius, Kristin, 132
Porter, Brian, 100-1, 103-5
Pratte, Robert, 109
Precor, 240-1
preocupação: e o que não se pode controlar, 181, 183; problemas de executivos, 181
Princípio de Oz: passos. *Veja* acima da linha; passos para o accountability; premissa básica do, 9, 11, 52; razões para revisão, 18; resultados positivos, 17, 240-2; treinamentos, 125, 182
problemas de comunicação empresarial, 217-8, 220
problemas de performance, lidando com, 232, 234
problemas organizacionais: desalinhamento, 223, 225-6; desenvolvimento da gestão sênior, 234-5; desenvolvimento de pessoal, 220-1; desequilíbrio trabalho-vida pessoal, 228-30; direitos, 226, 228; disputa entre departamentos, 236, 238; falha no accountability, 8-9; falta de empoderamento, 221-3; má gestão, 7; "programite", 238, 240; questões de comunicação, 217-8, 220; questões de performance, 232, 234; *Veja também* abaixo da linha
procrastinação, e vitimização, 37
Procter & Gamble, 148
produtividade e accountability conjunto, 56-9, 61
"programite", 238, 240

Índice remissivo | 251

proteger a retaguarda, e
  vitimização, 36
Public Citizen's Health Research
  Group, 76

Qwest, 8

Rangos, John G., Sr., 30
realidade, reconhecimento da (See
  It), 77-94; autoavaliação, 88-9;
  benefícios, 92-4; e feedback,
  89-90, 92; exemplos de, 77-8,
  93-4; importância do, 77; não
  reconhecimento, exemplos de, 78,
  80-7, 92-3; passos em direção ao,
  80-1, 83
recompensas: e foco nos resultados,
  62; elogios, 208, 211; para
  modelos, 208; por accountability,
  204-6, 211-2
Reindl, Barb, 68
relatórios de progresso, 211
resolução de problemas (Solve
  It)124-45; autoavaliação, 142-3;
  benefícios da, 142-5; exemplos
  de, 124, 129-32, 134, 142-5;
  habilidades relacionadas a, 140-1;
  importância da, 127; problemas
  não resolvidos, exemplos de, 126,
  134, 136-40; questões básicas, 128
responsabilidade, e ciclo de
  vitimização, 31-2
rightsizing. *Veja* downsizing

sabedoria. *Veja* resolução de
  problemas (Solve it)

Salomon Smith Barney, 48
Sant, Roger, 11
Sara Lee, 149
Schacht, Henry, 7
Schaen, Robert, 107
Schering-Plough, 76
Schlotterbeck, Dave, 98
Schott, Steven, 150
Sculley, Jonn, 230, 235
See it (veja), 14, 77-94; significado
  de, 16; *Veja também* realidade,
  reconhecimento da (See it)
seleção, funcionários de meio-
  período, 106
Shaffer, Richard, 235
Sherman, Stratford, 184
Shewmaker, Jack, 148
Showa Denko K.K., 65, 66
Simon, Jed, 82, 84
Singh, Manoj, 77-8
Skilling, Jeffrey, 30
Smale, John, 148
Smith, Donald N., 124
Solheim, Karsten, 162-3
Solve It (solucione): significado de,
  16; *Veja também* resolução de
  problemas (Solve It)
Southwest Airlines, 149
Sperry, 84
Springer, Jerry, 79
St. Barnabas Medical Center, 109
Steffen, Christopher, 82
Strategic Associates, 156-9
Sun Microsystems, 85
Sunbeam, 8
Sunshine Pool Products, 100-5

Talbots, 125
Tanner, Josh, 118-21
tecnologia, indústria da: downsizing, 127, 240
Teradata Corporation, 151-2
Tichy, Noel, 184
Time Warner, 178
títulos de alto risco, 155
Totó, 21
Towns, Edolphus, 80
Toyota, 124
treinamento, 194-200; avaliação do accountability organizacional, 197; como questão organizacional, 221; passos básicos, 195-200; *Veja também* coaching para accountability
Tyco, 8

U.S. Air Force, 126
Unisys, 84

vitimização, 12-6, 21-46; e doenças físicas, 180; efeitos negativos, 9, 12-6; encerrar o ciclo, 40, 42-3, 46, 188-9; estágios da, 28-38; exemplos de, 15, 23-4, 32-3, 39-40, 65; e famílias disfuncionais, 79; formas de culpa, 32-3, 53; medo de fracassar, 154; mindset ligado a, 14, 17, 22-3, 26-7; negação de, 28-9, 31, 77, 80; pelo trabalho, 136; e ponto de vista, 102-5; relação com accountability, 25-6, 64, 66, 102-5; sinais, autoavaliação, 44-5; superação. *Veja* accountability; tendência, 9

Wagner, Abe, 35
Wall Street, mensagens sobre empresas, 7, 8
Wallace Company, 239
Wallace, Chris, 139
Walmart, 148, 149
Walton, Sam, 148, 149
Wang Laboratories, 84
Warner Lambert, 219
Weill, Sandy, 48, 49
Welch, Jack, 11, 56, 76, 148, 184
Wheelwright, Steven, 58
Whirpool Corp., 240
Willians, Ocelia, 129-30
Winfrey, Oprah, 79
Wold, Bill, 104
Wolfe, Sidney, 76
WorldCom, 8, 48, 77

Xerox Corporation, 7

Yanagawa, Shoji, 117

Zachman, William, 240

SOBRE OS AUTORES

Roger Connors e Tom Smith são copresidentes e cofundadores da Partners In Leadership, uma empresa de treinamento de liderança e consultoria de gestão reconhecida mundialmente como a principal fornecedora de serviços de Accountability Training®. Ao longo de suas carreiras, desenvolveram o que chamam de Três Caminhos para Criação de Mais Accountability – uma abordagem ampla para auxiliar empresas a criar mais accountability pelos resultados individuais, de equipes e de empresas. Seu livro inovador, *O Princípio de Oz: Obtendo Resultados por Meio do Accountability Individual e Empresarial*, com frequência está na lista dos cinco mais vendidos entre os livros de negócios na categoria liderança e desempenho, ano após ano, desde a publicação original em 1994. Também são autores do best-seller *Journey to the Emerald City: Achieve a Competitive Edge by Creating a Culture of Accountability* [Jornada à Cidade das Esmeraldas: Ganhe Vantagem Competitiva com a Criação de uma Cultura de Accountability] e *How Did that Happen? Holding People Accountable for Results the Positive, Principled Way* [Como Isso Aconteceu? Tornando as Pessoas accountables pelos Resultados de Maneira Positiva e Segundo os Princípios].

Com mais de 700 clientes em 56 países, a Partners In Leadership auxiliou milhares de empresas e centenas de milhares de pessoas – de executivos a colaboradores na linha de frente – a compreender como ter mais accountability pode aumentar a eficiência, os lucros e a inovação em todos os níveis. Entre os clientes estão muitas das empresas mais admiradas do mundo, inclusive quase metade das que compõem o índice Dow Jones Industrial Average, as 12 maiores indústrias farmacêuticas do mundo, e praticamente metade das maiores empresas da lista Fortune 50 nos Estados Unidos.

Graduados pela Marriott School of Management da Brigham Young University, os autores passaram mais de três décadas desenvolvendo, como pioneiros, e aperfeiçoando a implantação dos princípios presentes em seus livros, consultorias e treinamentos, princípios esses que ajudam os clientes a ter mais accountability pelos resultados. Participaram de inúmeros programas de rádio e televisão, escreveram artigos em publicações influentes, foram palestrantes convidados em importantes convenções, e lideraram equipes de grandes projetos de longa duração para mudança cultural. Como líderes no setor, continuam a desenvolver abordagens inovadoras para a criação de mais accountability, e todos os dias uma equipe de competentes profissionais da Partners In Leadership ajuda clientes em todo mundo a implantar com sucesso os Três Caminhos em todos os níveis de diversas empresas.